KOMPETENZNIVEAUS IM SACHUNTERRICHT

FORSCHUNGEN ZUR DIDAKTIK DES SACHUNTERRICHTS
BAND 7

herausgegeben von
Joachim Kahlert und Andreas Hartinger

KOMPETENZNIVEAUS IM SACHUNTERRICHT

herausgegeben von
Hartmut Giest, Andreas Hartinger
und Joachim Kahlert

VERLAG
JULIUS KLINKHARDT
BAD HEILBRUNN • 2008

Die Deutsche Nationalbibliothek verzeichnet diese Publikation in der Deutschen Nationalbibliografie; detaillierte bibliografische Daten sind im Internet abrufbar über http://dnb.d-nb.de.

2008.3.n. © by Julius Klinkhardt.
Das Werk ist einschließlich aller seiner Teile urheberrechtlich geschützt.
Jede Verwertung außerhalb der engen Grenzen des Urheberrechtsgesetzes ist ohne Zustimmung des Verlages unzulässig und strafbar. Das gilt insbesondere für Vervielfältigungen, Übersetzungen, Mikroverfilmungen und die Einspeicherung und Verarbeitung in elektronischen Systemen.

Druck und Bindung: AZ Druck und Datentechnik.
Printed in Germany 2008.
Gedruckt auf chlorfrei gebleichtem alterungsbeständigem Papier.

ISBN 978-3-7815-1610-6

Inhaltsverzeichnis

1 *Andreas Hartinger, Hartmut Giest & Joachim Kahlert:*
Kompetenzniveaus im Sachunterricht – eine
Einführung in den Forschungsband..7

2 *Dietmar v. Reeken:*
Kompetenzen und historisches Lernen – Grundlagen
und Konsequenzen für den Sachunterricht.......................................15

3 *Cornelia Sommer & Ute Harms:*
Kompetenzentwicklung im Sachunterricht
zum Themenbereich Naturwissenschaften
am Beispiel der Biologie...31

4 *Hans Kaminski:*
Die ökonomische Domäne im Rahmen des
Sachunterrichts – Überlegungen zur Entwicklung
eines Referenzsystems als Hilfe zur
Generierung von Kompetenzmodellen...47

5 *Dagmar Richter:*
Politische Bildung – zur Domäne, zu Standards und
zur Entwicklung von Kompetenzmodellen......................................73

6 *Michael Hemmer:*
Kompetenzen und Standards geographischer Bildung –
Eckpfeiler eines Kompetenzentwicklungsmodells..........................87

7 *Christina Beinbrech & Kornelia Möller:*
Entwicklung naturwissenschaftlicher Kompetenz
im Sachunterricht...101

8 *Cornelia Gräsel & Michael Bilharz:*
Erste Schritte zu Kompetenzmodellen in der Umweltbildung........119

9 *Susanne Koerber, Beate Sodian, Claudia Thoermer &*
Patricia Grygier:
Wissen über Wissenschaft als Teil der frühen
naturwissenschaftlichen Bildung..135

10 *Hartmut Giest, Andreas Hartinger & Joachim Kahlert:*
Auf dem Weg zu einem sachunterrichtlichen
Kompetenzmodell...155

11 Autorenverzeichnis...181

Andreas Hartinger, Hartmut Giest & Joachim Kahlert

1 Kompetenzniveaus im Sachunterricht – Einführung in den Forschungsband

Der Begriff „Kompetenz" ist, wenngleich in der pädagogischen Diskussion nicht neu, in den letzten Jahren zu einem zentralen Begriff geworden – sowohl, was die wissenschaftliche Diskussion betrifft als auch mit Blick auf bildungspolitische und bildungsorganisatorische Aussagen und Vorgaben. Man kann festhalten, dass es aktuell kaum möglich ist, über Ziele pädagogischen bzw. zumindest schulisch-unterrichtlichen Handelns zu diskutieren ohne auf den Begriff der Kompetenz zumindest einzugehen. Schülerinnen und Schüler sollen in unterschiedlichen Bereichen Kompetenzen entwickeln. Dies gilt auch für den Sachunterricht (vgl. z.B. Faust/ Dürr 2007), auch wenn kritische Stimmen vor möglichen Fehlentwicklungen warnen (Pech/ Rauterberg 2007).

Eng verwoben ist die Diskussion um Kompetenzen mit der Entwicklung von Bildungsstandards und Kerncurricula. Diese Entwicklung geht mit einem veränderten Verständnis von Steuerung von Schule und Unterricht einher (vgl. Priebe/ Schratz 2007) und wird, wie auch der Kompetenzbegriff selbst sowie dessen Implikationen für die Entwicklung von Kompetenzmodellen, im abschließenden Beitrag am Ende dieses Buches unter Einbeziehung der Befunde aus den domänenspezifischen Beiträgen diskutiert.

Einige offene Probleme der Kompetenzdiskussion

In etwas älteren Verwendungen wurde der *Begriff der Kompetenz* v.a. verwendet, um eine Abgrenzung zur Performanz zu signalisieren. Das bedeutet, Kompetenz wird als „virtuelle Potentialität des Subjekts" gesehen (Chomsky 1970, vgl. auch Mayer 1995) und damit als grundsätzliche Fähigkeit eines Menschen, eine Handlung durchzuführen, ohne dass diese Handlung dann auch zwangsläufig durchgeführt werden muss.

In der aktuelleren Diskussion wird der Kompetenzbegriff überwiegend verwendet, um eine Abgrenzung von deskriptivem Wissen von Bildungsinhalten vorzunehmen. Recht populär ist dabei die Idee Weinerts, Kompetenzen als „kognitive Fähigkeiten und Fertigkeiten, um bestimmte Probleme zu lösen, sowie die damit verbundenen motivationalen, volitionalen und sozialen Bereitschaften und Fähigkeiten, um die Problemlösungen in variablen Situationen erfolgreich und verantwortlich nutzen zu können" (2001, S. 27), aufzufassen.

Diese Definition ist relativ breit. Bemerkenswert – auch für das Anliegen des Sachunterrichts – sind dabei verschiedene Aspekte. Zunächst ist zu konstatieren, dass die „alte" Grundidee von Kompetenzen als Dispositionen, die eine Person befähigen, in sehr unterschiedlichen Situationen anspruchsvolle Aufgaben zu meistern, enthalten ist. Die klare Zielrichtung – gerade dann, wenn man von Kompetenzen und nicht von Wissen spricht – ist jedoch das Handeln. Anwendungssituationen sind zumindest mitgedacht. Es geht damit um die Bewältigung funktional bestimmter Situationen und Anforderungen. Die Leistungsdispositionen lassen sich psychologisch als Kenntnisse, Fertigkeiten, Strategien, Routinen oder auch als bereichsspezifische Fähigkeiten beschreiben (vgl. auch Helmke 2001, S. 153).

Wichtig ist zudem – auch unter Beachtung der Tatsache, dass manche andere Kompetenzvorstellungen diesen Aspekt nicht mehr beinhalten (Klieme/ Leutner 2006) –, dass die motivationalen und volitionalen Orientierungen als Voraussetzungen für die Bewältigung anspruchsvoller Aufgaben explizit berücksichtigt sind.

Für den vorliegenden Band orientieren wir uns am eben dargestellten Verständnis von Kompetenz. In Anlehnung an das zentrale Ziel des Sachunterrichts, den Schülerinnen und Schülern Hilfen bei der Erschließung ihrer Lebenswelt zu geben (GDSU 2002), erachten wir Kompetenzen als Leistungsdispositionen zur Bewältigung größerer Anforderungsklassen, die ihren Niederschlag in Handlungsfähigkeit (in eben dieser Lebenswelt der Kinder) finden. Der Begriff grenzt sich damit sowohl von der (nicht unbedingt auf die Lebenswelt der Kinder bezogene) Reproduktion von inhaltlich-deklarativem Faktenwissen als auch von inhaltsfreien Schlüsselqualifikationen ab. Unter Berücksichtigung des motivationalen Aspekts von Kompetenzen erachten wir sie auch nicht ausschließlich als kognitive Leistungsdispositionen, sondern sehen sie als Fähigkeit zur Bewältigung von größeren Anforderungsklassen (domänenspezifisch und domänenübergreifend), bei denen stets die gesamte Persönlichkeit des Kindes integriert ist.

Explizit integrieren wir damit auch einen normativen Aspekt, der die verantwortliche Nutzung der Kompetenzen beinhaltet (vgl. auch GDSU 2002, S. 4). Bei der Verwendung des Kompetenzbegriffs in erziehungswissenschaftlichen

Kontexten bedeutet dies, dass aus diesem Grund bildungstheoretische Aspekte zu berücksichtigen sind – in der Didaktik des Sachunterrichts ist diese Diskussion dabei unseres Erachtens weit entwickelt (vgl. z.b. Götz/ Kahlert/ Fölling-Albers/ Hartinger/ von Reeken/ Wittkowske 2007; Köhnlein 2007). Uns ist bewusst, dass – gerade durch die überwiegend bildungspolitische Verbindung von Kompetenzen mit Kerncurricula, Bildungsstandards u.a. – der Kompetenzbegriff immer wieder einen „neoliberal" gefärbten Anstrich bekommt, insbesondere dann, wenn er als Gegenmodell zu einer (nicht unbedingt verwertbaren) allgemeinen Bildung interpretiert wird, oder wenn Kompetenzen als „Humankapital" einer Gesellschaft gesehen werden (vgl. Pech/ Rauterberg 2007). Diese Verbindung ist unserer Ansicht nach jedoch nicht zwingend – wir betrachten „Kompetenz" als pädagogisch und nicht als gesellschaftlich definierten Begriff im oben verstandenen Sinne.

In *Bildungsstandards* werden Kompetenzen festgelegt, um klarzulegen, was als Mindeststandards von allen Schülerinnen und Schülern zu erreichen ist oder was als Regelstandards auf einem mittleren Anforderungsniveau erwartet werden kann – in Deutschland sind durchgängig Regelstandards formuliert. Bei der Formulierung dieser Bildungsstandards zeigen sich auch Möglichkeiten der Ausdifferenzierung einzelner Kompetenzen, wenn sie – wie z.b. von der KMK – für bestimmte Fächer für unterschiedliche Jahrgangsstufen formuliert sind.
Hier ist dann häufig von „Kompetenzbereichen" die Rede, die für die verschiedenen Jahrgangsstufen gleich bleiben, innerhalb derer jedoch die Anforderungen erhöht werden. So findet sich z.B. im Fach Deutsch beim Kompetenzbereich „Schreiben" für die vierte Jahrgangsstufe die Formulierung „Die Schülerinnen und Schüler nutzen Schreiben zur Kommunikation, zur Aufbewahrung von Informationen, zur gedanklichen Auseinandersetzung sowie zum kreativen und gestalterischen Umgang mit Sprache. Sie gestalten den Schreibprozess selbstständig und verfassen ihre Texte bewusst im Zusammenhang von Schreibabsicht, Inhaltsbezug und Verwendungszusammenhang" (KMK 2005, S. 8). Für den mittleren Schulabschluss werden einige neue Aspekte eingeführt. So heißt es dort: „Dem Schreibanlass und Auftrag entsprechende Texte verfassen sie eigenständig, zielgerichtet, situations- und adressatenbezogen und gestalten sie sprachlich differenziert, wobei sie sprachliche Mittel gezielt und überlegt einsetzen. Sie beherrschen die zentralen Schreibformen und gestalten ihre Texte sprachlich und stilistisch stimmig, verfassen sie unter Beachtung von Strategien zur Fehlervermeidung und

mit Hilfe eines Wörterbuches weitgehend fehlerfrei, schätzen sie selbstkritisch ein und überarbeiten sie gegebenenfalls" (KMK 2003, S. 11).
Mit Bezug auf den Sachunterricht gibt es von der KMK verabschiedete Bildungsstandards für Biologie, Chemie und Physik – allerdings nur für den mittleren Schulabschluss. Der Verband der Deutschen Geschichtslehrer hat ein Rahmenmodell für Bildungsstandards für die Klassen fünf bis zehn entwickelt. Auch für das Fach Geographie existiert inzwischen eine vom Fachverband verabschiedete Version (vgl. Hemmer in diesem Band). Gleiches gilt für das Fach Politik. Und auch für das Fach Technik gibt es für den mittleren Schulabschluss Bildungsstandards – entwickelt vom Verein Deutscher Ingenieure in Deutschland. Dass so gut wie alle Fachverbände bereit sind, solche Bildungsstandards zu entwerfen, liegt nicht ausschließlich in der Begeisterung für diese Form der Festlegung. Klar zu konstatieren ist, dass die Angst besteht, als Fächer „zweiter Klasse" zu gelten, wenn das eigene Fach keine solchen Standards entwickelt hat und sich damit den derzeit gängigen Vorstellungen der Überprüfbarkeit entzieht (Bayerhuber/ Elster/ Krüger/ Vollmer 2007, Meier/ Meschenmoser 2007).
Bayerhuber und Kollegen (2007) verweisen in diesem Zusammenhang auf folgende Fragen bzw. Probleme: Bislang wurden Kompetenzstufenmodelle überwiegend post hoc aus empirischen Daten entwickelt und nicht auch a priori. Damit fehlen kohärente Zusammenhänge zu den Curricula, zu Aufgabensammlungen der Fachdidaktik und vor allem zu den Zielvorstellungen des (Unterrichts-)Faches. Das bedeutet dann auch, dass Untersuchungen, bei denen die Kompetenzen und Kompetenzstufen anhand von Testergebnissen entwickelt wurden, nur wenig zur Disziplinentwicklung beitragen können.
Uns ist bewusst, dass ein empirischer Zugang im engeren Sinne dann wichtig ist, wenn man davon ausgeht, Kompetenzen oder Kompetenzstufen ließen sich auf Realisierbarkeit bzw. Existenz hin so prüfen, dass sie zur pädagogisch sinnvollen Grundlage allgemein verbindlicher Standards werden können. Zugleich sind – und dies muss der Anspruch eines bildungswirksamen Unterrichtsfachs sein – die (erwünschten) Kompetenzen auch theoretisch-normativ zu entwickeln und zu begründen. Dies ist eine zentrale Aufgabe der entsprechenden Fachdidaktik.
Sicherlich ist bei der empirischen Fassung von Kompetenzen auch als Problem zu sehen, dass Kompetenzen – gerade wenn man z.B. die motivationalen Aspekte integriert – in vielen Fällen so komplex sind, dass sie nicht sauber gemessen werden können. Kompetenzen sind – so sie gemessen werden sollen – in gewisser Hinsicht Sach-, Methoden-, soziales und personales bzw. auch metakognitives Wissen, das in konkreten Situationen angewendet wird.

Dabei gehen so viele Teilkomponenten ein, dass es schwierig wird, domänenspezifische Messungen vorzunehmen: Man kann zwar Wissen prüfen (Testarbeiten), wenn es aber um ein solches angewendetes Wissen geht, dann wird es schwer, unterschiedliche Komponenten, die in ein komplexes Handeln eingehen, sauber zu trennen und in Beziehung zu setzen (vgl. zum Grundsatzproblem auch Jörg/ Davisc/ Nickmanset 2007). Verdeutlichen kann man das an der Kompetenz beim Verstehen eines Textes: Hier interagieren sprachliche, d.h. domänenspezifische Kompetenzen und Weltwissen bzw. Fachwissen und kulturelles Wissen, ganz zu schweigen vom Wissen, das erforderlich ist, um den Sinn des Textes zu verstehen.

Im Sachunterricht findet man etliche Beispiele, die diese Schwierigkeit veranschaulichen: Verständnis für kulturelle Eigenarten, umweltgerechtes Handeln, Rücksichtnahme im Straßenverkehr, angemessene Kleidung auswählen können, Regeln ausgewogener Ernährung beachten. Diese und viele weitere könnensorientierte Erwartungen an das Fach integrieren neben motivationalen und werteorientierten Komponenten Sachwissen aus verschiedenen Bereichen, wie zum Beispiel
- umweltgerechtes Handeln: naturwissenschaftliches Wissen (Risiken, Schäden), sozialwissenschaftliches Wissen (Was ist sinnvoll? – unerwünschte Folgen, Heterogenität von Risikokalkülen), ökonomisches Wissen (Kosten-Nutzen-Kalküle),
- ausgewogene Ernährung: biologisches Wissen (Nährstoffe, Zusammensetzung der Nahrung); soziologisches Wissen (Essen als Kulturhandlung, Werbung, Moden), ökonomisches Wissen (Preise, Ausweichmöglichkeiten).

Ein weiteres Problem – vorwiegend für unterrichtliches Handeln – betrifft die Kritik, dass häufig ausschließlich der Endzustand, also die zu erwerbende Kompetenz betrachtet wird. In schulischen und unterrichtlichen Kontexten geht es jedoch auch um den Weg zu dieser Kompetenz und damit um die Frage, wie Vorläuferformen der eigentlichen Kompetenz aussehen können, um daraus dann Vorstellungen und Vorschläge für didaktische Reduktionen, methodische Wege oder Differenzierungsmaßnahmen entwickeln zu können. Das Bestimmen von unterschiedlichen Niveaus der angestrebten Kompetenzen erscheint uns aus diesem Grund als eine Hauptaufgabe in diesem Bereich. Und auch hier gilt, dass weder der alleinige empirische Zugriff noch eine ausschließlich theoretische Fassung ausreichend ist.

Problemstellung des vorliegenden Bandes

Wird man als Sachunterrichtsdidaktiker oder Sachunterrichtslehrer gefragt, ob es für das Fach Sachunterricht Bildungsstandards oder formulierte Kompetenzen gibt, so kann man bislang auf den Perspektivrahmen Sachunterricht verweisen, der für fünf Perspektiven des Sachunterrichts wünschenswerte Kompetenzen formuliert, der jedoch keinen Anspruch als „Standard" hat. Daneben kann man auch die Ausführungen zur Grundschule in den Standards der Gesellschaft für Politikdidaktik und politische Jugend- und Erwachsenenbildung lesen. Für andere dem Sachunterricht zugeordnete Teilbereiche gibt es zudem Vorschläge aus dem angloamerikanischen Raum (wie z.B. die National Science Education Standards).
Dabei stellt sich die grundsätzliche Frage, inwieweit die Formulierung von Kompetenzen, von Kompetenzniveaus oder auch von Bildungsstandards für ein Fach wie den Sachunterricht möglich, sinnvoll oder wünschenswert ist.
Diese Frage ist unseres Erachtens auf verschiedenen Ebenen zu diskutieren: Es ist zunächst zu überlegen, inwieweit es möglich ist, für die verschiedenen Bereiche oder Perspektiven des Sachunterrichts Kompetenzen zu formulieren, die sowohl dem Bildungsanspruch des Faches als auch den Entwicklungsbedingungen der Schülerinnen und Schüler gerecht werden. Wir denken, dass solche Kompetenzen nicht zuletzt im Perspektivrahmen bereits gut formuliert sind.
Wenig diskutiert ist jedoch der synoptische Blick, inwieweit die Kompetenzen der verschiedenen Perspektiven ähnlich oder vergleichbar sind. Diese Arbeit scheint uns jedoch wichtig, um zu verhindern, dass das Fach Sachunterricht aus pragmatischen Gründen (es gibt unterschiedliche Kompetenzen für unterschiedliche Perspektiven oder Inhaltsbereiche des Sachunterrichts) von einer Zersplitterung gefährdet ist. Die Möglichkeiten der Vernetzungen, die durch die Konzeption eines Fachs Sachunterricht – z.B. gerade in der gesellschaftswissenschaftlich-politischen Betrachtung naturwissenschaftlicher Fragestellungen und Erkenntnisse – gegeben sind, und die unseres Erachtens deutlich problematischer wären, wenn das Fach in zwei oder mehrere Einzelfächer zergliedert wäre (vgl. Blaseio 2007), erfordern diese Arbeit.

Der vorliegende Band stellt sich daher dieser Aufgabe. Leitend waren dabei folgende Fragen:
  a. Inwieweit gibt es in zentralen Bereichen und Domänen des Sachunterrichts Modelle für Kompetenzstufen oder Kompetenzniveaus?

b. Lassen sich bei den existierenden Modellen Gemeinsamkeiten u.ä. festhalten?
c. Inwieweit ist die Festlegung von Kompetenzen und Kompetenzniveaus normativ begründet? Damit verbunden ist auch die Frage, inwieweit Referenzsysteme existieren, die für die inhaltliche Ausprägung solcher Kompetenzen sinnvoll sind? Und wieder damit verbunden ist die Frage, inwieweit diese Referenzsysteme vorwiegend aus dem (Bezugs-)Fach oder aus den pädagogischen Vorstellungen der Fachdidaktik entwickelt werden.
d. Sind diese Begründungen kompatibel mit den zentralen Anliegen des Sachunterrichts und übertragbar auf andere Inhaltsbereiche?
e. Inwieweit gibt es empirische Befunde zur Entwicklung von Kompetenzen?

Wir haben die Autorinnen und Autoren des vorliegenden Bandes gebeten, in ihren Beiträgen den Stand der Diskussion aus den einzelnen Domänen oder Inhaltsbereichen darzustellen. Zum Teil haben wir Kolleginnen und Kollegen angesprochen, die ihren Forschungsschwerpunkt in der Didaktik des Sachunterrichts sehen, dort jedoch explizite inhaltliche Schwerpunkte besetzen. Wo es uns angebracht erschien, haben wir aber auch Kolleginnen und Kollegen aus den inhaltlichen Disziplinen bzw. der empirischen Lehr-Lernforschung gebeten, einen Beitrag zu schreiben, um die Diskussion in ihrer Breite skizzieren zu können.

Literatur

Bayerhuber, H.; Elster, D.; Krüger, D.; Vollmer, H.J. (Hrsg.) (2007): Kompetenzentwicklung und Assessment. Innsbruck.

Blaseio, B. (2007): Sachunterricht in den EU-Staaten – ein Überblick. In: Kahlert, J.; Fölling-Albers, M.; Götz, M.; Hartinger, A.; von Reeken D.; Wittkowske, S. (Hrsg.): Handbuch Didaktik des Sachunterrichts. Bad Heilbrunn, S. 281-291.

Chomsky, N. (1970): Aspekte der Syntax-Theorie. Frankfurt/M.

Faust, G.; Dürr, C. (2007): Bildungsstandards als Leistungsnorm. In: Kahlert, J.; Fölling-Albers, M.; Götz, M.; Hartinger, A.; von Reeken, D.; Wittkowse, S. (Hrsg.): Handbuch Didaktik des Sachunterrichts. Bad Heilbrunn, S. 523-528.

GDSU (2002): Perspektivrahmen Sachunterricht. Bad Heilbrunn.

Götz, M.; Kahlert, J.; Fölling-Albers, M.; Hartinger, A.; Reeken, D.v.; Wittkowske, St. (2007): Didaktik des Sachunterrichts als bildungswissenschaftliche Disziplin. In: Kahlert, J.; Fölling-Albers, M.; Götz, M.; Hartinger, A.; von Reeken, D.; Wittkowske, S. (Hrsg.): Handbuch Didaktik des Sachunterrichts. Bad Heilbrunn, S. 11-29.

Helmke, A. (2001): Internationale Schulleistungsvergleichsforschung. Schlüsselprobleme und Perspektiven. In: Zeitschrift für Pädagogik 47, H. 2, S. 155-160.

Jörg, T.; Davisc, B.; Nickmanset, G. (2007): Towards a new, complexity science of learning and education, Educ Res Rev, doi: 10.1016/j.edurev.2007.09.002.

KMK (2003): Bildungsstandards im Fach Deutsch für den Mittleren Schulabschluss. (http://www.kmk.org/schul/Bildungsstandards/Deutsch_MSA_BS_04-12-03.pdf - (Abruf vom 2. November 2007).

KMK (2005): Bildungsstandards der Kultusministerkonferenz. Erläuterungen zur Konzeption und Entwicklung. München, Neuwied.

Köhnlein, W. (2007): Aufgaben und Ziele des Sachunterrichts. In: Kahlert, J.; Fölling-Albers, M.; Götz, M.; Hartinger, A.; von Reeken D.; Wittkowske, S. (Hrsg.): Handbuch Didaktik des Sachunterrichts. Bad Heilbrunn, S. 89-99.

Klieme, E.; Leutner, D. (2006): Kompetenzmodelle zur Erfassung individueller Lernergebnisse und zur Bilanzierung von Bildungsprozessen. In: Zeitschrift für Pädagogik, 52, H. 6, S. 876-903.

Meier, B.; Meschenmoser, H. (2007): Wie Standards in der Praxis helfen können. In: Arbeit und Technik, 33, H. 9, S. 4-5.

Mayer, M. (1995^2): Handlungskompetenz. In: Haller, H.-D.; Meyer, H. (Hrsg.): Ziele und Inhalte der Erziehung und des Unterrichts. Enzyklopädie Erziehungswissenschaften, Bd. 3. Stuttgart, S. 452-459.

Pech, D.; Rauterberg, M. (2007): Sollen wird Können (oder soll Können werden) – Sachunterrichtliche Kompetenzen und ihre gesellschaftliche Bedeutung. In: Lauterbach, R.; Hartinger, A.; Feige, B.; Cech, D. (Hrsg.): Kompetenzerwerb im Sachunterricht fördern und erfassen. Bad Heilbrunn, S. 47-58.

Priebe, B.; Schratz, M. (2007): Schulinterne Curricula. In: Lernende Schule, 37/38, S. 4-8.

Weinert, F.E. (2001): Leistungsmessungen in Schulen. Vergleichende Leistungsmessung in Schulen: eine umstrittene Selbstverständlichkeit. In: Weinert, F.E. (Hrsg.): Leistungsmessungen in Schulen. Weinheim u.a., S. 17-31.

Dietmar von Reeken

2 Kompetenzen und historisches Lernen – Grundlagen und Konsequenzen für den Sachunterricht

2.1 Einleitung

„Im letzten Jahr bin ich wiederholt von einzelnen Lehrern und ganzen Fachkonferenzen gefragt worden, was denn die Geschichtsdidaktik zu Bildungsstandards, Kerncurricula und Kompetenzen zu sagen habe. Zumindest diejenigen, die per Mail bei mir anfragten, konnten meine Betretenheit nicht bemerken. Zu diesen Problemen eines ‚Geschichtsunterrichts nach PISA' ist mir bis heute nur ein einziger Beitrag bekannt geworden. Wir stehen heute in einer ähnlichen Umbruchsituation wie in den 70er-Jahren des 20. Jahrhunderts, als die systematischen Sozialwissenschaften den Geschichtsunterricht überflüssig zu machen schienen. Die jetzige PISA-Debatte stellt einen ebenso gravierenden Einschnitt dar. Geschichtslehrerinnen und Geschichtslehrer können sich nicht in belanglose Debatten flüchten, sondern sie sind von Bildungsstandards und Kerncurricula unmittelbar betroffen" (Pandel 2005, S. 5). So beginnt die Einleitung von Hans-Jürgen Pandels Buch „Geschichtsunterricht nach PISA", das im letzten Jahr erschienen ist und in dem er versucht, eine Antwort auf die Frage nach den Konsequenzen aktueller bildungspolitischer Debatten für die Geschichtsdidaktik und den Geschichtsunterricht zu geben. Und Pandel ist nicht der einzige in der Geschichtsdidaktik, der über diese Frage nachdenkt – spät, aber hoffentlich nicht zu spät, hat die Wissenschaft die Dringlichkeit des Problems erkannt (vgl. etwa Günther-Arndt 2003; dies. 2005; Hasberg 2005). Nicht zu spät deshalb, weil der Fokus der Öffentlichkeit und der Bildungsadministration vorerst nicht auf dem Geschichtsunterricht lag und liegt – Bildungsstandards und Kerncurricula wurden und werden zunächst für andere Fächer entwickelt, vor allem für den Deutsch-, Fremdsprachen- und Mathematikunterricht, dann für die Naturwissenschaften. Aber Geschichtsdidaktik und Geschichtslehrerschaft dürfen nicht davon ausgehen, dass deshalb der Kelch an ihnen vorübergehen würde (wenn das denn überhaupt wünschenswert wäre) – es handelt sich lediglich um eine zeitliche Verzögerung und eine bundesweite Expertise für ein Kerncurriculum im Fach Geschichte für die gymnasiale Oberstufe liegt ja bereits vor (von Borries 2004).

Im Folgenden wird es daher darum gehen, den Stand der Diskussion in der Geschichtsdidaktik hierzu unter besonderer Berücksichtigung des Sachunterrichts darzustellen und Perspektiven für die weitere Arbeit zu entwickeln. Dabei gehe ich im Wesentlichen in vier Schritten vor: Zunächst werde ich die Herausforderungen benennen: zum einen knapp die Herausforderungen von „außen", also aus der allgemeinen Debatte, dann die Herausforderungen von „innen", also das, was manche schon seit Jahren, also schon lange vor den PISA-Debatten, als Krise des Geschichtsunterrichts selbst charakterisiert haben. Dann werde ich in einem dritten Schritt erste Antwortversuche der Geschichtsdidaktik skizzieren, um die Diskussionen dann auf den Sachunterricht zu beziehen – ein kurzes Fazit wird den Beitrag beschließen.

2.2 Herausforderungen von außen

Zur besseren Einordnung der geschichtsdidaktischen Debatte sollten zunächst die zentralen Begriffe, die die Diskussionen prägen, geklärt werden. Der zentrale Referenzpunkt aller Debatten der jüngsten Zeit ist hierbei die sogenannte „Klieme-Expertise", die vom Bundesbildungsministerium initiiert wurde und seit 2003 vorliegt. In sie flossen vor allem die zahlreichen bildungstheoretischen Überlegungen der Nach-PISA-Zeit ein, die in der Entwicklung von Nationalen Bildungsstandards ihren zentralen Fokus haben. Nach dem Verständnis der Verfechter wird Bildung verstanden als Erwerb von Kompetenzen. *Bildungsstandards* „legen fest, welche Kompetenzen die Kinder oder Jugendlichen bis zu einer bestimmten Jahrgangsstufe mindestens erworben haben sollen. Die Kompetenzen werden so konkret beschrieben, dass sie in Aufgabenstellungen umgesetzt und prinzipiell mit Hilfe von Testverfahren erfasst werden können. Der Darstellung von Kompetenzen, die innerhalb eines Lernbereiches oder Faches aufgebaut werden, ihrer Teildimensionen und Niveaustufen, kommt in diesem Konzept ein entscheidender Platz zu. Kompetenzmodelle konkretisieren Inhalte und Stufen der allgemeinen Bildung. Sie formulieren damit eine pragmatische Antwort auf die Konstruktions- und Legitimationsprobleme traditioneller Bildungs- und Lehrplandebatten" (Klieme et al. 2003, S. 9). *Kompetenzen* werden in Anlehnung an Weinert verstanden als „die bei Individuen verfügbaren oder durch sie erlernbaren kognitiven Fähigkeiten und Fertigkeiten, um bestimmte Probleme

zu lösen, sowie die damit verbundenen motivationalen, volitionalen und sozialen Bereitschaften und Fähigkeiten, um die Problemlösungen in variablen Situationen erfolgreich und verantwortungsvoll nutzen zu können" (Weinert 2001, zit. nach: ebd., S. 21). Als zentraler Teil der Unterstützungssysteme, die eine kompetenzorientierte Arbeit in den einzelnen Unterrichtsfächern ermöglichen sollen, gelten die *Kerncurricula*, die tendenziell die bisherigen Lehrpläne ersetzen sollen (ebd., S. 94f.).
Diese Begriffe werden die Debatten der nächsten Jahre auch für den Geschichtsunterricht prägen. Von zentraler Bedeutung ist, dass es sich um einen Wandel der Curriculumsphilosophie handelt: von der „Input-Steuerung", d. h. der Festlegung von Zielen und Inhalten, die Schüler lernen sollen, in den bisherigen Lehrplänen, zur „Output-Steuerung", d.h. zur Festlegung und Beurteilung erwarteter Leistungen zu einem bestimmten Zeitpunkt.
Die neue Hierarchie dieser Begrifflichkeit hat Pandel in folgendes Modell gefasst (Pandel 2005, S. 7):
1. Bildungsziele (fachbezogen),
2. Bildungsstandards,
   a) Kompetenzen (kompetenzorientiert),
   b) Graduierung mit verbindlichen Minimalniveaus (stufenskaliert),
   c) Aufgabenstellungen (testbasiert),
3. Lehrpläne/Kerncurricula (statusvermindert).

Dies erfordert ein Umdenken in Didaktik und Unterricht – aber das muss ja zunächst nichts Schlechtes darstellen, auch wenn erste Beispiele von Bildungsstandards, etwa aus Baden-Württemberg, zeigen, dass diese missverstanden werden können als neue Möglichkeit zur Festschreibung eines traditionellen Stoffkanons und eines auf die deutsche Geschichte beschränkten Geschichtsbildes (zur Kritik vgl. Pandel 2005, S. 84f.). Wie also sollten Geschichtsdidaktik und Geschichtsunterricht (und damit auch der Sachunterricht) damit umgehen? Die Herausforderung wird vielleicht klarer, wenn wir uns vergegenwärtigen, dass der Geschichtsunterricht auch ohne PISA vor der dringenden Notwendigkeit stand und steht, über sein Selbstverständnis nachzudenken.

2.3 Herausforderungen von „innen": Eine Krise des Geschichtsunterrichts?

Der Geschichtsunterricht, zumindest in der Sekundarstufe I und vor allem am Gymnasium, lebt nach wie vor vom Prinzip der Chronologie und von der

Herrschaft zahlreicher traditioneller Unterrichtsinhalte, die vor allem aus der Fachwissenschaft und der Tradition des gymnasialen Geschichtsunterrichts gewonnen wurden. Trotz mancher vorsichtiger Veränderungen sind auch die neueren Lehrpläne in verschiedenen Bundesländern hiervon geprägt. Diese Strukturprinzipien des Geschichtsunterrichts aber sind in den letzten Jahren erheblich unter Beschuss der Wissenschaft geraten:
Die Notwendigkeit einer Neuausrichtung der Inhaltsauswahl ist immer deutlicher geworden. Dies hängt nicht zuletzt mit der Erweiterung des Gegenstandsbereichs des Geschichtsunterrichts zusammen: In den letzten dreißig Jahren sind viele neue Inhalte hinzugekommen:
- zeitlich (durch die Ausdehnung der Zeitgeschichte zumindest bis 1989/90),
- sektoral (durch die Integration neuer Zugänge, Fragestellungen und Methoden wie der Geschlechtergeschichte, der Alltagsgeschichte, der Umweltgeschichte, der Kulturgeschichte usw.),
- regional (durch die Forderungen nach Integration der Geschichte außerdeutscher und außereuropäischer Regionen, aber auch durch die Erkenntnis, dass regional- und lokalgeschichtliche Themen und Zugänge erweiterte Erkenntnismöglichkeiten für Schüler bereithalten).

Eine Einbeziehung aller dieser neuen Inhalte kann bei gleichbleibendem (oder in manchen Schulformen und Bundesländern sogar sinkendem) Stundenanteil nur dazu führen, dass andere, traditionelle Inhalte gekürzt oder ganz gestrichen werden müssen – was dann wiederum die Lobbyisten einzelner Epochen auf den Plan gerufen hat (vgl. hierzu Pandel 2002). Eigentlich ist aber klar, dass damit die Tektonik des ganzen Gebäudes „chronologischer Geschichtsunterricht" in Gefahr ist – und diese Erkenntnis ist ja auch von einigen Geschichtsdidaktikern, die sich um die Neukonzipierung von Curricula bemüht haben, in Vorschläge neuer Modelle umgesetzt worden (vgl. etwa Schneider 2000 und Bergmann 2001).

Aber auch erhebliche gesellschaftliche Veränderungen haben die Lage des Geschichtsunterrichts in den letzten Jahrzehnten schwieriger gemacht: der Verlust der kulturellen Dominanz von Printmedien, der Bedeutungszuwachs der elektronischen Medien, die veränderte Sozialisationsumgebung in den Familien, die veränderte Zusammensetzung der Schülerschaft, die Durchsetzung der Konsumgesellschaft, die schleichende Enthistorisierung der Nachbarfächer, die steigende Innovationsrate in der Gesellschaft (vgl. auch von Borries 1992b, S. 90f.); all dies hat die Möglichkeiten des Geschichtsunterrichts, historisches Denken von Kindern und Jugendlichen zu fördern, nicht gerade vergrößert, um es vorsichtig auszudrücken.

Die Konsequenzen dieser Probleme des „alten" Geschichtsunterrichts zeigen sich auch in den mittlerweile in größerem Umfang vorliegenden empirischen Erhebungen zum Geschichtsbewusstsein von Kindern und Jugendlichen. Zwei der wichtigsten, von vielen als „desillusionierend, teilweise niederschmetternd" (so Rohlfes 1991, S. 189) empfundenen Ergebnisse waren zum einen die Tatsache, dass selbst die gymnasialen Schülerinnen und Schüler trotz unseres Unterrichts nur über wenig gesichertes Überblicks- und Zusammenhangswissen verfügen (was der chronologisch strukturierte Geschichtsunterricht ja eigentlich anstrebt), und zum anderen die festgestellte „Abwesenheit von Fremdverstehen" (von Borries 1992a, S. 173; vgl. auch ders. 2004, S. 273), verbunden mit „voreiligen Moralurteilen", d.h. die Kinder und Jugendlichen urteilen mit den – gut verinnerlichten – moralischen Kategorien der Gegenwart, ohne verstanden zu haben, wie und was die Menschen in der Geschichte in ganz anderen kulturellen Kontexten dachten und fühlten und warum sie so handelten oder nicht handelten. Um es am Beispiel zu verdeutlichen: Die Schüler verurteilen die Hexenverfolgung oder die Sklaverei unter Hinweis auf die Menschenrechte, kommen damit aber einem historischen Verstehen von Zeiten und Gesellschaften, die diese Menschenrechte noch gar nicht kannten, nicht wirklich näher. Historisches Wissen und historisches Denken, die der Geschichtsunterricht eigentlich erreichen wollte, hat er nach diesen Forschungsergebnissen offenbar gerade nicht erreicht.

Diese geschichtsdidaktischen Diskurse bezogen sich praktisch ausschließlich auf den „eigentlichen" Geschichtsunterricht in der Sekundarstufe I und II (außerdem auch noch mit einer eindeutigen gymnasialen Schlagseite). Die Grundschule war in diesen wie auch in anderen Hinsichten kaum Gegenstand der Aufmerksamkeit. Allerdings sprechen die wenigen, die sich von Seiten der Geschichtsdidaktik überhaupt mit dem historischen Lernen im Sachunterricht befassen, kaum einmal von einer „Krise" oder von erheblichen Problemen – ganz im Gegenteil hat etwa Klaus Bergmann schon vor zehn Jahren von der Grundschule als dem „Paradiesgärtlein des Geschichtsunterrichts" gesprochen, u.a. weil hier viel stärker von den Interessen und Bedürfnissen der Kinder ausgegangen werden und viel eher historisches Denken gefördert werden könne als in dem durch viele Traditionen belasteten Geschichtsunterricht der weiterführenden Schulen (Bergmann 1996, S. 327, vgl. auch von Reeken 2002). Ob der Sachunterricht diese Hoffnungen allerdings wirklich einlösen kann, ist mangels empirischer Forschungen zur Praxis des Unterrichts kaum zu beantworten.

2.4 Antwortversuche der Geschichtsdidaktik

Die skizzierte Situation – äußere Anforderungen und innere Probleme – kann man sicher als Gefahr für den Geschichtsunterricht sehen, man kann sie aber auch als Herausforderung und als Chance begreifen, über die Defizite des Geschichtsunterrichts neu nachzudenken und notwendige Reformen in Angriff nehmen zu können. Das Nachdenken über Bildungsstandards und Kompetenzen korrespondiert nämlich durchaus mit der Kritik an einem Geschichtsunterricht, der eben immer noch vornehmlich die Vermittlung von Faktenwissen in den Mittelpunkt stellt und damit in Gefahr gerät, bei der Formulierung von Bildungszielen und Bildungsstandards nicht mehr legitimieren zu können, was eigentlich die eigenständige Leistung des Geschichtsunterrichts für die Bildung junger Menschen darstellt. Denn Bildungsstandards sollen ja, so die Klieme-Expertise, „die *Kernideen* der Fächer bzw. Fächergruppen besonders klar herausarbeiten, um Lehren und Lernen zu fokussieren." (Klieme et al. 2003, S. 26, Hervorh. von mir, DvR).

Daher denken zurzeit zahlreiche Geschichtsdidaktiker in unterschiedlichen Zusammenhängen darüber nach, was denn diese Kernideen des Geschichtsunterrichts sind und wie man historisches Lernen kompetenzorientiert neu denken kann. Vier Modelle sollen im Folgenden ganz knapp vorgestellt werden, wobei vorausgeschickt werden muss, dass weitgehende Einigkeit darüber besteht, dass die seit den 1980er Jahren in der Geschichtsdidaktik entwickelte und entfaltete Kategorie des „Geschichtsbewusstseins" die Grundlage allen Nachdenkens bildet:

(1) Michael Sauer hat 2002 in einem Aufsatz (Sauer 2002; zur Kritik hieran vgl. Hasberg 2005, S. 688f.) drei Kompetenzen in den Mittelpunkt seiner Überlegungen zur Operationalisierung des Globalziels „Aufbau eines reflektierten Geschichtsbewusstseins" gestellt: *Sachkompetenz* (im Sinne exemplarischen, problemorientierten Arbeitens), *Orientierungskompetenz* (zur Einordnung der vertieft behandelten Themen in Kontexte und gesamtgeschichtliche Zusammenhänge) und *Methodenkompetenz*. Bei letzterer liegt Sauers Hauptinteresse, sie erklärt er in einem „weiteren Verständnis" zum „Kernstück von historischem Lernen überhaupt" (Sauer 2002, S. 185) und schlüsselt sie in insgesamt fünf Teilaspekte auf:

- Historisches Denken (vor allem: Konstruktcharakter von Geschichte, Perspektivität, Alteritätserfahrung und Fremdverstehen, historische Untersuchung und Erklärung)
- Umgang mit historischen Zugängen, Kategorien und Begriffen (z.B. Politik, Wirtschaft, Kultur, Alltag, Geschlecht als Zugänge; Herrschaft, Legi-

timation, Emanzipation als Kategorien; Staat, Adel etc. als epochenspezifisch zu verstehende Begriffe)
- Beherrschung von Medien-Methoden-Konzepten (Umgang mit einzelnen Gattungen – ähnlich Pandels „Gattungskompetenz")
- Organisation und Reflexion eigener historischer Lernprozesse (vor allem in Formen entdeckenden Lernens, z.B. in Form eines Projekts)
- Präsentationskompetenz

Jüngst hat Michael Sauer dieses Modell im Zusammenhang der Bemühungen des Geschichtslehrerverbands um die Schaffung von Bildungsstandards für den Geschichtsunterricht weiter entwickelt und konkretisiert (Sauer im Druck). Er unterscheidet dabei die Kompetenzbereiche *Sachkompetenz, Deutungs- und Reflexionskompetenz* (= Kompetenz historischen Denkens) und *Medien-Methoden-Kompetenz*.

(2) Für Hans-Jürgen Pandel (vgl. Pandel 2005) stellt sich die Frage, welche Kompetenzen geeignet sind, das Geschichtsbewusstsein der Schülerinnen und Schüler in besonderer Weise zu fördern; in seinen eigenen Worten: Der Geschichtsunterricht „muss den Schülern solche domänenspezifische Fähigkeiten vermitteln, dass sie mit neuen Ereignissen, neuen Situationen, neuen Debatten, neuen Kontroversen umgehen können" (ebd., S. 26). Pandel schlägt hierfür als solche „Denkinstrumente" vier Kompetenzen vor, die historisches Denken im besonderen Maße auszeichnen:
- *Gattungskompetenz*, also die Fähigkeit, mit unterschiedlichen Textgattungen (schriftliche Quellen, historische Romane, Gedenkreden, Geschichtsschreibung, Zeitungsartikel usw.), Bildgattungen (Fotografien, Historienbilder, historische Spielfilme usw.) und Gegenstandsgattungen (Denkmäler, Modelle usw.) im Hinblick auf Geschichte angemessen umgehen zu können,
- *Interpretationskompetenz*, also die Fähigkeit, „aus diesen Gattungen historisches Wissen und historischen Sinn zu entnehmen" (ebd., S. 31),
- *narrative Kompetenz*, also die Fähigkeit, „aus zeitdifferenten Ereignissen durch Sinnbildung eine Geschichte herzustellen" (ebd., S. 36), also zu erzählen, und
- *geschichtskulturelle Kompetenz*, also die Fähigkeit, mit geschichtskulturellen Phänomenen in ihren unterschiedlichen Dimensionen (z.B. ästhetisch, kognitiv, politisch) und Erscheinungsformen sowie ihren differenten Sinnabsichten umgehen zu können.

(3) Waltraud Schreiber hat ihr Konzept, das auch dem Forschungsprojekt „FUER Geschichtsbewusstsein" zugrunde liegt, mittlerweile in zahlreichen Veröffentlichungen erläutert und präzisiert. Sie geht ebenfalls von der Kate-

gorie des Geschichtsbewusstseins aus und unterscheidet im Wesentlichen fünf Kompetenzen (das Folgende nach Schreiber 2002, S. 31; vgl. zu Umsetzungsvorschlägen Mebus/ Schreiber 2005):
- die Kompetenz, Fragen zu Vergangenheit bzw. Geschichte zu stellen (*Fragekompetenz*),
- die Kompetenz, Wissen zu Vergangenheit bzw. Geschichte sachlogisch und sachsystematisch zu strukturieren (*Sachkompetenz*),
- die Kompetenz zu (re-)konstruieren (*Methodenkompetenz*; später *Rekonstruktionskompetenz* genannt),
- die Kompetenz, „fertige Geschichten" zu de-konstruieren (*Dekonstruktionskompetenz*), und
- die Kompetenz, sich mit Hilfe von Vergangenheit bzw. Geschichte in Gegenwart und Zukunft orientieren zu können (*Orientierungskompetenz*).

Das Kompetenzmodell, an dem auch mehrere andere Geschichtsdidaktiker, darunter auch Wolfgang Hasberg mitarbeiteten, ist von diesem jüngst noch einmal etwas modifiziert worden, indem er, vor allem wegen der Kritik an der Unschärfe der Schreiberschen „Sachkompetenz", neben Historischer Frage-, Rekonstruktions-, Dekonstruktions- und Orientierungskompetenz auch noch die Basiskompetenzen *(Re-)Organisationskompetenz* (als Kompetenz, die vorhandenen Vorstellungen zur Vergangenheit zu erinnern und das Erinnerte aufgrund neuer Erkenntnisse neu zu ordnen) und *Reflexionskompetenz* (gleichsam als Metakompetenz) ergänzte (Hasberg 2005, S. 697-700).

(4) Eine Gruppe hessischer Geschichtsdidaktiker hat kürzlich ein Modell vorgelegt (Henke-Bockschatz et al. 2005; zur Kritik vgl. Hasberg 2005, S. 689-691), das explizit von den Anforderungen der Klieme-Expertise ausgeht, die die Kernideen eines Faches in dreifacher Weise differenziert: in der Ermittlung von „grundlegenden Begriffsvorstellungen", von „damit verbundenen Denkoperationen und Verfahren" und von dem „ihnen zuzuordnende(n) Grundlagenwissen" (Klieme et al. 2003, S. 19). Die Autoren entwickeln die Kernideen des Faches Geschichte analog in dreifacher Hinsicht:
- Als *grundlegende Begriffsvorstellungen* verstehen sie die bereits in den 1970er Jahren von Mayer/ Pandel (1976) entwickelten Kategorien der Geschichtsdidaktik (z.B. Gegenwartsbezug, Perspektivität, Verstehen und Erklären als Methoden historischer Erkenntnis, Gewordenheit und Veränderbarkeit), ergänzt durch einige weitere Prinzipien (wie den Konstruktcharakter von Geschichte, die Unterscheidung von Quelle und Darstellung und das Prinzip des Fremdverstehens).
- Unter *Denkoperationen und Verfahren* verstehen sie die etwa von Michael Sauer (s.o.) und dem 2004 erschienenen „Handbuch Methoden im Ge-

schichtsunterricht" (Mayer et al. 2004) grundgelegte und in zahlreichen jüngeren Handreichungen exemplifizierte *fachspezifische Methodenkompetenz.*
- Die Frage nach dem erforderlichen Grundlagenwissen beantworten sie mit der Entwicklung eines – vorläufigen und jederzeit revidierbaren – *Kanons zentraler Problemkomplexe,* die aus fachwissenschaftlichen und gesellschaftlichen Analysen gewonnen werden, und *geschichtsdidaktischer Leitfragen* (z.B. nach dem Umgang der Menschen mit ihrer Umwelt, nach der Organisation des Zusammenlebens, dem Umgang mit Konflikten oder den Sinn- und Wertvorstellungen von Gesellschaften).

Gemeinsam ist allen vorgestellten Ansätzen, dass sie sich zumindest vom Zugriff her deutlich von dem traditionellen Geschichtsunterricht, seiner Legitimation und seiner Strukturierung unterscheiden. Sie betonen alle,
- dass das Konzept des Geschichtsbewusstseins (in der Diktion Schreibers: die „Förderung eines reflektierten und selbstreflexiven Geschichtsbewusstseins") so etwas wie den Kern der Kernideen des Faches darstellt,
- dass es sich bei Geschichte viel stärker um ein Denk- als um ein Lern- oder gar Paukfach handeln muss (was im Übrigen schon seit mehr als dreißig Jahren gefordert wird),
- dass die Orientierungsleistung des historischen Denkens für die Gegenwart und Zukunft der Schüler expliziter gemacht werden muss (wozu auch eine verstärkte Berücksichtigung der Geschichtskultur gehört),
- dass der (fachspezifischen!) Methodenorientierung eine stärkere Rolle zukommen muss und
- dass den Schülern durch eigene Arbeit deutlich werden muss, dass es sich bei Geschichte um eine Konstruktion handelt und nicht um eine Ansammlung von Fakten, die es zu lernen gelte (genau dies aber ist das Bild, das nach den neueren empirischen Untersuchungen ausgerechnet Oberstufenschüler von Geschichte besitzen! vgl. von Borries 2004, S. 274).

Gemeinsam ist den Modellen allerdings auch, dass sie sich, angesichts des fehlenden Konsenses in der Wissenschaft, der weitgehend fehlenden empirischen Prüfung und der ebenfalls erst in Ansätzen vorhandenen Überlegungen zu Kompetenzniveaus und Kompetenzentwicklung, noch auf dem Weg und zum Teil auch noch weit von unmittelbaren curricularen oder gar schulischen Belangen entfernt befinden. Ganz offen gesteht dies Wolfgang Hasberg ein, wenn er zu seinem Modell schreibt: „Schließlich handelt es sich um ein Grundgerüst historischen Denkens ohne Schulbezug" (Hasberg 2005, S. 700). Sein Plädoyer, die geschichtsdidaktische Forschung solle „in der notwendigen Gelassenheit die skizzierten Aufgaben ... erledigen, bevor sie ausreichend abgesicherte Aussagen zu Kompetenzen, Kompetenzstufen und Standards treffen kann" (ebd., S. 702), ist zwar überaus nachvollziehbar, nimmt aber in Kauf, dass dann eben in der Zwischenzeit andere die Normen setzen, die den Geschichtsunterricht prägen werden, und die Wissenschaft dann wieder nur die Rolle des nörgelnden Beobachters übernehmen wird.

2.5 Kompetenzniveaus – ein Beispiel für den Sachunterricht

Was heißt dies nun für das historische Lernen im Sachunterricht? Ungeachtet einer Verstärkung wissenschaftlichen Nachdenkens über seine Zielsetzungen und Bedingungen seit Mitte der 1990er Jahre (vgl. etwa von Reeken 2004b; Schreiber 1999/ 2004; u.a.) – bis auf Schreibers Modell, das bereits perspektivisch auf die Grundschule bezogen wurde (vgl. Schreiber 2004) – fehlen bislang noch systematische Überlegungen zum Kompetenzerwerb im Sachunterricht (das neue Modell des Geschichtslehrerverbands etwa ist bezeichnenderweise ausschließlich auf das Gymnasium bezogen). Klar scheint aber zu sein, dass im Prinzip die gleichen Kompetenzen angestrebt werden sollen wie im „eigentlichen" Geschichtsunterricht, dass es sich also um einen sukzessiven Aufbau von historischen Kompetenzen von den ersten Anfängen in der Grundschule (oder gar im Kindergarten; vgl. von Reeken 2006b) bis mindestens zum Ende der Schulzeit handelt, wobei noch zu definierende unterschiedliche Kompetenz*stufen* bzw. *-niveaus* berücksichtigt werden müssen. Klar ist gleichzeitig, dass zur Förderung der *Kompetenzentwicklung* altersangemessene Lernarrangements und Aufgaben entwickelt werden müssen, die auf das jeweilige anzustrebende *Kompetenzniveau*, gleichzeitig aber auch auf die jeweiligen Lernvoraussetzungen und Interessen der Schülerinnen und Schüler, die manchmal bei dieser Argumentation ein wenig aus dem Blick verloren werden (vgl. die Überlegungen zur Schülerorientierung historischen Lernens in: von Reeken 2006a), abgestimmt sein müssen.

Die bereits oben erwähnte Waltraud Schreiber hat kürzlich auf der Grundlage erster Graduierungsüberlegungen im Projekt „FUER Geschichtsbewusstsein" versucht, mehrere der von ihr entwickelten Kompetenzen im Hinblick auf verschiedene Niveaus zu stufen (vgl. Schreiber 2004 und 2006). Ein Beispiel sei hier etwas ausführlicher dargestellt, weil es mir weiterführend scheint (vgl. zum Folgenden Schreiber 2006): Grundsätzlich unterscheidet Schreiber (ähnlich wie die Klieme-Expertise) drei Kompetenzniveaus, wobei der unterschiedliche Umgang mit den in der Wissenschaft entwickelten und bewährten Konventionen bei der Begegnung mit Geschichte das zentrale Unterscheidungskriterium ist:

1. Basales Niveau: Hier wird „ein Umgang mit Vergangenheit/bzw. mit den Geschichte(n) über Vergangenes angestrebt, der zwar darauf abzielt, auf elementare Weise die Prinzipien historischen Denkens zu beachten, aber noch nicht an den eingeführten ‚Konventionen' für diesen Umgang ausgerichtet ist. Auf basalem Niveau steht ein konkreter Fall im Zentrum. An diesem konkreten Fall lernen die Schüler, historische Fragen zu stellen, entwickeln sie erste Ansätze einer theorie- und inhaltsbezogenen Sachkompetenz, werden sie im Aufbau ihrer Methodenkompetenz gefördert, können sie nach den Bedeutungen für die eigene Lebenspraxis fragen" (ebd., S. 2).

2. Mittleres Niveau: Hier „besteht die Aufgabe des Geschichtsunterrichts darin, die Schüler zu befähigen, mit den Konventionen umgehen (zu) können, die in Bezug auf die unterschiedlichen Teilkompetenzen als bedeutsam erachtet werden. (...) Die Schüler haben ein mittleres Niveau erreicht, wenn sie in der Lage sind, in unterschiedlichsten Hinsichten Fragen an Vergangenes zu stellen bzw. wenn sie Fragestellungen erkennen können, die historischen Narrationen zu Grunde liegen, wenn sie zur Auseinandersetzung mit den Fragestellungen Methoden des Re- und De-Konstruierens verwenden können, wenn sie ihre Sachkompetenzen in theorie- und inhaltsbezogener Hinsicht ausdifferenzieren können, wenn sie die erarbeiteten Ergebnisse auf ihre Relevanz für die (eigene) Lebenspraxis hin befragen können" (ebd.).

3. Oberes Niveau: Es besteht darin, „mit den Konventionen so umgehen zu können, dass sie von Fall zu Fall durch die Jugendlichen selbst auch bewusst verändert werden können" (ebd.).

Dies sind zunächst noch sehr allgemeine Überlegungen, in deren Hintergrund neben dem eigenen Kompetenzmodell auch Erkenntnisse von Piaget und Kohlberg stehen. Auch wenn Schreiber selbst eine starre Zuordnung von Niveau und Alter ablehnt (ebd., S. 1), dürfte deutlich sein, dass es in der Grundschule vor allem um eine Förderung auf dem „basalen Niveau" gehen soll, allerdings auch bereits frühzeitig Begegnungen mit den „Konventionen" der Wissenschaft (siehe „mittleres Niveau") stattfinden sollen.

In der notwendigen Konkretisierung dieser Niveaus im Hinblick auf die verschiedenen Teilkompetenzen wählt Schreiber das Beispiel „Befragung von Zeitzeugen", eine wichtige Methode zeitgeschichtlicher Forschung und gleichzeitig auch des historischen Lernens – ihre kompetente Beherrschung gehört daher vor allem zur „Rekonstruktionskompetenz" (analog zu der „Medien-Methoden-Kompetenz" bei Sauer (2002) und der Gattungskompe-

tenz bei Pandel (2005)), dient aber natürlich auch der Gewinnung von „Sachkompetenz" (in ihrem Fall geht es um Gespräche zur Vertreibung nach 1945). Auf den drei Niveaus sehen die Anforderungen folgendermaßen aus:
- Basales Niveau: „Mit Herrn X oder Frau Y über ihre Erfahrungen mit einem konkreten vergangenen Phänomen sprechen und das Gespräch auswerten."
- Mittleres Niveau: „Sich ‚fachspezifische Konventionen' aneignen, um Zeitzeugengespräche fachgerecht zu führen, auszuwerten und in unterschiedlichen Hinsichten für die Rekonstruktion von Vergangenem zu nutzen."
- Oberes Niveau: „Zeitzeugengespräche de-konstruieren. Mit fachspezifischen Konventionen reflektiert und (selbst-)reflexiv umgehen können." (ebd., Anlage S. 2-4).

Diese Anforderungen werden von Schreiber noch einmal hinsichtlich einzelner Teilfähigkeiten differenziert und konkretisiert, was hier nur exemplarisch für einige Aspekte des basalen Niveaus dargestellt werden soll:

Tabelle 1: Anforderungen auf basalem Niveau, 3./4. Klasse (Schreiber 2006, Anlage, S. 2)

Teilaspekt Sachkompetenz	Fähigkeit, die Partialität der historischen Erfahrungen zu erkennen und mit ihr umzugehen	Fähigkeit, die Perspektivität von historischen Narrationen zu erkennen und mit ihr umzugehen	Fähigkeit, die Selektivität bei der Entwicklung von Narrationen wahrzunehmen und damit umzugehen	Fähigkeit, „Politik" als Rahmenbedingung für die Vertreibungen nach zu 1945 erkennen
Basales Anforderungsniveau	An konkreten Fällen erkennen, dass die damaligen Erfahrungen von Zeitzeugen sich unterschieden haben (können).	Beim Vergleich zweier Interviews erkennen, dass Zeitzeugen ein und dasselbe Ereignis unterschiedlich darstellen/beurteilen/bewerten.	An konkreten Fällen erkennen, dass der Zeitzeuge nicht alles erzählt/erzählen will, was er erlebt hat.	Erkennen, dass hinter den Vertreibungen Ursachen stehen, die mit Herrschaft, Herrschaftsausübung und -missbrauch zu tun haben.

Indikatoren für die Kompetenzentwicklung	Rückfrage der Schüler im Interview, z.b. im Kontext „gut aufgenommen worden". Antworten auf die Frage beim schriftlichen Test, ob einer von zwei Zeitzeugen lügt, wenn sie Unterschiedliches zu einem historischen Phänomen behaupten.	Schüler geben plausible Begründungen für die Abweichungen überlegen Strategien für die Überprüfung	Nachfragen nach weiteren Erfahrungen Wahrnehmen und Hinterfragen von nonverbalen Hinweisen auf Nicht-Erzählen/ Um-Erzählen (wie Blick zur Lehrerin, das Zögern, die Veränderung der Stimmlage)	Nach Gründen für die Durch und Umsetzbarkeit der Maßnahmen fragen Exemplarisch den Zusammenhang „Krieg, der durch Deutschland ausgelöst wurde" und „Vertreibung der Deutschen" benennen Beispiele für den Missbrauch von Macht nennen

Auch wenn dies nur erste Ansätze sind – es handelt sich hierbei um einen bemerkenswerten Versuch zur Operationalisierung der häufig reichlich theoretischen Kompetenzmodelle, der für die Diskussion über das historische Lernen im Sachunterricht angesichts der gelungenen Verknüpfung von Kompetenztheorie und -praxis einen deutlichen Professionalisierungsschub bewirken könnte.

2.6 Fazit

Insgesamt ist die Debatte über Kompetenzmodelle in der Geschichtsdidaktik im Vergleich mit anderen Domänen noch deutlich vorläufiger, von unterschiedlichen Ansätzen geprägt und kaum empirisch unterfüttert. Angesichts der Konzentration der fachlichen Diskurse auf den Geschichtsunterricht ist auch gesichertes Wissen für die Grundschule noch kaum vorhanden, auch wenn Anknüpfungspunkte durchaus gegeben sind. Allerdings gibt es ohne Zweifel zum einen einen gewissen Grundkonsens in der Wissenschaft, was die Bezugnahme auf die Kategorie Geschichtsbewusstsein angeht, zum anderen aber auch Gemeinsamkeiten mit anderen Domänen des Sachunterrichts, z.B. in Bezug auf die Betonung der Bedeutung von Methoden- und Sachkompetenzen (wobei mir allerdings gerade der Begriff „Sachkompetenz" noch längst nicht geklärt scheint – eigentlich verbirgt sich hierunter häufig schlichtes „Wissen" und keine „Kompetenz"). Sowohl im Hinblick auf die Kompetenzmodelle selbst als auch im Hinblick auf ihre Anwendbarkeit auf die Grundschule besteht aber noch erheblicher innerdisziplinärer Forschungsbedarf; weitere Forschungen hierzu dürften die Grundlage dafür legen, um im Sachunterricht auch über domänenübergreifende oder vernetzte Kompetenzmodelle nachzudenken.

Literatur

Bergmann, K. (1996): Historisches Lernen in der Grundschule. In: George, S.; Prote, I. (Hrsg.): Handbuch zur politischen Bildung in der Grundschule. Schwalbach/Ts., S. 319-342.

Bergmann, K. (2001): Versuch über die Fragwürdigkeit des chronologischen Geschichtsunterrichts. In: Pandel, H.-J.; Schneider, G. (Hrsg.): Wie weiter? Zur Zukunft des Geschichtsunterrichts. Schwalbach/Ts., S. 33-55.

Borries, B. von (1992a): Kindlich-jugendliche Geschichtsverarbeitung in West- und Ostdeutschland 1990. Ein empirischer Vergleich. Pfaffenweiler.

Borries, B. von (1992b): „Forschendes Lernen" in geschichtsdidaktischer Perspektive. In: Schülerwettbewerb Deutsche Geschichte um den Preis des Bundespräsidenten & Ernst Klett Schulbuchverlag (Hrsg.): Forschendes Lernen im Geschichtsunterricht. Stuttgart, S. 67-101.

Borries, B. von (2004): Kerncurriculum Geschichte in der gymnasialen Oberstufe. In: Tenorth, H.-E. (Hrsg.): Kerncurriculum Oberstufe II. Biologie, Chemie, Physik, Geschichte, Politik. Expertisen. Weinheim-Basel, S. 236-321.

Günther-Arndt, H. (2003): PISA und der Geschichtsunterricht. In: Günther-Arndt, H. (Hrsg.): Geschichts-Didaktik. Praxishandbuch für die Sekundarstufe I und II. Berlin, S. 254-264.

Günther-Arndt, H. (2005): Literacy, Bildung und der Geschichtsunterricht nach PISA 2000. In: Geschichte in Wissenschaft und Unterricht, 56, S. 668-683.

Hasberg, W. (2005): Von Pisa nach Berlin. Auf der Suche nach Kompetenzen und Standards historischen Lernens. In: Geschichte in Wissenschaft und Unterricht, 56, S. 684-702.

Henke-Bockschatz, G.; Mayer, U.; Oswalt, V. (2005): Historische Bildung als Dimension eines Kerncurriculums moderner Allgemeinbildung. In: Geschichte in Wissenschaft und Unterricht, 56, S. 703-710.

Klieme, E. et al. (2003): Zur Entwicklung nationaler Bildungsstandards. Eine Expertise. Berlin/Bonn.

Mebus, S.; Schreiber, W. (2005): Geschichte denken statt pauken. Didaktisch-methodische Hinweise und Materialien zur Förderung historischer Kompetenzen. Meißen.

Pandel, H.-J. (2002): Die Curriculumforschung ist tot – es lebe die Interessenpolitik! In: Zeitschrift für Geschichtsdidaktik, 1, S. 151-164.

Pandel, H.-J. (2005): Geschichtsunterricht nach PISA. Kompetenzen, Bildungsstandards und Kerncurricula. Schwalbach/Ts.

Reeken, D. von (2002): Paradiesgarten oder Höllenpfuhl? Historisches Lernen im Sachunterricht zwischen Fachansprüchen und Lebensweltbezug. In: Schönemann, B.; Voit, H. (Hrsg.): Von der Einschulung bis zum Abitur. Prinzipien und Praxis des historischen Lernens in den Schulstufen. Idstein, S. 151-163.

Reeken, D. von (2004a): Geschichtskultur im Geschichtsunterricht. Begründungen und Perspektiven. In: Geschichte in Wissenschaft und Unterricht, 55, S. 233-240.

Reeken, D. von (2004b): Historisches Lernen im Sachunterricht. Eine Einführung mit Tipps für den Unterricht. 2. erw. u. akt. Aufl., Baltmannsweiler.

Reeken, D. von (2006a): Schülerorientierung geschichtsdidaktisch. Einige Überlegungen zur Bedeutung von Schülererfahrungen für das historische Lernen und die Wissenschaft. In:

Bernhardt, M.; Henke-Bockschatz, G.; Sauer, M. (Hrsg.): Bilder – Wahrnehmungen – Konstruktionen. Reflexionen über Geschichte und historisches Lernen. Festschrift für Ulrich Mayer zum 65. Geburtstag. Schwalbach/Ts., S. 169-181.

Reeken, D. von (2006b): Spurensuche. Argumente für die frühe Begegnung mit Geschichte. In: Welt des Kindes, H. 3, S. 8-11.

Rohlfes, J. (1991): Literaturbericht Geschichtsdidaktik und Geschichtsunterricht. In: Geschichte in Wissenschaft und Unterricht, 42, S. 186-197.

Sauer, M. (2002): Methodenkompetenz als Schlüsselqualifikation. Eine neue Grundlegung des Geschichtsunterrichts? In: Geschichte, Politik und ihre Didaktik, 30, S. 183-192.

Sauer, M. (im Druck): Kompetenzen für den Geschichtsunterricht. Ein pragmatisches Modell als Basis für die Bildungsstandards des Verbandes der Geschichtslehrer. In: Informationen für den Geschichts- und Gemeinschaftskundelehrer.

Schneider, G. (2000): Ein alternatives Curriculum für den Geschichtsunterricht in der Hauptschule. Ein Diskussionsbeitrag. In: Geschichte in Wissenschaft und Unterricht 51, S. 406-417.

Schreiber, W. (Hrsg.) (1999): Erste Begegnungen mit Geschichte. Grundlagen historischen Lernens. 2 Bände. 2. erw. Aufl. 2004, Neuried.

Schreiber, W. (2002): Reflektiertes und (selbst-) reflexives Geschichtsbewusstsein durch Geschichtsunterricht fördern – ein vielschichtiges Forschungsfeld der Geschichtsdidaktik. In: Zeitschrift für Geschichtsdidaktik, 1, S. 18-43.

Schreiber, W. (2004): Entwicklung historischer Kompetenz – Das Geschichtsbewusstsein von Grundschülern fördern II. In: Schreiber, W. (Hrsg.): Erste Begegnungen mit Geschichte. Grundlagen historischen Lernens. Erster Teilband. 2. erw. Aufl., Neuried, S. 47-112.

Schreiber, W. (2006): Kompetenzen fördern – Anforderungen stufen. Zeitzeugengespräche im Geschichtsunterricht führen und auswerten. (Unveröff. Ms.)

Weinert, F. E. (2001): Vergleichende Leistungsmessung in Schulen – eine umstrittene Selbstverständlichkeit. In: Ders. (Hrsg.): Leistungsmessungen in Schulen. Weinheim-Basel, S. 17-31.

Cornelia Sommer & Ute Harms

3 Kompetenzentwicklung im Sachunterricht zum Themenbereich Naturwissenschaften am Beispiel der Biologie

3.1 Naturwissenschaften und Sachunterricht

Der Sachunterricht in der Grundschule zeichnet sich durch eine hohe Interdisziplinarität aus. Eines seiner zentralen Ziele ist es, Kindern auf diese Weise zu helfen, sich die natürlichen, kulturellen und sozialen Gegebenheiten ihrer Welt sowie die sie umgebende Sachwelt zu erschließen (Bayerisches Staatsministerium für Unterricht und Kultus 2000, S. 34). Die Gesellschaft für Didaktik des Sachunterrichts (vgl. GDSU 2002) beschreibt in ihrem „Perspektivrahmen Sachunterricht" die didaktische Konzeption dieses Unterrichtsfaches entsprechend unter fünf verschiedenen Perspektiven, nämlich der sozial-kulturwissenschaftlichen, der raumbezogenen, der naturbezogenen sowie der technischen und der historischen Perspektive. Im Zentrum dieses Beitrags steht die naturbezogene Perspektive, die von der GDSU auch als „naturwissenschaftliche Perspektive" bezeichnet wird (GDSU 2002, S. 7). Diese steht im Spannungsfeld zwischen dem Erleben und Deuten von Naturphänomenen durch die Kinder einerseits und den inhaltlichen und methodischen Angeboten der Naturwissenschaften andererseits. Hieraus ergeben sich für den Sachunterricht zwei Orientierungspunkte, zum einen die Lernenden, das heißt insbesondere die Vorstellungen und Interessen der Kinder, und zum anderen die Sache, also die fachlichen Inhalte und Methoden. Die Sachorientierung steht in engem Zusammenhang mit der Zielebene des Unterrichts: Schülerinnen und Schüler sollen durch den Unterricht darin unterstützt werden, auf der Basis ihrer vorunterrichtlichen Vorstellungen ein Verständnis für die wissenschaftlichen Inhalte und Methoden der naturwissenschaftlichen Fächer zu entwickeln. Damit dies gelingt, ist es notwendig, diejenigen Kompetenzen zu identifizieren, die für die Verständnisentwicklung in den Naturwissenschaften relevant sind.

Mit den Bildungsstandards hat die Kultusministerkonferenz bereits für verschiedene Fächer und Schulstufen festgelegt, welche Anforderungen von Lernenden in den jeweiligen Jahrgangsstufen zu erreichen sind. Damit werden Erwartungen formuliert zu dem, was in den einzelnen Fächern gelernt werden soll; im Fokus steht hier das Können der Lernenden (vgl. Hammann 2004). Für den naturwissenschaftlichen Bereich des Sachunterrichts liegen bisher noch keine beschreibenden Bildungsstandards vor. Allerdings wurden für die drei naturwissenschaftlichen Fächer Biologie, Chemie und Physik Bildungsstandards für den Mittleren Schulabschluss von der Kultusministerkonferenz (vgl. KMK 2004) bereits festgelegt. Dies erfolgte auf der Basis der Differenzierung der drei Fächer in mehrere Kompetenzbereiche und der Beschreibung verschiedener Anforderungsniveaus. Der Sachunterricht in der Primarstufe legt die ersten (unterrichtlich angeleiteten) naturwissenschaftlichen Grundlagen im Bildungsgang eines Kindes. Damit den Kindern ein erfolgreiches anschließendes Lernen in den Naturwissenschaften bzw. in den naturwissenschaftlichen Fächern nach dem Wechsel in die Sekundarstufe I ermöglicht wird, erscheint es notwendig, die für den Mittleren Bildungsabschluss beschriebenen Kompetenzen für die naturwissenschaftlichen Fächer in den Blick zu nehmen. Im Hinblick auf diese in der Mittelstufe zu erreichenden Kompetenzen sollte auch schon in der Grundschule das entsprechende Wissen und Können angebahnt werden. Die Erläuterung der für die Naturwissenschaften wesentlichen Ziele in Form von Kompetenzbereichen und Basiskonzepten soll im ersten Teil dieses Beitrags exemplarisch für das Fach Biologie geschehen.
In einem zweiten Teil wird der Begriff „Kompetenzmodell", wie er in diesem Beitrag verstanden wird, erläutert.
In einem dritten Teil dieses Beitrags wird exemplarisch die Entwicklung eines empirisch fundierten Kompetenzmodells für Grundschüler im Bereich Biologie beschrieben. Es handelt sich dabei um ein Modell zur Entwicklung von Systemkompetenz, das für die Biologie insofern besondere Bedeutung hat, als die Biologie auch als die „Wissenschaft von den Biosystemen" bezeichnet wird. Aufgrund dieses Stellenwertes hat die systemische Betrachtungsweise auch Einzug in die Bildungsziele der Schule gefunden. Im Kerncurriculum Biologie, das die Maßstäbe für die schulische Bildung in der gymnasialen Oberstufe festlegt, wird die Biologie als das Fach herausgestellt, das die „Eigenschaften und die Geschichte lebender Systeme" (vgl. Harms/ Mayer/ Hammann/ Bayrhuber/ Kattmann 2004) untersucht. Darin kommt der Gedanke zum Ausdruck, dass sich Biologieunterricht nicht auf die Vermittlung von isoliertem Faktenwissen beschränken darf, sondern den Schüle-

rinnen und Schülern Einsichten in die verschiedenen Systemebenen der belebten Umwelt (Moleküle, Zellen, Organismen, Populationen, Ökosysteme und schließlich die Biosphäre) und deren grundlegenden Prinzipen eröffnen soll. Dazu muss der Biologieunterricht ein multiperspektivisches und systemisches Denken fördern.

Als Abschluss des Beitrages soll auf einige Schlussfolgerungen für die Kompetenzentwicklung im Sachunterricht eingegangen werden, die den Bereich der Biologie betreffen.

3.2 Kompetenzbereiche für die naturwissenschaftlichen Fächer und Konsequenzen für den Sachunterricht

Die wissenschaftliche Diskussion des Kompetenzbegriffs erfolgte in den letzten Jahren im Zuge der Entwicklung von Bildungsstandards. Ziel der Formulierung von Bildungsstandards ist es, verbindliche Anforderungen an das Lehren und Lernen in der Schule zu beschreiben. Die Bildungsstandards legen fest, welche Kompetenzen die Kinder oder Jugendlichen bis zu einer bestimmten Jahrgangsstufe mindestens erworben haben sollen (vgl. Klieme et al. 2003).

Der Begriff der „Kompetenz" geht in seiner in den letzten Jahren häufig zitierten Form auf den Erziehungswissenschaftler und Psychologen Weinert zurück. Nach Weinert (2001) versteht man unter einer Kompetenz „die bei Individuen verfügbaren oder durch sie erlernbaren kognitiven Fähigkeiten und Fertigkeiten, um bestimmte Probleme zu lösen, sowie die damit verbundenen motivationalen, volitionalen und sozialen Bereitschaften und Fähigkeiten, um die Problemlösungen in variablen Situationen erfolgreich und verantwortungsvoll nutzen zu können" (Weinert 2001b, S. 27).

Für die drei naturwissenschaftlichen Fächer Biologie, Chemie und Physik werden in den Ausführungen zu den Bildungsstandards für den Mittleren Schulabschluss (vgl. KMK 2004) vier Kompetenzbereiche beschrieben: Fachwissen, Erkenntnisgewinnung, Kommunikation und Bewertung.

Im Kompetenzbereich Fachwissen geht es in der Biologie darum, Lebewesen, biologische Phänomene, Begriffe und Fakten zu kennen und den biologischen (Basis-)Konzepten zuordnen zu können. Als biologische Basiskonzepte werden hier benannt: System, Struktur und Funktion sowie Entwicklung (ebd.). Im Kompetenzbereich Erkenntnisgewinnung geht es um die naturwissenschaftlichen Methoden des Beobachtens, Vergleichens und Experimentierens sowie um das Nutzen von Modellen und die Anwendung von Arbeitstechniken (ebd.). In Hinblick auf den Kompetenzbereich Kommunikation geht es um Kompetenzen, die Schülerinnen und Schüler beherrschen müssen, um Informationen sach- und fachgerecht erschließen und austauschen zu können (ebd.). Der Kompetenzbereich Bewertung beschreibt ein Bündel an Kompetenzen, das Schülerinnen und Schüler in die Lage versetzt, biologische Sachverhalte in verschiedenen Kontexten zu erkennen und zu bewerten (ebd.). Die Beförderung dieser Kompetenzbereiche muss in Hinblick auf die kumulative Förderung von Kompetenzen im Verlaufe der Schulzeit bereits in der Primarstufe angelegt werden. Schaut man in die Grundschullehrpläne für den (Heimat- und) Sachunterricht der verschiedenen Bundesländer, so sind dort bereits jetzt Themen beschrieben, die der Entwicklung der beschriebenen Kompetenzbereiche förderlich sein können. Im Bereich des Fachwissens ist hier beispielsweise die Förderung von Formenkenntnissen zu nennen, im Bereich der Erkenntnisgewinnung das Beobachten von Lebewesen in ihrem natürlichen Lebensraum. Durch den Umgang mit verschiedensten Informationsträgern wie zum Beispiel Texten und Bildern wird die Kommunikationskompetenz bereits auch im Sachunterricht zu biologischen Themen in den Blick genommen, Bewertungskompetenz kommt in den Themenkreisen Gesundheit und Umwelt ins Spiel.

Kompetenzmodelle für den naturwissenschaftlichen oder biologischen Bereich des Sachunterrichts, die die von der KMK festgelegten Kompetenzbereiche zu beschreiben versuchen, liegen bisher kaum vor. Nicht viel anders steht es um die Entwicklung von Modellen, welche die für die gymnasiale Oberstufe dargestellten Kompetenzen in der Biologie zu beschreiben versuchen (Harms et al. 2004). Eine der wenigen Ausnahmen stellt das Kompetenzmodell für den biologischen Bereich der Systemkompetenz in der Grundschule dar (s. Abschnitt 4 dieses Beitrags).

Die Forschungsarbeit an Kompetenzmodellen zu den oben beschriebenen Kompetenzbereichen der naturwissenschaftlichen Fächer aus fachdidaktischer Perspektive bezieht sich derzeit schwerpunktmäßig auf die Sekundarstufe I. Dies erscheint problematisch, da im Sinne eines kumulativen Lernens (vgl. Harms/ Bünder 1999) auch die Kompetenzen kumulativ, über die Jahrgangsstufen hinweg, das heißt ausgehend von der Primarstufe, systematisch gefördert werden sollten. Eine Ausnahme bildet das von Hammann (2004) vorgeschlagene Kompetenzmodell zum Experimentieren, das den Schwerpunkt zwar auch auf die Sekundarstufe I legt, das aber wenigstens am Rande Strukturen und Stufen von Kompetenzen beim Experimentieren für die Primarstufe beschreibt.

3.3 Der Begriff „Kompetenzmodell"

In einem Übersichtsartikel über die verschiedenen Kompetenzdefinitionen beschreibt Weinert (2001a) Schlussfolgerungen für den Gebrauch des Konzeptes der Kompetenz, auf denen seine spätere Definition (s. Abschnitt 2 dieses Beitrages) von Kompetenz aufbaut. Dazu gehört u.a., dass der Begriff der Kompetenz dann angewendet werden sollte, wenn „the necessary prere quisites for successfully meeting and demand are comprised of cognitive *and* (in many cases) motivational, ethical, volitional, and/or socials components" (Weinert 2001a, S. 62).

Aus dem Konzept der Kompetenz ergeben sich zwei Modelle, die unterschiedlichen Zwecken dienen: Das *Komponentenmodell* (Strukturmodell) beschreibt das Gefüge der Anforderungen, deren Bewältigung von Schülerinnen und Schülern erwartet wird. Sie werden als Komponenten einer Kompetenz bezeichnet. Das *Stufenmodell* liefert wissenschaftlich begründete Vorstellungen darüber, welche Abstufungen eine Kompetenz annehmen kann, bzw. welche Grade oder Niveaustufen sich bei den einzelnen Schülerinnen und Schülern feststellen lassen. Diese Kompetenzstufen können, müssen aber nicht notwendigerweise, auch Entwicklungsstufen darstellen (vgl. Klieme et al. 2003). Meist wird aber der Entwicklung von Kompetenzstufenmodellen ein – wenn auch nur angenommenes – Kompetenzentwicklungsmodell zugrunde liegen müssen. Die Annahme, dass sich in den Niveaustufen einer Kompetenz die Fähigkeiten und Fertigkeiten abbilden, die Schüler einer bestimmten Klassen- oder Altersstufe ausgebildet haben müssen, ist nur dann sinnvoll, wenn die entsprechende Fähigkeit auf dieser Stufe auch *entwickelt* ist. Aus rein logischen Gründen muss die Entwicklung einer Fähigkeit vor dem Nachweis ihrer Beherrschung erfolgen. Insofern müssen den Niveaustufen immer Annahmen über Entwicklungsstufen zugrunde liegen, zu Abweichungen kann es nur kommen, wenn früher entwickelte Fähigkeiten erst später nachgewiesen werden müssen.

Die Bedeutung der beiden Modelle soll im Folgenden näher beschrieben werden.

3.3.1 Kompetenzstrukturmodelle

Wie aus Weinerts (2001b) Definition hervorgeht, stellt eine Kompetenz keine eindimensionale Fähigkeit dar, sondern setzt sich aus unterschiedlichen Anforderungen zusammen: einem kognitiven Bereich, einem operativen Bereich und einem motivationalen Bereich (vgl. Abbildung 1). Zu diesen Bereichen lassen sich die verschiedenen Komponenten oder Facetten aus Weinerts Definition einer Kompetenz zuordnen: die Fähigkeit, das Wissen, das Verstehen, das Können, das Handeln, die Erfahrung und die Motivation. In ihnen äußert sich die individuelle Ausprägung einer Kompetenz.

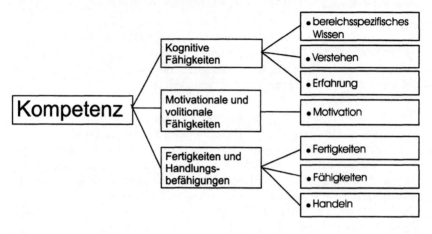

Abb. 1: Facetten einer Kompetenz nach Weinert und ihr Bezug zu bestimmten Fähigkeiten und Fertigkeiten

In einem *Struktur- oder Komponentenmodell* sollten alle diese Facetten berücksichtigt werden. Nach Klieme et al. (2003) kann demnach von Kompetenz gesprochen werden, wenn gegebene Fähigkeiten der Schülerinnen und Schüler genutzt werden, wenn auf vorhandenes Wissen zurückgegriffen werden kann bzw. die Fertigkeit gegeben ist, sich Wissen zu beschaffen, wenn zentrale Zusammenhänge der Domäne verstanden werden, wenn angemessene Handlungsentscheidungen getroffen werden, wenn bei der Durchführung der Handlungen auf verfügbare Fertigkeiten zurückgegriffen wird, wenn dies mit der Nutzung von Gelegenheiten zum Sammeln von Erfahrungen verbunden ist und wenn aufgrund entsprechender handlungsbegleitender Kognitionen genügend Motivation zu angemessenem Handeln gegeben ist.

3.3.2 Kompetenzstufenmodelle
Kompetenzstufenmodelle beschreiben, welche unterschiedlichen Niveaustufen erreicht werden können und erfüllen somit einen doppelten Zweck: Zum einen ermöglichen sie eine inhaltsvalide Konstruktion entsprechender Erhebungsinstrumente. Zum anderen erlauben sie auch eine qualitative Interpreta-

tion des individuell erreichten Leistungsniveaus und seine Einordnung in die quantitative Leistungsskala (Klieme et al. 2003).

Wie Klieme et al. (2003) in der Expertise zu Bildungsstandards feststellten, kann die Systematik der Beschreibung von Kompetenzstufen je nach Domäne sehr unterschiedlich aussehen. Im Allgemeinen werden die Stufen Mischungen der oben genannten Facetten (Wissen, Können, Verstehen, Handeln, Motivation usw.) darstellen. Jede Kompetenzstufe ist dabei durch kognitive Prozesse und Handlungen von bestimmter Qualität spezifiziert, die Schülerinnen und Schüler auf dieser Stufe bewältigen können, nicht aber auf niedrigeren Stufen (Klieme et al. 2003, S.62).

Wenn wissenschaftlich belegte Entwicklungsmodelle nicht vorliegen, müssen Annahmen über eine allgemeine Kompetenzentwicklung als Hilfsmittel für die Konstruktion von fach- oder domänenspezifischen Kompetenzstufenmodellen existieren. In der Expertise zu Bildungsstandards geben Klieme et al. (2003) dazu einige Hinweise:

Aus Theorien zum Wissenserwerb, die davon ausgehen, dass „Wissen zunächst als deklaratives Wissen erworben werden muss und dann zunehmend prozeduralisiert, d.h. in automatisch zugängliche Verknüpfungen und Abläufe überführt wird", leiten Klieme et al. (2003, S. 65) ein Prinzip ab, das zur Abstufung von Kompetenzniveaus verwendet werden kann: „Höhere Kompetenzniveaus in einer Domäne wären durch immer stärkere Prozeduralisierung von Wissen charakterisierbar. In klassischen Begriffen bedeutet dies: Wissen geht auf höheren Niveaustufen in Können über".

Ein anderes Prinzip zur Unterscheidung von Kompetenzniveau- oder Entwicklungsstufen wäre laut Klieme et al. (2003, S. 65) „die zunehmende Vernetzung von Wissenselementen, die Bildung von Meta-Wissen und abstrakterem Wissen". Demnach wäre anzunehmen, dass Schüler auf einer niedrigeren Kompetenzstufe eher bruchstückhaftes Wissen zu einer spezifischen Domäne besitzen, das sie auf mittleren Kompetenzstufen besser vernetzen und in andere Zusammenhänge stellen können. Auf höheren Kompetenzstufen wären sie dann in der Lage, z.B. über den Prozess ihres Wissenserwerbs bei einem bestimmten Problem zu reflektieren und die Gründe ihres Vorgehens argumentativ darzustellen.

3.4 Exemplarische Darstellung eines Stufenmodells für die Systemkompetenz von Grundschülern im Bereich Biologie

3.4.1 Forschungsarbeiten zur Systemkompetenz

Qualitative Ansätze zur Beschreibung der mit dem systemischen Denken verbundenen Fähigkeiten gehen vor allem auf die achtziger Jahre des letzten Jahrhunderts zurück. Sie stammen aus verschiedenen Fachrichtungen, haben jedoch das gemeinsame Anliegen, das vernetzte Denken in der Praxis umzusetzen. Vester (1988) formulierte einen biokybernetischen Ansatz, Gomez/ Probst (1987) beschäftigten sich mit dem vernetzten Denken im Management. Beiden Ansätzen ist gemeinsam, dass systemgerechtes Handeln im Mittelpunkt der Überlegungen steht, der Begriff des vernetzten Denkens aber nicht weiter konkretisiert und seine Implikationen theoretisch begründet werden.

Der Kognitionspsychologe Dietrich Dörner untersuchte seit den 70er Jahren des 20. Jahrhunderts das systemgerechte Handeln unter dem Schlagwort „komplexes Problemlösen" anhand von Computersimulationen komplexer, dynamischer Systeme. Aus den Ergebnissen seiner Studien ließ sich folgern, dass das Beachten der fundamentalen Funktionsprinzipien von Systemen Bestandteil der Fähigkeit zum „komplexen Problemlösen" sein muss. Dörners Studien (z.B. Dörner 1989) waren Ausgangspunkt einer Reihe von Folgeuntersuchungen, in der sich ein ganzer Forschungszweig zum „komplexen Problemlösen" begründete. In ihm wurden u.a. die Begleitfaktoren des systemischen Handelns (wie z.B. Intelligenz, Experten/Novizen-Status, Stress usw.) genauer untersucht (vgl. z.B. Putz-Osterloh 1987).

Die beschriebenen Forschungsansätze lieferten keine für eine empirische Untersuchung geeigneten Beschreibungen dessen, was man sich unter „systemischem Denken" vorstellen soll oder wie man es in Untersuchungen operationalisieren könnte. Sie geben aber einen Hinweis darauf, dass es sich beim „systemischen Denken" nicht um eine einzelne Fähigkeit, sondern um ein Bündel von Fähigkeiten handelt, das zusammengenommen das „systemische Denken" umschreibt.

Die Frage, was systemisches Denken eigentlich ist, wurde bisher von Wissenschaftlern je nach Fachgebiet auf unterschiedliche Weise beantwortet. Es existiert daher kein übergreifender Konsens in der Beschreibung des systemischen Denkens und der damit einhergehenden Fähigkeiten. Daher ist die Auseinandersetzung mit der Operationalisierung systemischen Denkens bedeutsam. In vielen Studien zum systemischen Denken ergibt sich die Schwierigkeit, abstrakte Dimensionen oder Kategorien systemischen Denkens theoriegeleitet und systematisch zu operationalisieren. Diese Schwierigkeit findet sich schon bei Dörner (1989), Klieme/ Maichle (1991, 1994) und auch bei Ossimitz (2000) sowie in darauf aufbauenden Studien. Steinbergs Weg, systemisches Denken als die Abbildung wesentlicher Systemprinzipien im Denken einer Person zu definieren (vgl. Steinberg 2001), umgeht den Bruch zwischen theoriegestützter Definition eines Systems und der Umsetzung dieses Konstrukts in das Denken einer Person. Dieser Weg war die Ausgangsbasis für eine Untersuchung zum systemischen Denken (Sommer 2006).

Die oben erwähnten Studien beschäftigen sich mit Erwachsenen oder Schülern, die die Grundschule schon abgeschlossen haben. In allen Studien lassen sich mehr oder minder große systemische Kenntnisse feststellen. In den meisten Studien werden diese Fähigkeiten ohne eine innere Ordnung nebeneinander gestellt und lassen daher keine Rückschlüsse auf unterschiedliche Niveaus systemischen Denkens zu. Assaraf/ Orion (2005) haben in dieser Hinsicht Pionierarbeit geleistet und innerhalb der „Gesamtfähigkeit Systemdenken" erstmals unterschiedliche Stufen systemischen Denkens formuliert, die sich durch verschiedene Teilfähigkeiten systemischen Denkens beschreiben lassen. Allerdings basieren auch diese Stufen auf den Leistungen von Achtklässlern. Über die Entwicklung des systemischen Denkens, die auch die Anfänge dieser Fähigkeit bei jüngeren Schülern mit einbezieht, ist in der Fachliteratur nichts bekannt. Es bestand daher Forschungsbedarf zur Frage nach den entsprechenden Kompetenzen bei jüngeren Schülern. Gegenstand der Untersuchung von Sommer (2006) war es daher, herauszufinden, ob Grundschulkinder überhaupt systemisches Verständnis zeigen. Darüber hinaus sollte das Ausmaß dieses Verständnisses ermittelt werden.

3.4.2 Ableitung des Strukturmodells der Systemkompetenz

In einer empirischen Studie wurde von Sommer (2006) erstmals die Systemkompetenz von Grundschülern untersucht. Da – wie oben dargestellt – bislang kein verbindliches Konzept zum systemischen Denken oder zur Systemkompetenz vorliegt, lag der Ausgangspunkt der Untersuchung in der Ableitung der Fähigkeiten, mit denen sich die Systemkompetenz beschreiben lässt. Dazu wurden auf der Basis der Systemtheorie die wesentlichen Eigenschaften eines Systems beschrieben. Sie beziehen sich zum einen auf den Bereich der Systemorganisation, zum anderen auf den Bereich der Systemeigenschaften (vgl. Tab. 1).

Tabelle 1: Wesentliche Eigenschaften eines Systems

	Systemmerkmale	
Systemorganisation	Elemente	Ein System besteht aus mehreren voneinander verschiedenen Systemelementen. Die Elemente weisen bestimmte Beziehungen zueinander auf und sind miteinander vernetzt.
	Beziehungen	
	Identität	Es besteht eine Systemgrenze, die z.T. jedoch vom Betrachter abhängig ist.
Systemeigenschaften	Integrität	Ein System wird durch verschiedene Eigenschaften charakterisiert. Zu den besonders wichtigen Eigenschaften zählt, dass Systeme eine hervortretende Eigenschaft oder Funktion besitzen, welche nicht in ihren Teilen enthalten ist. Ein zerlegtes System verliert diese Eigenschaft bzw. Funktion.
	Dynamik	Ein System kann sich entwickeln.
	Wirkungen	In einem System können vielfältige Wirkungsbeziehungen auftreten.

Interpretiert man systemisches Denken als die „Abbildung dieser wesentlichen Systemeigenschaften im Denken einer Person" (vgl. Steinberg 2001; Sommer 2006), so fasst man darunter die kognitiven Aspekte des Umgangs mit Systemen zusammen. Der Kompetenzbegriff ist dagegen meist weiter gefasst, er kann sich neben den kognitiven Fähigkeiten auch auf Fertigkeiten sowie auf motivationale und volitionale Aspekte (vgl. Klieme et al. 2003) beziehen. Zur Beschreibung der Systemkompetenz wurden daher aus den Systemprinzipien verschiedene Facetten der Systemkompetenz abgeleitet (vgl. Tab. 2), die Fähigkeiten und Fertigkeiten beschreiben und die Motivation und den Willen, diese umzusetzen, beinhalten. Sie bilden das Strukturmodell der Systemkompetenz, anhand dessen die Fähigkeiten der Schülerinnen und Schüler untersucht werden sollten:

Die bisherigen Studien zum systemischen Denken beschäftigten sich mit älteren Schülerinnen und Schülern ab der 7. Jahrgangsstufe. Über das systemische Denken von jüngeren Schülerinnen und Schülern der Primarstufe war bislang noch nichts bekannt. Im Sinne eines kumulativen Kompetenzaufbaus kommt aber gerade der Beschäftigung mit der Entwicklung der Systemkompetenz zu Beginn des schulischen Unterrichts eine große Bedeutung zu. Da bislang nur ältere Schülerinnen und Schüler der Mittel- und Oberstufe sowie Erwachsene auf ihr Systemverständnis untersucht wurden, wurden für diese Studie von Sommer (2006) geeignete Testinstrumente wie z.B. Fragebögen neu entwickelt. Dafür lieferten die pädagogische Psychologie und die Systemtheorie den theoretischen Rahmen, den fachwissenschaftlichen Bezug der Untersuchungen bildete die Biologie, genauer die Biologie des Weißstorchs. Informationen über kognitive und affektive Bedingungen des Erwerbs von Systemkompetenz (Intelligenz, Interesse) wurden mit gängigen Tests erhoben.

Tabelle 2: Strukturmodell der Systemkompetenz, abgeleitet aus den Merkmalen eines Systems

		Systemmerkmale		Komponenten der Systemkompetenz
Systemorganisation		Aufbau aus Elementen und Beziehungen	Modellbildung	wesentliche Systemelemente identifizieren und durch Beziehungen verknüpfen
				Systemgrenzen sowohl erkennen als auch sinnvoll ziehen
		Identität		Systemelemente und ihre Beziehungen in einem Bezugsrahmen darstellen
Systemeigenschaften		Integrität		zwischen Eigenschaften des Systems und Eigenschaften der Elemente unterscheiden
		Dynamik		dynamische Beziehungen erkennen
				Folgen von Veränderungen vorhersagen
		Wirkungen		Wirkungen in verschieden komplexen Systemen beurteilen
				Rückkopplungen erkennen und beschreiben

Zur Durchführung der Untersuchung wurde eine Unterrichtseinheit mit einem dazugehörigen Computerlernspiel entwickelt, in denen sich Schülerinnen und Schüler der dritten und vierten Jahrgangsstufe mit dem Weißstorch in seinen vielfältigen Wechselbeziehungen mit der biotischen und abiotischen Umwelt in Deutschland und in Afrika befassen. Mit Hilfe eines erweiterten Prätest-Posttest-Designs wurde die Entwicklung der Systemkompetenz der Schülerinnen und Schüler am Beispiel des Weißstorchs analysiert.

Die Auswertung der Daten bestätigte, dass die Systemkompetenz nicht eine einzige Fähigkeit darstellt, sondern aus mehreren verschiedenen Teilkompetenzen besteht. Diese ließen sich analytisch und empirisch zu zwei größeren Kompetenzbereichen zusammenfassen, nämlich Systemkompetenz im Bereich Systemorganisation und Systemkompetenz im Bereich Systemeigenschaften. Wie die statistischen Auswertungen am Ende der Intervention zeigten, waren die Fähigkeiten im ersten Bereich, die sich auch mit dem Begriff Modellbildung umschreiben lassen, bei den Kindern generell gut ausgeprägt. Bei den Fähigkeiten im zweiten Bereich, dem Erkennen von und dem Umgang mit Systemeigenschaften, waren die Leistungen dagegen heterogen. Die Lösungswahrscheinlichkeit hing von den Anforderungen ab, die innerhalb einer Teilkompetenz variiert wurden. Nur bei Aufgaben, die ein allgemeineres biologisches Wissen über Vögel voraussetzen und auf ein wenig komplexes Teilsystem bezogen waren, zeigten die Schülerinnen und Schüler gute Leistungen.

Im Hinblick auf die motivationalen Faktoren, die in die Systemkompetenz mit einfließen, wurde der Einfluss des situationalen und individuellen Interesses auf die Systemkompetenz geprüft. Beide Interessenformen hatten den größten Einfluss auf die Vortest-Ergebnisse, im Nachtest wirkte sich das situationale Interesse auf die Fähigkeiten im Bereich Systemorganisation und auf das erworbene biologische Fachwissen aus. Aus anderen Studien zum systemischen Denken liegen keine vergleichbaren Ergebnisse zu nicht-kognitiven Einflussfaktoren vor.

Das Strukturmodell der Systemkompetenz beschreibt die Fähigkeiten, die sich über die Systemtheorie theoretisch begründen lassen. Es gliedert sich in unterschiedliche Teilkompetenzen, die theoretisch definiert und beschrieben wurden. Zur empirischen Prüfung des Ausmaßes der Beherrschung der jeweiligen Fähigkeit wurden die Testaufgaben innerhalb einer Teilkompetenz in ihrem Anforderungsgrad variiert. Durch den Einsatz dieser Aufgaben mit unterschiedlichem Anforderungsniveau ließen sich Fähigkeitsunterschiede in den Leistungen der Schüler nachweisen. Durch Interpretation der empirischen Befunde konnten so unterschiedliche Leistungsstufen innerhalb einer Teilkompetenz identifiziert werden.

In den bislang in der Literatur beschriebenen Modellen zur Entwicklung der Systemkompetenz werden einer Stufe bestimmte Teilkompetenzen zugeordnet, die auf dieser Stufe, nicht aber auf der nächst niedrigeren beherrscht werden (vgl. Assaraf/ Orion 2005). Im Gegensatz zu einem solchen Kompetenzentwicklungsmodell legen die hier beschriebenen Befunde eine Abstufung von Fähigkeiten innerhalb einer jeden Teilkompetenz nahe.

Aus kognitionspsychologischer Sicht gibt es theoretische Überlegungen, die ein Stufenmodell, das Fähigkeitsstufen innerhalb der Teilkompetenzen unterscheidet, stützen:

Ein rein theoretisches Modell zur Entwicklung „ökologischen Denkens" entwickelte Lecher (1997). Lecher beschreibt aus kognitionspsychologischer Sicht sehr detailliert, welche Fähigkeiten zum „ökologischen Denken" gehören und wie innerhalb dieser Fähigkeitsbereiche verschiedene Leistungen aufeinander aufbauen. Die Inhalte des von Lecher als „ökologisches Denken" bezeichneten Wissensfeldes decken sich in großen Teilen mit dem „systemischen Denken". Damit können seine Überlegungen im Zusammenhang mit der Systemkompetenz genutzt werden. Lecher liefert darüber hinaus Anhaltspunkte für eine kognitionspsychologisch begründete Reihenfolge des Aufbaus von Fähigkeiten im Themenfeld des systemischen Denkens. Er unterscheidet ebenso wie Sommer innerhalb der einzelnen Fähigkeitsdimensionen Abstufungen ihrer Ausprägung, die qualitative Unterschiede abbilden.

3.4.3 Ableitung eines hypothetischen Stufenmodells zur Systemkompetenz

Die unterschiedlichen Leistungen der Schülerinnen und Schüler bezogen auf Aufgaben mit differierendem Anforderungsniveau bei der empirischen Untersuchung des Kompetenzstrukturmodells wurden als unterschiedliche Niveaustufen einer Teilkompetenz interpretiert. Aus ihnen ließ sich ein hypothetisches Kompetenzstufenmodell ableiten.

Dieses vorläufige Stufenmodell variiert zwei Aufgabenmerkmale: zum einen das Fachwissen, das zur Beantwortung der Fragen notwendig ist, zum anderen die systemische Komplexität, d.h. die Anzahl und Vernetzung der Elemente und Beziehungen des Systems. Es enthält aufbauend auf dieser Variation für jede Teilkompetenz drei Niveaustufen, die zunehmend komplexere Fähigkeiten und Fertigkeiten beschreiben und/oder zunehmend mehr Fachwissen voraussetzen. Zur Weiterentwicklung des Modells müssen diese Stufen jedoch noch theoretisch und empirisch abgesichert werden und die Abfolge der Stufen muss im Sinne einer kognitiven Entwicklung überprüft werden.

Die hier exemplarisch dargestellte Entwicklung eines Modells zur Beschreibung und Messung von Systemkompetenz zeigt, welcher theoretische und empirische Aufwand für das Ausarbeiten von Kompetenzmodellen notwendig ist. Im Kontext der aktuellen Bestrebungen zur Steigerung der Qualität des naturwissenschaftlichen Unterrichts und der zunehmenden Orientierung an Standards nehmen jedoch Kompetenzmodelle vermehrt eine zentrale Rolle ein (vgl. Hammann 2004). Sie helfen die unterrichtliche Förderung von Kompetenzen über Jahrgangsstufen hinweg derart zu planen, dass bestehende Kompetenzniveaus aufgegriffen und systematisch weiterentwickelt werden können und darüber hinaus bieten sie eine neue Grundlage für das Rückmelden und Prüfen von Kompetenzentwicklungsverläufen (ebd., S. 196).

3.5 Aussichten

Durch die Bildungsstandards für den Mittleren Schulabschluss (vgl. KMK 2004), die durch das Kerncurriculum Biologie für die gymnasiale Oberstufe (vgl. Harms et al. 2004) ergänzt werden, ergibt sich eine Beschreibung der Kompetenzbereiche, die Schülerinnen und Schüler im Laufe ihrer Schulbahn entwickeln sollen. Bislang beschränkt sich der unumstritten sinnvolle kumulative Aufbau dieser Kompetenzen auf die Sekundarstufe I. Im Hinblick auf ein fruchtbares Zusammenwirken der Bildungsziele für die verschiedenen Schulstufen ist jedoch zu fordern, auch in der Grundschule schon auf eine altersgemäße Weise den Beginn der beschriebenen Kompetenzen anzubahnen. Diese Forderung birgt jedoch zwei Problemfelder:

Zum einen kann die Fachwissenschaft Biologie nicht durch ein übergreifendes Kompetenzmodell beschrieben werden, das alle unterschiedlichen Fähigkeiten und Fertigkeiten des Faches beinhaltet. Wie auch in der Beschreibung der Kompetenzbereiche für den Mittleren Schulabschluss dargelegt, gibt es nicht *die* biologische Fachkompetenz, sondern eine Reihe von Kompetenzbereichen (Fachwissen, Erkenntnisgewinnung, Kommunikation und Bewertung) und Basiskonzepten (System, Entwicklung, Struktur und Funktion), die verschiedene Facetten des Faches betreffen. Auch für den Sachunterricht der Grundschule wird es daher unumgänglich sein, differenzierte Kompetenzbereiche zu beschreiben.

Zum anderen verstärkt gerade diese Differenzierung das Problem, ausreichend elaborierte Kompetenzmodelle für diese einzelnen Bereiche zu beschreiben. Bis auf wenige Bereiche liegen für den Sachunterricht der Grundschule noch keine Kompetenzmodelle vor, die die Vorstufen der in der Sekundarstufe geforderten Kompetenzen darstellen würden. Hier ist dringender Forschungsbedarf angezeigt.

Dass ein frühzeitiger Beginn der Kompetenzförderung sinnvoll und möglich ist, zeigen die Untersuchungen von Hammann (2004) und Sommer (2006).

Literatur

Assaraf, O.; Orion, N. (2005): Development of System Thinking Skills in the Context of Earth System Education. In: Journal of research in science teaching, 42/5, pp. 518-560.

Bayerisches Staatsministerium für Unterricht und Kultus (Hrsg.) (2000): Lehrplan für die bayerische Grundschule. München.

Dörner, D. (1989): Die Logik des Misslingens. Strategisches Denken in komplexen Situationen. Reinbek.

Gesellschaft für Didaktik des Sachunterrichts (GDSU) (Hrsg.) (2002): Perspektivrahmen Sachunterricht. Bad Heilbrunn.

Gomez, P.; Probst, G. (1987): Vernetztes Denken im Management: Eine Methodik des ganzheitlichen Problemlösens. In: Die Orientierung, 89.

Hammann, M. (2004): Kompetenzentwicklungsmodelle – Merkmale und ihre Bedeutung – dargestellt anhand von Kompetenzen beim Experimentieren. In: MNU, 57, H. 4, S. 196-203.

Harms, U.; Mayer, J.; Hammann, M.; Bayrhuber, H.; Kattmann, U. (2004): Kerncurriculum und Standards für den Biologieunterricht in der gymnasialen Oberstufe. In: Tenorth, H.-E. (Hrsg.): Kerncurriculum Oberstufe II – Biologie, Chemie, Physik, Geschichte, Politik. Weinheim, S. 22-84.

Harms, U.; Bünder, W. (1999): Zuwachs von Kompetenz erfahrbar machen: Kumulatives Lernen. Erläuterungen zum Modul 5 des Modellversuchs der Bund-Länder-Kommission „Steigerung der Effizienz des mathematisch-naturwissenschaftlichen Unterrichts". Kiel.

Kultusministerkonferenz (Hrsg.) (2004): Bildungsstandards im Fach Biologie für den Mittleren Schulabschluss. Bonn.

Klieme, E.; Maichle, U. (1991): Erprobung eines Modellbildungssystems im Unterricht. Bericht über eine Pilotstudie zur Unterrichtsevaluation. Bonn.

Klieme, E.; Maichle, U. (1994): Modellbildung und Simulation im Unterricht der Sekundarstufe I. Berlin.

Klieme, E.; Avenarius, H.; Blum, W.; Döbrich, P.; Gruber, H.; Prenzel, M. (2003): Zur Entwicklung nationaler Bildungsstandards. Berlin.

Lecher, T. (1997): Die Umweltkrise im Alltagsdenken. Weinheim.

Ossimitz, G. (2000): Entwicklung systemischen Denkens. Wien.

Putz-Osterloh, W. (1987): Gibt es Experten für Problemlösen? In: Zeitschrift für Psychologie, 195, S. 63-84.

Sommer, C. (2006): Untersuchung der Systemkompetenz von Grundschülern im Bereich Biologie. URL: http://e-diss.uni-kiel.de/diss_1652.

Steinberg, S. (2001): Die Bedeutung graphischer Repräsentationen für den Umgang mit einem komplexen dynamischen Problem. Eine Trainingsstudie. Berlin.

Vester, F. (1988): Leitmotiv vernetztes Denken. München.

Weinert, F. (2001a): Concepts of Competence: A Conceptual Clarification. In: Rychen, D.S.; Salganik, L.H. (Eds.): Defining and selecting key competencies. Seattle, pp. 45-66.

Weinert, F. (2001b): Vergleichende Leistungsmessung in Schulen – eine umstrittene Selbstverständlichkeit. In: Weinert, F.E. (Hrsg.): Leistungsmessung in Schulen. Weinheim, S. 17-31.

Hans Kaminski

4 Die ökonomische Domäne im Rahmen des Sachunterrichts – Überlegungen zur Entwicklung eines Referenzsystems als Hilfe zur Generierung von Kompetenzmodellen

4.1 Eine persönliche Vorbemerkung:

Als junger Hochschullehrer hatte ich die Chance, im Rahmen einer Konferenz zur Integration sozialwissenschaftlicher Disziplinen an der Universität Paderborn Lawrence Senesh kennen zu lernen, der sicherlich als einer der herausragenden Vertreter der amerikanischen Social Studies zu gelten hat, von Hause aus Ungar und viele Jahre in Boulder & Colorado lehrend und forschend tätig (Senesh 1978).
Faszinierend war seine rhetorische Kunst, die sich verknüpfte mit einer charismatischen und sehr authentischen Ausstrahlung, mit der er ökonomische Grundideen für den Sachunterricht entwickelte. Noch immer – so scheint mir – ist es nicht abschließend gelungen, solche Grundideen konzeptionell zu verknüpfen mit anderen Dimensionen des Sachunterrichts und sie zur Erfahrungswelt von Grundschulkindern in Beziehung zu setzen. Man muss die Beispiele nicht so nehmen, wie sie Lawrence Senesh in den sechziger, siebziger Jahren des letzten Jahrhunderts konzipiert hat. Dennoch erscheint das heuristische Potenzial dieser Vorgehensweise bisher unausgeschöpft.
Senesh zeigt beispielsweise auf, wie Kinder das Problem der Knappheit und die Bedeutung einer klugen Wahl erkennen können. Er berichtet, wie sich das Gesetz des abnehmenden Grenznutzens Grundschulkindern verdeutlichen lässt, ein Konstrukt, das mit zum Fundament klassischer ökonomischer Analyse zu zählen ist.
Orginalton Senesh: *„Nehmen sie z.B. an einem heißen Sommertag 4 Flaschen Coca-Cola, 4 Butterbrote, 4 Ohrwärmer und 4 Witzblättchen und legen sie alles auf einen Tisch. Wenn die Kinder erschöpft von der Pause zurückkommen, stellen sie eines der Kinder vor die Wahl, ein durstiges Kind wird wohl die Flasche Coca-Cola wählen. Danach ermutigen sie das Kind, eine zweite*

Flasche zu trinken, und dann eine dritte. Ich bin mir sicher, dass die dritte Flasche zurückgewiesen wird und das Kind ein Butterbrot oder ein Witzbuch vorzieht. Die Kinder merken, wie die erste Wahl zur letzten wird; und wie das zweitwichtigste auf einmal den ersten Platz einnimmt. Und hier haben wir das Gesetz des abnehmenden Grenznutzens, das Fundament klassischer ökonomischer Analyse" (ebd., S. 127).

Als weiteres Beispiel ein Vorschlag von Senesh, sich mit der Notwendigkeit des Mediums Geld in arbeitsteiligen Gesellschaften auseinanderzusetzen.

Senesh schreibt, dass die Kinder dies selbst mit einen Soziodrama in vier Akten veranschaulichen können:

„Erster Akt: Lassen sie einen Schreinermeister zum Bäcker gehen und seine Dienste im Tausch für einen Laib Brot offerieren. Der Bäcker hat gerade Zahnschmerzen und verlangt vom Schreiner, dass dieser den wehen Zahn zieht – als Gegenleistung für das Brot. Der Tauschhandel findet nicht statt. Zweiter Akt. Der Schreinermeister geht gerade die Straße entlang, als sich die Türe zur Zahnarztpraxis öffnet und der Zahnarzt hilfeschreiend auf die Straße rennt. Der Zahnarztstuhl ist defekt. ‚Schreinermeister, Schreinermeister' ruft der Zahnarzt, ‚bring meinen Stuhl in Ordnung, ich werde dir alle deine Zähne ziehen'. – ‚Danke für das Angebot, erwidert der Schreiner, ich behalte meine Zähne besser. Aber hast du nicht einen Laib Brot? Dafür würde ich dir deinen Stuhl reparieren'!

Dritter Akt: Lassen sie die Kinder die berichteten Tauschtransaktion ausarbeiten, die zur geldlosen Bedürfnisbefriedigung notwendig wären.

Vierter Akt: Mit Hilfe des Lehrers bemessen die Kinder die Geldwerte für jedes dieser Güter oder Dienstleistungen. Dann bringen sie den Tauschhandel mit Geld zu Ende – und die Kinder werden die Ungerechtigkeiten begreifen, die die Tauschaktionen geschaffen haben" (ebd.).

Senesh entwickelte auch politikwissenschaftliche, soziologische, kulturanthropologische, sozialpsychologische und rechtswissenschaftliche Grundideen (vgl. ebd.).

Man kann von der Zeitverhaftetheit der jeweils gewählten Beispiele absehen. Dennoch wird eines deutlich: Es gibt kaum eine relevante ökonomische Idee, die sich nicht auch schon einem Grundschüler m. E. „hautnah" verdeutlichen ließe.

Unbestreitbar wird sein, dass „lebendige Realsituationen des Alltags in den Mittelpunkt des Unterrichts" zu stellen sind. Erst nach der Beschäftigung mit dem real Erlebten der Schülerinnen und Schüler, nach der Erkundung der erlebten und erfahrenen Alltagserfahrungen werden die „Wege" zu den Schülerinnen und Schülern beschritten. Das primäre erkenntnisleitende Interesse bei allen menschlichen Erkenntniswegen ist nie ein abstrahiertes fach-

wissenschaftliches System – das gilt auch für die Schulbildung. Die lebensweltlichen Erfahrungen werden gemäß dem konstruktivistischen Erkenntnisansatz individuell unterschiedlich vollzogen und subjektiv verschieden erklärt.
Es muss sicherlich vermieden werden, dass sich der Status des Sachunterrichts in den Schulen als ein Sammelsurium didaktisch reduzierter Bruchstücke aus ganz unterschiedlichen Fachwissenschaften und Lebensbereichen darstellt: „ein wenig Kartenkunde hier, ein wenig Gesundheitslehre dort, ein paar Erfahrungen mit Luft und Wasser, etwas mehr Biologie – in einzelnen Bundesländern zusätzlich noch eine Menge Heimatkunde und Gemeinschaftspflege. Die Lehrbuchindustrie unterstützte das belanglose Vielerlei mit bunten Heftchen, in denen die Schülerinnen und Schüler irgendwelchen lustigen Mäusen und anderem Getier als Leitfiguren von einem Arbeitsbogen zum anderen folgten und dabei vor allem das Ankreuzen und Ausfüllen von Lückentexten lernten" (Ramseger 2004, S. 54).

4.2 Untersuchungsgang

(1) Es kann hier kein in sich schlüssiges Kompetenzmodell präsentiert werden, weil dafür m. E. im Sachunterricht die konzeptionellen Voraussetzungen durch ein erkennbares Referenzsystem als Grundlage fehlen. Ein Referenzsystem, das einen Beitrag dazu liefert, kriteriengeleitete Ziel-Inhalts-Entscheidungen zu fällen und dies nicht der beliebigen Auswahl beliebiger Autoren zu überlassen, ist nicht vorhanden. Sucht man nach ökonomischen Themenstellungen im Sachunterricht der Bundesrepublik, dann fällt auf, dass kaum ein Thema nicht genannt wird, angefangen beim Konsum, über Verkaufsstrategien im Supermarkt, zur gerechten Beurteilung von Arbeit, Einschätzungen zur Globalisierung, Analysen zur Kinderarmut und zum Verhältnis von Ökonomie und Ethik, zur Kinderarbeit in Entwicklungsländern. Diese Reihe lässt sich beliebig fortsetzen und man könnte sogar feststellen, dass diese Themenstellungen sich in gleicher Weise sowohl in der Sekundarstufe I wie auch in der Sekundarstufe II wieder finden lassen.
(2) Jedes Kompetenzmodell, jede Standardentwicklung muss m.E. jedoch getragen werden von einem Mindestverständnis einer Scientific Community. Was soll als Ökonomie, als ökonomisch gelten, welches sind die zentralen Fragestellungen, wie lassen sich diese unter Berücksichtigung entwicklungspsychologischer und lerntheoretischer Erkenntnisse curricular modellieren, welche Konsequenzen hat das für Ausbildungsmodelle in der Lehreraus-, Fort- und Weiterbildung?

(3) Die o.g. Situation hat für diesen Beitrag zur Entscheidung geführt, einige Überlegungen zu präsentierten, die m. E. für die Generierung von Ziel- und Inhaltsfeldern, von Strukturen und Prozessen des Erkenntnisgegenstandes Wirtschaft erforderlich sind, um Referenzsysteme zu entwickeln. Die zugrunde gelegten Annahmen sind offen zu legen, um die Entwicklung von Kompetenzbereichen in Angriff nehmen zu können. Dies ist allein schon deshalb erforderlich, damit nicht in abbilddidaktische Positionen verfallen wird, sondern ein Beitrag zur Bestimmung des Verhältnisses zwischen Fachwissenschaft und Fachdidaktik geleistet wird.
(4) Es wird im Weiteren von ökonomischer Bildung gesprochen, wobei hier nicht ein Fach in der Grundschule gemeint sein kann, sondern eine wesentliche inhaltliche Dimension im Rahmen eines Konstrukts „Sachunterricht", die sich jedoch nicht aus einer beliebigen ökonomisch akzentuierten Beispielsauswahl speist.

4.3 Setzungen für die Entwicklungen von Referenzsystemen

4.3.1 Ansätze zur Entwicklung eines Referenzsystems
Als organisierende, integrierende Idee für die Entwicklung eines Ziel-Inhalts-Konzepts und für die Entwicklung von Standards wird ein Referenzsystem benötigt.
Im Rahmen der wirtschaftsdidaktischen Diskussion nach dem Zweiten Weltkrieg lassen sich vereinfacht drei Ansätze als erkenntnisleitende Prinzipien unterscheiden:
- „Das Wissenschaftsprinzip als Teilaspekt des umfassenderen Kulturbereichsprinzips, demzufolge die Ziel-, Inhalts-Wahl bestimmt wird von den vorliegenden wissenschaftlichen oder anderen kulturellen Objektivationen (z.B. Kunst, Literatur).
- Das Situationsprinzip, demzufolge die Wahl der Ziele/Inhalte sich danach richtet, was in jetzigen und künftigen Lebenssituationen der betreffenden Schüler bedeutsam ist oder werden kann.
- Das Bildungs- oder das allgemeine Persönlichkeitsprinzip, demzufolge sich die Ziel-, Inhalts-Wahl nach dem richtet, was im Hinblick auf die Entwicklung der Schülerpersönlichkeit und deren ‚Bildung' für möglich und bedeutsam gehalten wird" (Reetz 2003, S. 101).

Für die Entwicklung von Lehrplänen und Rahmenrichtlinien, die zumindest mit einer impliziten Vorstellung davon arbeiten müssen, was zum Gegenstandsbereich z.B. eines Faches Wirtschaft gehört, sind zwei idealtypische konzeptionelle Ansätze in der Bundesrepublik besonders bedeutsam geworden: erstens der disziplinorientierte (Wissenschaftsprinzip) und zweitens der situativ/ problemorientierte Zweig (Situationsprinzip).

Die Lernprozesse im Rahmen der ökonomischen Bildung sollen danach im Hinblick auf die Bewältigung von gegenwärtigen und zukünftigen Handlungssituationen des Schülers so organisiert werden, dass sie auf Alltagshandlungen und dem Vorwissen der Schülerinnen und Schüler aufbauen sowie eine dialektische Vermittlung von Alltagserfahrung und Wissenschaftserkenntnis, von Handeln und Denken, von Theorie und Praxis ermöglichen. Dabei wird zurückgegriffen auf Entwicklungs- und Motivationstheorien, Lebensweltanalysen, Theorien der beruflichen und schulischen Sozialisation, auf die Jugendforschung und vor allem auf erkenntnis-, lern- und entwicklungspsychologische Ansätze von Piaget, Aebli sowie neuerdings vermehrt auch auf Konzepte eines gemäßigten Konstruktivismus (vgl. Mandl et al. 1997, Dubs 1995, Weinert 1997, Kaiser/ Kaminski 1999, 2003).

Die Wirtschaftswissenschaften, als zweifellos relevante Bezugswissenschaften der ökonomischen Bildung, erhalten in diesem Ansatz nach Reetz (2003) drei Funktionen. Sie

a. leisten eine heuristische Mithilfe bei der Ermittlung relevanter Situationen und Anlässe,
b. liefern empirisch fundierte Informationen,
c. wirken bei der systematischen Rahmengebung im Sinne einer dialektischen Vermittlung von Einzelbeispielen und sozialwissenschaftlicher Systematik mit.

4.3.2 Wirtschaftsordnung als Referenzsystem der ökonomischen Bildung

Für die Begründung der ökonomischen Bildung in allgemein bildenden Schulen gibt es m. E. kein lineares Verhältnis zu Universitätsdisziplinen wie den Wirtschaftswissenschaften. Dieses Problem lässt sich – so die Annahme – nur dadurch mindern, dass a) mit Setzungen operiert wird, die jedoch zwingend offen zu legen sind, um sie diskussionsfähig zu machen, und gleichzeitig b) fachdidaktische Anforderungen formuliert werden, die bei der Entwicklung von Referenzsystemen für Ziel-Inhalts-Konzepte der ökonomischen Bildung beachtet werden sollten.

Insbesondere fünf Überlegungen sind zu benennen:

1. Es sind Kriterien für die Generierung von Zielen und Inhalten zur ökonomischen Bildung zu entwickeln, d.h., als Referenzsystem ist nicht ein fest gefügter Korpus unveränderlicher Begriffssysteme von Inhalten im Sinne einer Ontologie zu verstehen. Es geht vielmehr darum, die Vielfalt und

unterschiedlichen interessengeleiteten Formen wirtschaftlichen Handelns im Rahmen eines zunächst angenommenen Institutionen- und Regelsystems zu erfassen. Des Weiteren sind Denkweisen und Analysetechniken zu entwickeln.

2. Das Referenzsystem hat nicht nur unmittelbare Auswirkungen auf die Konstruktion der Lehrpläne, Rahmenrichtlinien oder Standards, sondern wirkt ebenfalls auf die Konstruktion von Studiengängen an den Hochschulen sowie auf die konzeptionelle Ausgestaltung von Fort- und Weiterbildungsmaßnahmen für Lehrkräfte zurück, die z.B. eine zusätzliche Fakultas bzw. eine Erweiterungsqualifikation erwerben wollen. Das Referenzsystem hat auch Auswirkungen auf Fragestellungen zur fachdidaktischen Entwicklungsforschung, von Forschungsförderungsprogrammen bis hin zur inhaltlichen Denomination von Personalstellen für Studiengänge. Dies gilt für alle Studiengänge, d.h. auch für Studiengänge zum Sachunterricht.

3. Die Bestimmung des Referenzsystems darf keinen statischen oder lediglich affirmativen Charakter haben, sondern muss gegenüber fachwissenschaftlichen und auch fachdidaktischen Entwicklungen offen bleiben. Veränderte politische, wirtschaftliche Situationen mit nicht nur tagesaktuellen, sondern strukturellen Veränderungen erfordern auch die Modifikation von Ziel-Inhalts-Konzepten oder gar ihre Suspendierung aus dem didaktischen Auftrag eines Faches.

4. Es muss nach einem archimedischen Punkt für die Gewinnung eines Referenzsystems gesucht werden. Dieser archimedische Punkt wird darin gesehen, dass im allgemein bildenden Schulwesen für eine seriöse fachliche Fundierung von der jeweils existierenden Wirtschafts- und Gesellschaftsordnung auszugehen ist und nicht von einer Fachdisziplin. Dies lässt sich wie folgt begründen:

- Die Wirtschafts- und Gesellschaftsordnung eines Landes ist der allgemeine generelle Ordnungsrahmen, der sowohl die Arbeits- und Lebenssituationen eines Bürgers als auch die Koordinierung der wirtschaftlichen Aktivitäten einer Volkswirtschaft mit dem Ziel bestimmt, eine Gesellschaft mit Sachgütern und Dienstleistungen zu versorgen (Produktion, Distribution, Konsumtion). In der Bundesrepublik Deutschland ist dieser Ordnungsrahmen die „soziale Marktwirtschaft", so lange diese als Leitbild für politisches Handeln in Deutschland gilt und damit symbolisiert und signalisiert wird, wie eine „Gesellschaft wirtschaften und zusammenleben möchte".

- Wenn die allgemein bildende Schule auf die Bewältigung von gegenwärtigen und zukünftigen Lebenssituationen, auf die Teilhabe an kulturellen, sozialen, ökonomischen und politischen Prozessen vorbereiten soll, dann muss auch die Wirtschafts- und Gesellschaftsordnung als der Ordnungsrahmen und das Handlungsfeld gewählt werden, mit dem sich Kinder und Jugendliche in der allgemein bildenden Schule kritisch-konstruktiv auseinander zu setzen haben.
- Dazu sind die grundlegenden Ordnungsformen und Ordnungselemente einer Wirtschaftsordnung zu identifizieren, um strukturelle Zusammenhänge einer Wirtschaftsordnung und Handlungsfelder des Individuums in unterschiedlichen Situationen in diesem System aufzuzeigen, aber auch, um die Beziehungen von Aggregaten und von „institutionellen Orten" (Unternehmungen: Produktion; Märkte: Verteilung; Haushalte/ Unternehmungen: Konsumption) zu zeigen.
- Diese Vorgehensweise bedeutet *nicht* die Annahme einer „festgeschriebenen" Wirtschaftsordnung, sondern sie wird gewählt, um überhaupt die Grundlage für eine problemorientierte Auseinandersetzung mit ihren Strukturen und Prozessen zu ermöglichen und einen Ansatz zu finden, sich mit den virulenten Überzeugungen, Wertmustern, die es in unserer Gesellschaft zur Sozialen Marktwirtschaft gibt, auseinander zu setzen und auf seine Lebenssituation beziehen zu können.

4.4 Wirtschaftswissenschaftliches Selbstverständnis und Folgerungen für ein Ziel-Inhalts-Konzept

Das unterlegte wirtschaftswissenschaftliche Grundverständnis ist zentral für die Entwicklung eines Referenzsystems für die ökonomische Bildung. Dazu soll in der notwendigen Kürze auf die Theorie der Ökonomik und ihre Bedeutung für die Analyse wirtschaftlichen Handelns eingegangen werden. Es orientiert sich insbesondere an den von Autoren wie Homann, Suchanek und Pies in Deutschland entwickelten wissenschaftstheoretischen Überlegungen zur Ökonomik und des Weiteren an Vertretern der Neuen Institutionenökonomik (vgl. Richter/ Furubotn, 2003; Erlei/ Leschke/ Sauerland, 1999; Göbel, 2002; Voigt, 2002). Sie erscheint mir als Instrument zur Analyse ökonomischer Sachverhalte aus fachdidaktischer Sicht besonders geeignet, wenn es gelingt, wissenschaftstheoretische Grundpositionen mit fachdidaktischen Kriterien zu verbinden und Lebenssituationen in ihren sozialen ökonomischen und politischen Dimensionen analysierbar zu machen.

4.4.1 Wirtschaftswissenschaftliches Grundverständnis

Zunächst zum Unterschied zwischen Ökonomie und Ökonomik: Lässt sich Ökonomie als das „tatsächliche Wirtschaften real existierender Akteure verstehen", dann ist Ökonomik die wissenschaftliche bzw. theoretische Art und Weise der Auseinandersetzung mit dem Wirtschaften der Menschen (Erlei/ Leschke/ Sauerland 1999, S. 1ff).

Nach Homann/ Suchanek (2005) kann Ökonomik nicht nur als Analysetechnik für Knappheitsprobleme, sondern generell als Theorie menschlicher Interaktion betrachtet werden, die sich „mit Möglichkeiten und Problemen der gesellschaftlichen Zusammenarbeit zum gegenseitigen Vorteil" befasst (Homann/ Suchanek 2005, S. 5). Damit werden Interaktionen zwischen Akteuren in das Zentrum der Analyse gerückt. Das Knappheitsproblem ist demnach nicht als ein ausschließlich technisches, sondern vor allen Dingen als ein Problem der sozialen Ordnung zu betrachten, das sich im Spannungsfeld der beiden Kategorien Konflikt und Kooperation entfaltet. „Soziale Ordnung ist ein allgemeiner Begriff: Seine Bandbreite reicht vom einmaligen Tausch bis hin zum Zusammenleben von Menschen in (unterschiedlichen sozialen Gruppen) der Gesellschaft. Im Fokus steht dabei immer die Frage, welche Institutionen erwünschte Ordnungen hervorbringen und unerwünschte unterbinden und natürlich die spiegelbildliche Frage, welche Regelsysteme dazu weniger oder gar nicht geeignet sind" (Homann/ Lütge 2003, S. 14).

Die vorgeschlagene ökonomische Analysemethode lässt sich nicht nur auf Tauschgeschäfte, Märkte oder Unternehmen (einschließlich ihrer internen Organisation) anwenden, sondern beispielsweise auch auf Vereinbarungen von Staaten oder auf politische Institutionen- und Regelsysteme.

Als Arbeitshypothese verwendet die Ökonomik das Konstrukt des „Homo Oeconomicus". Entgegen einer weit verbreiteten Meinung handelt es sich hierbei nicht um die Beschreibung eines normativen Verhaltensmodells (Du solltest ein „Homo Oeconomicus" werden!), sondern vielmehr handelt es sich um die Annahme der Invarianz des Verhaltens von Individuen: Individuen maximieren ihren Nutzen unter Restriktionen, d.h., die Anreizstruktur ist entscheidend für ihr Verhalten. Ökonomik wird deshalb nicht als Verhaltenstheorie, sondern als Situationstheorie verstanden. Die Aussage über Menschen in der Ökonomik lässt sich insofern wie folgt formulieren: „Menschen handeln nicht systematisch und auf Dauer gegen ihre Anreize" (Homann/ Suchanek 2005, S. 21). Die hier verwendete Annahme des „Homo Oeconomicus" ist kein Menschenbild, sondern ein theoretisches Konstrukt, das auf Dilemmastrukturen zugeschnitten ist (Homann/ Suchanek 2005). Im Sinne von Karl R. Popper gilt Rationalität als eine empirische Vermutung, als

ein methodologisches Prinzip. Es ist eine Heuristik, nicht die Karikatur eines realen Menschen, sondern es geht um „Merkmale von Situationen mit inhärenten Dilemmastrukturen. Ökonomik ist keine Theorie menschlichen Verhaltens, sondern eine allgemeine Theorie der Anreizwirkungen von Interaktionssituationen" (Homann/ Suchanek 2005, S. 426).
Seriöse Ökonomen werden nicht zu finden sein, die ernsthaft den „Homo Oeconomicus" als Menschenbild, als Leitbild für die Erziehung propagieren. Es handelt sich um ein methodologisches Instrument, dass seine Erklärungskraft immer wieder zu beweisen hat. „Es geht vielmehr um die Generierung von Mustererklärungen für die Ursachen von Problemen in modernen Gesellschaften. Der Homo Oeconomicus (ist) eine Heuristik, also eine Strategie zum Auffinden von Erklärungs- und Lösungsansätzen zur Entschärfung von (gesellschaftlichen) Problemen" (Loerwold/ Zoerner 2007).
Der „Homo Oeconomicus"-Annahme wird oftmals vorgeworfen, sie erhebe einen Ausschließlichkeitsanspruch für die Erklärung menschlichen Handelns in allen Lebensbereichen, so z.b. auch für alle sozialen Institutionen wie Ehe, Familie und Freundschaft (Vorwurf des „ökonomischen Imperialismus"). Nach dem hier zugrunde liegenden Verständnis ist es der Verdienst der Ökonomik, ökonomische Sachverhalte und Zusammenhänge in verschiedenen Lebensbereichen aufzeigen zu können. Dies bedeutet jedoch nicht notwendigerweise, dass die Ökonomik eine hinreichende oder gar vollständige Erklärung aller Lebensbereiche leisten könnte. Vielmehr hängt es wesentlich vom jeweils vorliegenden Erkenntnisinteresse ab, ob ein bestimmter Sachverhalt aus ökonomischer, soziologischer, pädagogischer oder sonstiger Sicht analysiert wird. Aufgabe des Ökonomieunterrichtes ist es, insbesondere die ökonomischen Aspekte von Lebenssachverhalten aufzuklären, ohne die anderen Erklärungsweisen und Zugänge zu leugnen.

4.4.2 Drei Theoriekomplexe der Ökonomik
Im Ansatz der Ökonomik von Homann/ Suchanek wird unterschieden zwischen Aktions- bzw. Handlungstheorie, Interaktionstheorie und Institutionentheorie. Diese drei Theoriekomplexe lassen sich unter verschiedenen Theoriebezügen näher bestimmen:
1. Welche Interessen und Anreize lösen individuelle wirtschaftliche Handlungen mit dem Ziel der Nutzenmaximierung aus?
   → Aktions- und Handlungstheorie
2. Wie ist eine Zusammenarbeit zum gegenseitigen Vorteil möglich?
   → Interaktionstheorie

3. Welchen Beitrag leisten Institutionen für wirtschaftliches Handeln und wie muss eine Wirtschafts- und Gesellschaftsordnung gestaltet sein?
→ Institutionentheorie

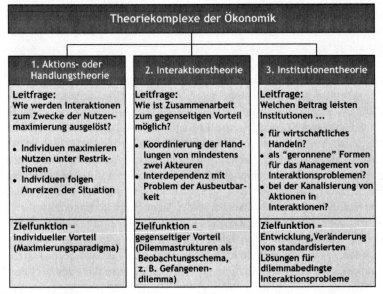

Abb. 1: Grundlegende Theoriekomplexe der Ökonomik

Hier besteht keine Möglichkeit, die weitere Ausdifferenzierung im erforderlichen Umfang vorzunehmen, deshalb beschränkt sich die Darstellung auf folgende kurze Anmerkungen.

Dilemmastrukturen als invariante Beobachtungsschemata
Mit diesem methodischen Zugriff auf ökonomische Strukturen und Prozesse wird eine konstruktiv-kritische Perspektive in das Referensystem implantiert, so dass eine alleinige Faktenhuberei im Kern verhindert werden kann und zwar deshalb, weil auf sog. Dilemmastrukturen als invariante Beobachtungsschemata zurückgegriffen wird. Dilemmastrukturen kennzeichnen Situationen, in denen Interessenkonflikte (zunächst) die freiwillige Kooperation zur Realisierung gemeinsamer Interessen verhindern können. Diese Interessenkonflikte manifestieren sich in unterschiedlichster Ausprägung auf der Ebene der Interaktionstheorie.

Es ist Aufgabe des Institutionen- und Regelsystems einer Gesellschaft und damit Erklärungsgegenstand der Institutionentheorie, Rahmenbedingungen zu schaffen, welche es den Akteuren ermöglichen, ihre konfligierenden Interessen innerhalb einer Dilemmasituation so in Übereinstimmung zu bringen bzw. die zugrunde liegenden Konflikte so aufzulösen, dass es schließlich doch zu einer Kooperation zum gegenseitigen Vorteil kommt.
Eine freiwillige Kooperation „Tausch" kommt z.B. nicht zustande, wenn zumindest einer der beiden potentiellen Tauschpartner befürchten muss, dass der andere Partner die Tauschvereinbarung nicht einhält und er somit „ausgebeutet" wird. Diese Unsicherheit der Leistungserfüllung lässt sich durch ein geeignetes Regelsystem, z.b. die Institution des notfalls vor Gericht durchzusetzenden Vertrages, vermindern, so dass die Wahrscheinlichkeit wesentlich erhöht wird, dass Tauschvorgänge überhaupt vereinbart und durchgeführt werden.
Durch Appelle an moralisches Verhalten sind Dilemmastrukturen hingegen nicht aufzulösen. Ohne ordnungspolitisch abgesicherte Sanktionsdrohung führen moralische Appelle in der Regel nur zu einer Bestrafung derjenigen, die sich freiwillig an sie halten und von den anderen ausgebeutet werden. Und es sind sogar „zynische Überreaktionen denkbar, so dass sich ohne Übertreibung sagen lässt, dass Moral durch Moralisieren zerstört werden kann" (Homann/ Pies 1991, S. 613).
Gleichwohl gilt es darauf hinzuweisen, dass derjenige, der auf die größtmögliche Vorteilsnahme abzielt, nicht davon suspendiert wird, sein Handeln auch im Lichte ethischer Prinzipien zu reflektieren. „Die verlässliche Regelung sozial problematischer Interessenkonstellationen verlangt die Beschränkung der Eigeninteressen und damit die angemessene Berücksichtigung der Interessen anderer Individuen" (Leipold 2002, S. 25). Eigennutz bedeutet eben nicht schranken- und rücksichtsloses Egoismus. Die Geltung von Regelsystemen verlangt moralische Bindungen, auch wenn die Menschen als genuin eigeninteressierte Wesen für diese nur eine geringe Begabung haben.
Das Beobachtungsschema „Dilemmastrukturen" lässt sich bei allem Variationsreichtum als eine identische Grundstruktur für die Analyse von Interaktionen im wirtschaftlichen Geschehen verwenden. Es erfüllt damit die wesentliche Funktion, die elementaren Bedingungen einer „Kooperation zum gegenseitigen Vorteil" zu identifizieren.
Der Rückgriff auf Dilemmastrukturen macht es immer wieder erforderlich, sich auf das Institutionen- und Regelsystem einer Wirtschafts- und Gesellschaftsordnung zu beziehen. In diesem Sinne stellt das politische Regelsystem mit seinen Wirkungen eine Restriktion für Interaktionen dar.

Dilemmastrukturen sind das allgemeine Schema, das den Fokus für die Betrachtung von verschiedenen sozialen Situationen bildet: „Ökonomik befasst sich mit der Erklärung und Gestaltung der Bedingungen und Folgen von Interaktionen" (Homann/ Suchanek 2005, S. 407). Es geht nicht um einsame Entscheidungen eines Akteurs, sondern um die Erklärung von Interaktionen.

4.4.3 Theoriekomplexe einer Ökonomik im Einzelnen
Zum besseren Verständnis der drei Theoriekomplexe der Ökonomik sollen diese noch in angemessener Kürze charakterisiert werden.

(1) Aktions- und Handlungstheorie
Die Aktions- und Handlungstheorie beschäftigt sich mit der Frage, wie Individuen ihren Nutzen und die Nebenbedingungen maximieren, und welche Motive, Interessen und Mittel zur Erreichung ihrer Ziele sie haben. Mit Rückgriff auf neoklassische Argumentationsfiguren wie den „Homo Oeconomicus" wird das Modell des rationalen und eigeninteressierten Akteurs unterstellt. Ökonomik lässt sich somit als Methode begreifen, menschliches Verhalten in Interaktionssituationen zu verstehen. Dabei wird von der Annahme ausgegangen, dass die Individuen ihre Ziele verfolgen und sich im Sinne ökonomischer Rationalität verhalten. Diese Grundannahme beschreibt Handlungen der Akteure, ohne nach den dahinter liegenden Gedanken zu fragen (Friedman 1999).

(2) Interaktionstheorie
Die Interaktionstheorie geht der Fragestellung nach, wie eine Zusammenarbeit zwischen mindestens zwei Akteuren zum gegenseitigen Vorteil möglich ist. Die Handlungen der Akteure geschehen nicht im luftleeren Raum, sondern sind jeweils eingebettet in einen Interaktionszusammenhang. Das Zusammenleben und Zusammenarbeiten der Akteure erfolgt unter Bedingungen wie Arbeitsteiligkeit und Interdependenz. Deshalb muss für ein angemessenes Verständnis moderner gesellschaftlicher Strukturen bedacht werden, dass die Lösung von Knappheitsproblemen nicht in isolierten Robinson-Gesellschaften geschieht, sondern auch andere Akteure, zumindest ein weiterer Akteur, ihren Nutzen unter Nebenbedingungen maximieren wollen.
So geht es z.B. um „Einigungsprozesse und Fragen der Glaubwürdigkeit vertraglicher Zusicherungen, Durchsetzungsprobleme angesichts von Verhaltensunsicherheiten, wechselseitige Abhängigkeiten und konfligierende Strategien mit interdependenten Resultaten und dergleichen mehr" (Homann/ Suchanek 2005, S. 23). Es ist zu erkennen, dass die Resultate der geplanten

geplanten Interaktionen von keinem Interaktionspartner allein beherrscht werden, sondern jeder auf eine Mitwirkung des anderen angewiesen ist. Diese Sichtweise basiert auf einer gesellschaftstheoretischen Konzeption, die im Sinne von Rawls (1975) die Gesellschaft als ein „Unternehmen der Zusammenarbeit zum gegenseitigen Vorteil" sieht und mit der Annahme einer marktwirtschaftlichen Ordnung korrespondiert (Rawls 1975).

(3) Institutionentheorie
Die Institutionentheorie setzt sich mit der Leitfrage auseinander, welchen Beitrag Institutionen- und Regelsysteme leisten, um Aktionen der Individuen in Interaktionen kanalisieren zu können, z.B. durch Rechtsordnung, kulturelle Normen, Vertragsrecht, Entscheidungssysteme wie Märkte, Wahlen usw. Somit ist die zentrale Frage gestellt: Wie müssen Institutionen gestaltet werden, damit in einer arbeitsteiligen Gesellschaft Interaktionen zwischen den Akteuren so erfolgen, dass die Beteiligten Kooperationsgewinne erzielen können?

Für den dritten Theoriekomplex ist insbesondere auf den Erkenntnisfortschritt durch die Neue Institutionenökonomik zu verweisen, die in den letzten zwei Jahrzehnten zu wesentlich erweiterten Einsichten in den Charakter wirtschaftlicher Beziehungen zwischen den Akteuren unter den Bedingungen von Institutionen und Regelsystemen einer Wirtschaftsordnung geführt haben (vgl. Richter/ Furubotn 2003, Erlei et al. 1999, Kasper/ Streit 1998, Williamson 1990). Auch die ökonomische Bildung hat von der Neuen Institutionenökonomik wichtige Impulse erhalten (vgl. Kaminski 1994). Eine Konsequenz institutionenökonomischer Analysen, die gleichzeitig auch eine erkenntnisleitende Funktion für die Entwicklung von Zielsystemen in der ökonomischen Bildung haben kann, ist die Überlegung von Pies (2000, S. 368f.), „dass Funktionssysteme der modernen Gesellschaft – nicht nur die Wirtschaft, sondern auch Politik, Wissenschaft, Recht, Kunst, Sport usw. – auf wettbewerblich strukturierten Anreizen und mithin auf einem institutionellen Management sozialer Dilemmata beruhen."

4.5 Didaktische Bedeutung des Ordnens und Entwicklung von Kategoriensystemen

Für die weitere Gedankenführung soll auf die didaktische Bedeutung des Ordnens eingegangen werden.
Der Erwerb wirtschaftlicher Grundkenntnisse darf nicht nur eine Vermittlung von Faktenwissen sein, sondern muss v.a. das Ziel verfolgen, die Grund-

strukturen des wirtschaftlichen Geschehens zu identifizieren. Der Diskussion in der Didaktik der ökonomischen Bildung in den beiden letzten Jahrzehnten verdanken wir eine Reihe von Untersuchungen (vgl. Dauenhauer 1997, 2001, Kruber 1997, May 2007, Klafki 1996, Krol et al. 2001), die mit dem generellen Ziel antreten, die wachsende Stofffülle des Wirtschaftsunterrichts zu reduzieren und Strukturen in allen ökonomischen Handlungsfeldern zu erkennen, die helfen können, Kinder und Jugendliche zu ökonomischem Denken und Handeln zu befähigen. Wenn für die ökonomische Bildung z.B. in der Schulzeit nur insgesamt 70 oder 140 Stunden zur Verfügung stehen, dann ist es sehr entscheidend mit welchem Konzept der Ökonomieunterricht durchgeführt wird, damit überhaupt sinnvolle Einsichten möglich sind.

Das in diesem Beitrag vorgelegte Referenzsystem für die ökonomische Bildung zielt darauf ab, eine Fokussierung auf Strukturzusammenhänge zu leisten und dem Lernenden die Bestimmung seiner individuellen Position im Wirtschaftsgeschehen zu ermöglichen. Damit soll vermieden werden, dass sich Ökonomieunterricht in der schlichten Addition von ökonomischen „Episödchen" erschöpft, in die die Schülerinnen und Schüler selbst erst Ordnung bringen müssen. Das Referenzsystem soll eine erste „Organisation der Wahrnehmung" der Lernenden unterstützen ohne damit die Analyseergebnisse der Schüler vorweg zu bestimmen.

Das Konstrukt der „Kategorialen Bildung" im Sinne des deutschen Erziehungswissenschaftlers Klafki wird als ein Bildungsvorgang zur Erschließung von Wirklichkeit definiert. Demnach sind Kategorien einerseits eine grundlegende Form des Erkennens und Verstehens, wie sie andererseits die Verdichtung grundlegender inhaltlicher Erkenntnisse unterstützen, die an den verschiedenen gesellschaftlichen Erscheinungsformen gewonnen werden können.

Es erscheint daher sinnvoll, auch wirtschaftliche Sachverhalte mit Hilfe eines Kategoriensystems zu analysieren, mit dem sie in problemrelevante Dimensionen des wirtschaftlichen Handelns kodiert werden können. Kategorien sind in diesem Sinne als Konstrukte von Merkmalseigenschaften bzw. Merkmalsdimensionen eines wirtschaftlichen Phänomens zu verstehen. Sie dienen der Identifizierung von Strukturen mit invarianten, d.h. in unterschiedlichen Situationen immer wiederkehrenden, Merkmalen.

Duncker (1995) weist mit Recht darauf hin, dass die Kernfrage einer Anthropologie der Schule darin zu sehen ist, wie die Dialektik von individueller Entwicklung und Enkulturation aufgegriffen und praktisch eingelöst wird. Dies führt gleichfalls zur Frage nach dem Beitrag von Schulfächern oder auch fächerübergreifenden Lerneinheiten, die „an ihre Stelle treten sollen, was sie leisten können im Hinblick auf die Personwerdung von Individuen und hinsichtlich des Erwerbs eines kulturellen Habitus". Von überragender Bedeutung „sind in diesem Zusammenhang jene Momente, die den Gewinn von Übersicht und Orientierung, von Vorstellungsvermögen und Anschauungskraft, von schöpferischer Phantasie und Kreativität versprechen" (Duncker 1995, S. 39).

Bei dem hier verwendeten Begriff der Ordnung geht es darum, „in welcher Weise die Methode des Ordnens als Aneignung von Wirklichkeit in Erscheinung tritt. Ordnen im hier verstandenen Sinne bedeutet, wie für den Lernenden Übersicht hergestellt wird, wo sein Orientierungsvermögen verbessert wird und wie insgesamt ein Unterricht als ein Prozess verstanden werden kann, in dem Vorstellungen aufgebaut, geklärt und in Handlungsbezüge eingelagert werden" (Duncker 1995, S. 40). In diesem Sinne wird die didaktische Bedeutung des Ordnens in fünffacher Weise verstanden (Duncker 1995, S. 39ff):

(1) Ordnen und Wahrnehmen
Die Wahrnehmungen der Lernenden strukturieren zwar die gesellschaftliche Wirklichkeit, aber diese kann nur in Ordnungen wahrgenommen werden, d.h. ohne „Ordnungen" wird die Wahrnehmung gesellschaftlicher Phänomene kaum erfolgen können und sich in der Unendlichkeit empirischer Phänomene verlieren.

(2) Ordnen und Wissen
„Ordnungen" sind Orte des kulturellen Gedächtnisses einer Gesellschaft, sie enthalten Wissen und Erfahrungen von Generationen über lange Zeitläufe hinweg. Wissen ist nur dann verfügbar, wenn es geordnet ist. Ordnungen lassen sich zwar weiterentwickeln, aber auch Weiterentwicklungen haben sich auf Referenzsysteme zu beziehen, sonst wird diese nicht erkennbar und schon gar nicht kritisierbar.

(3) Ordnen und Denken
In einer berühmten Formulierung hat Hans Aebli (1980, 1981) – ein Schüler des bedeutenden Kinderpsychologen und Erkenntnistheoretikers Jean Piaget – das Denken als „Ordnen des Tuns" bezeichnet. Im Denken werden Ordnungen hergestellt. Denken und Erkennen werden zu einem aktiven Interaktionsprozess. „Erkennen heißt, Realität an Transformationsprozesse zu assimilieren. Erkennen heißt, Realität zu transformieren, um zu verstehen, wie ein abgestimmter Zustand zustande kommt" (Piaget 1973, S. 8). Nur solche

Gegenstände und Situationen der Umwelt können assimiliert werden, für die der Organismus über entsprechende Schemata und Strukturen verfügt: „Wer nicht zählen kann, kann keine Anzahl erfassen; wer nicht über den Begriff der Horizontalität verfügt, ‚sieht nicht', dass der Wasserspiegel horizontal bleibt, wenn die Lage des Gefäßes verändert wird" (Montada 1970, S. 22).

(4) **Ordnen und Handeln**
Nach Aebli (1980, S. 25) ist Denken jenes besondere Tun, das die „gute Ordnung" des Handelns anstrebt. Ordnungen steuern Handlungen, aber durch Handlungen werden auch Ordnungen hervorgebracht. Ordnungen, wie z.B. die Wirtschaftsordnung eines Landes, enthalten ein System innerer Rationalität, aber Ordnungen entstehen auch spontan und ungeplant, wie wir es von Nobelpreisträger F. A. von Hayek (1986) lernen können.

(5) **Ordnen und Kreativität**
Durch das Ordnen werden Beziehungen zwischen den Dingen gestiftet. So werden Zusammenhänge und Strukturen im Sinne eines „konstruktivistischen Aktes" (vgl. die lerntheoretische Position des gemäßigten Konstruktivismus) erst geschaffen.
Hier lässt sich die Aussage eines weiteren Nobelpreisträgers der Nationalökonomie, D. C. North, zitieren, der in seiner Rede anlässlich der Verleihung des Nobelpreises im Jahre 1993 zum Verständnis des menschlichen Lernprozesses ausführt: „Lernen erfordert die Entwicklung einer Struktur, mit der die unterschiedlichen Signale interpretiert werden können, die unsere Sinne empfangen (...) Die Strukturen bestehen aus Kategorien, d.h. aus Klassifikationen, die sich allmählich von frühester Kindheit an entwickeln, um unsere Wahrnehmungen zu ordnen und uns an analytische Ergebnisse und Erfahrungen zu erinnern" (North 1993, S. 318).

4.6 Ordnungsversuche für die ökonomische Bildung

Für die ökonomische Bildung werden vier Ordnungsversuche vorgeschlagen (Kruber 1997, Krol et al. 2001, Kaminski 2006), die sich als unterschiedlich fokussierte Auseinandersetzungsversuche mit gesellschaftlicher Realität verstehen lassen.
1. Ordnungsversuch:
Maxime: Erfasse und ordne das Institutionen- und Regelsystem einer Wirtschaftsordnung!
Ziel: Lerne ein Denken in Ordnungszusammenhängen.

2. Ordnungsversuch:
Maxime: Setze dich mit den zentralen Akteuren im Wirtschaftsprozess auseinander sowie mit deren Beziehungen zueinander!
Ziel: Lerne elementar ein Denken in Kreislaufzusammenhängen und erkenne die Interdependenz von Entscheidungen auf unterschiedlichen Ebenen.
3. Ordnungsversuch:
Maxime: Entwickle ein Verhaltensmodell!
Ziel: Lerne ein Denken in den Kategorien eines ökonomischen Verhaltensmodells und verwende es für die Analyse wirtschaftlicher Prozesse.
4. Ordnungsversuch:
Maxime: Suche nach Kategorien, die allen wirtschaftlichen Handlungen immanent sind!
Ziel: Lerne nach den (invarianten) Merkmalen allen wirtschaftlichen Handelns zu fragen.

Die folgende Abbildung auf S. 64 (Abb. 2) verdeutlicht die vier Ordnungsversuche an einem alltäglichen Beispiel, dem Einkauf in der Bäckerei (vgl. Kaminski et al. 2007).

4.7 Ein Beispiel: Kinder und ihre Funktionen im Wirtschaftsprozess

Als Ausgangspunkt der Betrachtung soll die folgende vereinfachende Strukturgrafik dienen (vgl. Abb.3):

1. Denken in den Kategorien eines ökonomischen Verhaltensmodells	2. Denken in Kreislaufzusammenhängen
Die Kundin hat bestimmte Präferenzen, z. B. eine Vorliebe für Croissants, den Wunsch, jeden Tag frisches Brot zu kaufen oder morgens Zeit zu sparen, indem man nur schnell was auf die Hand kauft. Den Wünschen und Einstellungen der Kundin stehen Handlungsbeschränkungen gegenüber, z. B. die Preise der Backwaren, die die monatlichen Ausgaben mehr belasten als gewünscht oder die langen Schlangen im Geschäft.	Man stelle sich die Bäckerei als ein Unternehmen und die Kundin als Mitglied eines Privaten Haushalts im Wirtschaftskreislauf vor: • Das Geld, das die Kundin für die Backwaren ausgibt, kann sie nicht mehr für andere Güter ausgeben und auch nicht sparen (Opportunitätskosten). • Einnahmen - sofern sie die Ausgaben übersteigen - bedeuten für die Bäckerei, dass diese ihren Beschäftigten nicht nur Löhne und Gehälter zahlen, sondern auch in neue Backmaschinen investieren kann. • Der Staat profitiert von den Einnahmen der Bäckerei auch, z. B. in Form von Steuern. Nicht anders bei der Kundin: Im Preis des Brötchens sind 7 % Mehrwertsteuer enthalten, die an den Staat abgeführt werden.

3. Denken in Ordnungszusammenhängen	4. Denken in den Kategorien, die allen wirtschaftlichen Handlungen immanent sind
• Die Preise für Backwaren bilden sich in Deutschland auf dem Markt (und werden nicht staatlich festgesetzt). • Das Angebot des Bäckers richtet sich nach der Nachfrage der Verbraucher. • Die Bäckerei erfüllt keinen staatlichen Wirtschaftsplan, sondern muss am Ende des Jahres einen Überschuss erwirtschaften um weiter zu existieren. • Wenn die Bäckerei z. B. eine Filiale eröffnen will, kann sie zur Finanzierung u. U. einen Kredit bei ihrer Hausbank aufnehmen. • Die Produktionsmittel sind Eigentum des Unternehmens; beim Kauf eines Brotes gehen die Eigentums- und Verfügungsrechte am Brot vom Verkäufer an den Käufer über. • Der Staat hat vielfältige gesundheitsrechtliche Bestimmungen für das Betreiben einer Bäckerei erlassen. • Der Staat hat vielfältige gesundheitsrechtliche Bestimmungen für das Betreiben einer Bäckerei erlassen.	Der Einkauf beim Bäcker ist bedürfnisgetrieben (die Frau hat Hunger), entscheidungsorientiert (Croissant oder Brötchen?), risikobehaftet (schmeckt das Brot auch oder sieht es nur lecker aus?), nutzenorientiert (kann die Kundin mit dem Brötchen ihren Hunger stillen?), knappheitsbedingt (das Geld reicht nur für fünf Brötchen) usw.

Abb. 2: Analyse wirtschaftlichen Alltagsgeschehens mit Hilfe der vier Ordnungsversuche an einem alltäglichen Beispiel

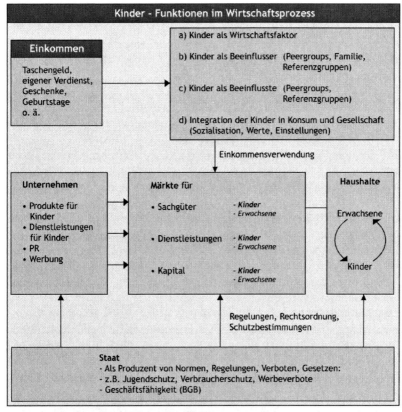

Abb. 3: Kinder und ihre Funktionen im Wirtschaftsprozess

Mit Hilfe der vereinfachten Abbildung soll Folgendes deutlich werden:
1. Selbstverständlich lassen sich zahllose Konsumbeispiele finden, die angemessen im Sachunterricht „behandelt" werden können. In dem hier vertretenen Ansatz würde das jedoch das didaktische Potenzial der Thematik nicht ausschöpfen.
2. Klassischerweise werden Kindern aus ökonomischer Sicht vier Funktionen zugeschrieben: a) Kinder sind ein höchst relevanter Wirtschaftsfaktor, d.h. sie verfügen über Milliardenbeträge, die sie für unterschiedliche Konsumausgaben verwenden, b) es lassen sich zahlreiche Beispiele finden, die Kinder als relevante Beeinflusser von Konsumentscheidungen zeigen, b) Kinder werden nicht nur beeinflusst, sondern sie beeinflussen selbst in

ihren Referenzgruppen andere, angefangen bei Eltern und Geschwistern und d) schließlich werden Kinder über Konsum mit bestimmten Verhaltensmustern, mit Wertvorstellungen über vielfältige Interaktionsbeziehungen vertraut gemacht und in eine wie immer zu bewertende Konsumwelt integriert und sozialisiert.

3. Kinder haben Einkommen in Form von Taschengeld, Geldgeschenken und treffen damit Entscheidungen, „erleben" Knappheit, erleben Differenzen, erleben Armut, Benachteiligung, Arbeitslosigkeit als höchst limitierenden Faktor für die Gestaltung eines menschenwürdigen Daseins.
4. Das Einkommen wird als Mitglied privater Haushalte ausgegeben und zwar vorrangig für Sachgüter und Dienstleistungen auf unterschiedlichen Märkten, aber auch immer auf kinderspezifischen Märkten.
5. Unternehmen produzieren Sachgüter und bieten Dienstleistungen auf Märkten an, u.a. auch für Kinder. Dies hat u.a. die Entwicklung und den Einsatz von bestimmten an Kinder ausgerichteten absatzpolitischen Instrumenten zur Konsequenz. Unternehmen wollen an das „junge Geld" heran, analysieren ihre Zielgruppen, entwickeln zielgruppenadäquate Maßnahmen. Kinder lernen, die unterschiedlichen Interessenlagen von Konsumenten und Unternehmen erkennen.
6. Das Marktgeschehen wird in vielfacher Weise durch Institutionen und Regelsysteme, z.B. die Rechtsordnung eines Landes beeinflusst, durch Regelungen zum Jugendschutz, zum Verbraucherschutz, durch Regelungen im BGB (z.B. Rechtsfähigkeit, Geschäftsfähigkeit, „Taschengeldparagraph" usw.). Wirtschaftliches Geschehen verläuft also nicht im „luftleeren" Raum, sondern auf der Basis der Spielregeln (choice of rules) einer Rechtsordnung, mit der die Spielzüge (choice within rules) der jungen Konsumentinnen und Konsumenten beeinflusst werden können.
7. Es wird an diesem Beispiel erkennbar, dass es möglich ist, zwischen Einkommensentstehung und Einkommensverwendung, zwischen den privaten Haushalten und den Unternehmen sowie der Ordnungsleistung des Staates einen Zusammenhang zu bilden und mit grundschulgerechten Beispielen zu versehen.
8. Damit ließen sich – so hier die These – ohne Weiteres alle Ordnungsversuche grundschuladäquat, d.h. allen didaktischen Kriterien des Grundschulunterrichts standhaltend, realisieren.
   - Es lassen sich Entscheidungskriterien für wirtschaftliches Handeln erkennen (ökonomisches Verhaltensmodell).

- Es können Kategorien wie Knappheit, Bedürfnis, Bedarf, Risiko, Arbeitsteilung, Interdependenz, Konflikt usw. mit vielfältigen Beispielen aus der Alltagswelt eines Grundschülers exemplizifiert werden.
- Ordnungszusammenhänge werden am Verhältnis zwischen Wirtschaftsordnung und Rechtsordnung deutlich.
- Kreislaufprozesse werden deutlich an den Beziehungen zwischen privaten Haushalten und Unternehmen.

9. Die am o.g. Beispiel gewonnenen Einsichten müssen später in der Sekundarstufe I und Sekundarstufe II nicht „korrigiert", sondern nur erweitert und differenziert werden.
10. Die von der „Deutschen Gesellschaft für Ökonomische Bildung" identifizierten fünf Kompetenzbereiche und Standards der ökonomischen Bildung für den Grundschulabschluss bieten m.E. eine prüfungswerte Basis für die Präzisierung und Weiterentwicklung entsprechender Standards.
Es sind die folgenden Ebenen:
a) Entscheidungen ökonomisch begründen,
b) Handlungssituationen ökonomisch analysieren,
c) Ökonomische Systemzusammenhänge erklären,
d) Rahmenbedingungen der Wirtschaft verstehen und mitgestalten,
e) Konflikte perspektivisch und ethisch beurteilen.

Der aufmerksame Leser wird alle fünf Ebenen in dem skizzierten Beispiel problemlos wiederfinden können.

Zur Gesamteinordnung und zur Ergänzung der o.g. Beispiele soll der Bogen wieder zurück geschlagen und Senesh und in Anlehnung an ihn einige ökonomische Grundideen zusammengefasst werden, die zeigen, dass das o.g. Beispiel in weiteren unterrichtlichen Behandlungsschritten ausbaufähig wäre und die eher entscheidungsorientierte Betrachtungsweise hier ergänzt wird durch eine strukturelle Betrachtungsweise, die sich wiederum bis zu den wesentlichen Ordnungsformen und Ordnungselementen einer Wirtschaftsordnung in späteren Lernzusammenhängen ausbauen ließe, um ökonomische Systemzusammenhänge und ökonomische Prozesse zu erfassen.

4.8 Zusammenfassende Bemerkungen

Weshalb wurde die in diesem Beitrag gewählte Vorgehensweise zur Diskussion gestellt?
1. M.E. wird es für die Einbindung der ökonomischen Dimension menschlichen Handelns in das allgemein bildende Schulwesen ausgehend von der

Grundschule, über die Sekundarstufe I bis hin zur Sekundarstufe II entscheidend sein, dass Konzepte gefunden werden, die aufbauend (Merkmale: z.B. Fachlichkeit, Kumulativität) Schülerinnen und Schüler befähigen, sich mit den ökonomischen Bedingungen ihrer eigenen Existenz auf unterschiedlichen Ebenen (als Konsumenten, als Unternehmer, als Wirtschaftsbürger, als Wähler, als Eigentümer usw.) auseinanderzusetzen.

2. Selbstverständlich müssen dabei alle erziehungswissenschaftlichen und lerntheoretischen Erkenntnisse für die Gestaltung des Unterrichts in der Grundschule beachtet werden. Es geht hier eben nicht um das Überstülpen einer Systematik auf Schülerköpfe, nicht um reduzierte VWL- oder BWL-Systematiken, sondern es geht darum, erweiterungsfähiges Grundlagenwissen zu entwickeln, um Fähigkeiten, Fertigkeiten zu fördern, mit denen eine zunehmende Selbstständigkeit der Lernenden unterstützt wird und sie Strukturen, Prozesse unserer Gesellschaft erfassen können.

3. Sie müssen Kategorien als erschließungsmächtige Instrumente Schritt für Schritt für sich erwerben und anwenden, um sie mehr und mehr unabhängig vom Urteil des Lehrenden zu machen. Deshalb wurde hier ein Vorschlag für die Entwicklung eines Referenzsystems für die Erarbeitung von Curricula zur Ökonomischen Bildung präsentiert, der in der Sekundarstufe nicht zu suspensieren ist, sondern weiter ausgebaut werden kann. Dafür wurde das unterlegte wirtschaftswissenschaftliche Selbstverständnis offen gelegt, damit es diskussionsfähig wird und weiter entwickelt werden kann. Der nicht üppige Stundenansatz für den Sachunterricht verlangt es, dass nach den grundlegenden Ideen der beteiligten Disziplinen gefahndet wird, um deren Eigenlogik erkenntnisfördernd für die Auseinandersetzung mit gesellschaftlichen Phänomenen einsetzen zu können. Aus Sicht der Ökonomik bestehen die Eigenlogik und damit auch ihre heuristische Kraft darin, Entscheidungen von Menschen unter Restriktionen zu analysieren, die Eigenlogik des Politischen zeigt sich dagegen in einem zweiwertigen Code von Macht und Ohnmacht oder Regierung und Opposition (vgl. Kaminski/ Koch 2005). Insbesondere dann, wenn die integrative Dimension aller Curricula für den Sachunterricht elaboriert werden soll, dann wird es m.E. nur erfolgreich sein, wenn der Beitrag unterschiedlicher Disziplinen erfasst und aufeinander bezogen wird. Sonst verbleibt die Diskussion über integrative Ansätze auf der Ebene jener unseligen Diskussionen, wo alles mit allem vermischt wird und Schülerinnen und Schüler selbst Ordnung in ein Fach zu bringen haben, was die didaktische Zunft nicht leisten will oder kann.

4. Diese Perspektive hätte auch Konsequenzen für die grundständige Ausbildung der Lehrkräfte, d.h. es muss nach Konzepten gesucht werden, die die politische, ökonomische, technische und soziale Dimension studierbar machen und nicht allein der Beliebigkeit des jeweiligen Auswahlverfahrens des Studierenden überlassen bleiben.
5. Die Problematik des domänenspezifischen Charakters eines Schulfaches ist nicht aufgehoben, wenn es um Studiengänge an Hochschulen geht. Der Glaube an die lineare Übertragbarkeit einer Einsicht aus der Politikwissenschaft auf die Ökonomie basiert leider auf sehr dünnen theoretischen Beinen. Die zwingende integrative Funktion des Sachunterrichts verlangt geradezu danach, die Eigenlogik von Disziplinen curricular mit den didaktischen und lerntheoretischen Bedingungen der Primarstufe zu verknüpfen, um die Schüler so zu erreichen. Kumulativität ist nicht nur eine beliebige didaktische Floskel in der PISA-Diskussion, sondern konstruktiv für die Entwicklung entsprechender Curricula. M.E. bietet die Alltagswelt von Kindern dafür so zahlreiche Anknüpfungspunkte, dass es lohnenswert erscheint, entsprechende Kompetenzmodelle zu entwickeln. Die ökonomische Bildung könnte dazu wesentliche Beiträge liefern.

Abschließend noch einmal Senesh aus dem Jahre 1978: „Sozialwissenschaften dürfen nicht das Stiefkind des Unterrichts bleiben! Sozialwissenschaften müssen herausfordernd und unerschrocken sein! Sie müssen die Schwertschneide der Wissenschaften bilden, so dass unsere Erstklässler nutzbare Werkzeuge besitzen, wenn sie im Jahre 2000 ihren 29sten Geburtstag feiern" (Senesh 1978, S. 161).
Die Aussage von 1978 gilt wohl auch noch 2007.

Literatur

Aebli, H. (1980): Denken: Das Ordnen des Tuns. Band I: Kognitive Aspekte der Handlungstheorie. Stuttgart.
Aebli, H. (1981): Denken: Das Ordnen des Tuns. Band II: Denkprozesse. Stuttgart.
Dauenhauer, E. (1997): Kategoriale Wirtschaftsdidaktik. Münchweiler/Rod.
Dauenhauer, E. (2001): Kategoriale Wirtschaftsdidaktik. Band 1: Anregungen zur inhaltlichen Neugestaltung. 3. Aufl, Münchweiler/Rod.
Dubs, R. (1995): Konstruktivismus: Einige Überlegungen aus der Sicht der Unterrichtsgestaltung. In: Zeitschrift für Pädagogik, 41, S. 890-903.
Duncker, L. (1995): Der Erkenntniswert des Ordnens. Über Kreativität und fächerübergreifendes Lernen. In: Pädagogik, 47, S. 39-45.
Erlei, M.; Leschke, M.; Sauerland, D. (1999): Neue Institutionenökonomik. 2. Aufl., Stuttgart.

Friedman, D. (1999): Der ökonomische Code. Wie wirtschaftliches Denken unser Handeln bestimmt. Frankfurt am Main.

Göbel, E. (2002): Neue Institutionenökonomik. Konzeptionen und betriebswirtschaftliche Anwendungen. Stuttgart.

Hayek, F.A. von (1986): Recht, Gesetzgebung und Freiheit. Eine neue Darstellung der liberalen Prinzipien der Gerechtigkeit und der politischen Ökonomie. Bd. 1, Regeln und Ordnung. 2.Aufl., Landsberg am Lech.

Homann, K.; Pies, I. (1991): Wirtschaftsethik und Gefangenendilemma. In: Wirtschaftswissenschaftliches Studium, 12, S. 608-614.

Homann, K.; Lütge, Ch. (2003): Vorteile und Anreize. Zur Grundlegung einer Ethik der Zukunft. Tübingen.

Homann, K.; Suchanek, A. (2005): Ökonomik – eine Einführung. 2. überarb. Aufl., Tübingen.

Kaiser, F.J.; Kaminski, H. (1999): Methodik des Ökonomieunterrichts – Grundlagen eines handlungsorientierten Lernkonzepts mit Beispielen. 3. Aufl., Bad Heilbrunn.

Kaiser, F.-J.; Kaminski, H. (Hrsg.) (2003): Wirtschaftsdidaktik. Bad Heilbrunn.

Kaminski, H. (1994): Die neue Institutionenökonomik – Herausforderung für eine Fachdidaktik der Ökonomischen Bildung? In: arbeiten + lernen/Wirtschaft, 15, S. 13-24.

Kaminski, H. (2006): Wie viel Politik braucht die ökonomische Bildung? In: Weißeno, G. (Hrsg.): Politik und Wirtschaft unterrichten, Bundeszentrale für politische Bildung. Bonn, S. 144-160.

Kaminski, H. et al. (2007): Mehr Wirtschaft in die Schule. Wiesbaden.

Kaminski, H.; Koch, M. (2005): Die Wirtschaftsordnung als Institutionen- und Regelsystem. Hrsg. vom Institut für Ökonomische Bildung Oldenburg. Braunschweig.

Kasper, W.; Streit M.E. (1998): Institutional Economics. Social Order and Public Policy. Cheltenham, UK/ Northampton, MA, USA.

Klafki, W. (1996): Neue Studien zur Bildungstheorie und Didaktik: zeitgemäße Allgemeinbildung und kritisch-konstruktive Didaktik. 5. unveränderte Aufl., Weinheim/Basel.

Krol, G.J.; Zoerner, A.; Karpe, J. (2001): Ökonomische Bildung in der modernen Gesellschaft, Diskussionsreihe Ökonomische Bildung, Diskussionsbeitrag Nr. 6., hrsg. vom Institut für Ökonomische Bildung Münster. Münster. URL: http://www.sowi-online.de/journal/2001-1/krol.htm .

Kruber, K.P. (1997): Stoffstrukturen und didaktische Kategorien zur Gegenstandsbestimmung ökonomischer Bildung. In: Kruber, K.P. (Hrsg.): Konzeptionelle Ansätze ökonomischer Bildung. Bergisch-Gladbach.

Leipold, H. (2002): Kulturspezifische Zusammenhänge zwischen gesellschaftlicher Regelteilung und wirtschaftlicher Arbeitsteilung. In: Eger, T. (Hrsg.): Kulturelle Prägungen wirtschaftlicher Institutionen und wirtschaftspolitischer Reformen. Berlin, S. 17-46.

Loerwold, D.; Zoerner, A. (2007): Homo oeconomicus: Eintrittskarte statt Hindernis für ökonomische Bildung. In: Unterricht Wirtschaft, 29, S. 2-3.

Mandl, H.; Gruber, H.; Renkl, A. (1997): Situiertes Lernen in multimedialen Lernumgebungen. In: Issing, L.; Klisma, P. (Hrsg.): Information und Lernen mit Multimedia. 2. überarb. Aufl., Weinheim/ Basel, S. 167-178.

May, H. (2007): Didaktik der ökonomischen Bildung. 6. Aufl., München/Wien.

Montada, L. (1970): Die Lernpsychologie J. Piagets. Stuttgart.

North, D.C. (1993): Ökonomische Entwicklung in langfristiger Sicht – Nobel-Lesung vom 9.12.1993. In: Grüske, K.D. (Hrsg.): Die Nobelpreisträger der ökonomischen Wissenschaft. Band III: 1989-1993. Düsseldorf, S. 318.

Piaget, J. (1973): Einführung in die genetische Erkenntnistheorie. Frankfurt.
Pies, I. (2000): Institutionenökonomik als Ordnungstheorie: Ein Ansatz wissenschaftlicher Politikberatung in der Demokratie. In: Leipol, H.; Pies, I. (Hrsg.): Ordnungstheorie und Ordnungspolitik, Konzeptionen und Entwicklungsperspektiven. Stuttgart, S. 347ff.
Ramseger, J. (2004): Welterkundung. In: Kaiser, A.; Pech, D. (Hrsg.): Die Welt als Ausgangspunkt des Sachunterrichts, Basiswissen Sachunterricht. Band 6. Baltmannsweiler, S. 54-63.
Rawls, J. (1975): Eine Theorie der Gerechtigkeit. Frankfurt am Main.
Reetz, L. (2003): Prinzipien der Ermittlung, Auswahl und Begründung relevanter Lernziele und Inhalte. In: Kaiser, F.-J.; Kaminski, H. (Hrsg.): Wirtschaftsdidaktik. Bad Heilbrunn, S. 99-124.
Richter, R.; Furubotn, E.G. (2003): Neue Institutionenökonomik. Tübingen.
Senesh, L. (1978): Ansätze für ein integriertes sozialwissenschaftliches Curriculum im Rahmen der „Social Studies" in den USA. In: Kaiser, F.-J. (Hrsg.) unter Mitarbeit von G. Söllenfuß: Die Stellung der Ökonomie im Spannungsfeld sozialwissenschaftlicher Disziplinen. Bad Heilbrunn, S. 121-160.
Voigt, S. (2002): Institutionenökonomik. Stuttgart.
Weinert, F.E. (1997): Notwendige Methodenvielfalt. Unterschiedliche Lernfähigkeiten erfordern variable Unterrichtsmethoden. In: Meyer, M.; Rampillon, U.; Otto, G.; Terhart, E. (Hrsg.): Lernmethoden – Lehrmethoden. Wege zur Selbständigkeit. Seelze.
Williamson, O.E. (1990): Die ökonomischen Institutionen des Kapitalismus. Tübingen.

Dagmar Richter

5 Politische Bildung – zur Domäne, zu Standards und zur Entwicklung von Kompetenzmodellen

5.1 Einleitung

In der Politikdidaktik wird erst seit kurzem über die Domäne und über Kompetenzen, die sich testen lassen, diskutiert. Die relativ junge Disziplin „Fachdidaktik Politik" hat sich in den 1960er und 70er Jahren zunächst mit politischen, später hauptsächlich mit bildungstheoretischen Fragen beschäftigt. In den 1990er Jahren gab es eine „empirische Wende", indem mehrere qualitative und einige quantitative Studien durchgeführt wurden (vgl. Richter 2006a). Aber erst PISA und die einsetzenden Diskussionen über Bildungsstandards haben das Fach „empirisch wachgerüttelt". Doch ist die bis dahin verlorene Zeit für empirische Forschungen nicht so leicht aufzuholen: Es gibt nur wenige Forschungen aufgrund der vergleichsweise geringen Zahl an Lehrstühlen, einer fehlenden Koordinierungsstelle für Forschung (wie z. B. das IPN für naturwissenschaftliche Fachdidaktiken) und den ungelösten Fragen, ob und wie Politische Bildung in anderen politischen Kulturen für internationale Vergleichsstudien herangezogen werden kann. Dies wurde zuletzt bei der Auswertung der IEA-Studie deutlich (vgl. Oesterreich 2002). Ein weiteres Beispiel sind die Studien zur „civic literacy" im englischsprachigen Raum, deren Focus auf der aktiven politischen Beteiligung liegt, die sich u.a. in der Wahlbeteiligung ausdrückt (vgl. Milner 2002). Politische Bildung in Deutschland zielt hingegen auf politische Urteilsbildung, auf Reflexionsvermögen und hat dafür verschiedene „Bürgerleitbilder" entworfen (vgl. Massing 2002). Politische Bildung wird in verschiedenen Staaten oftmals unterschiedlich akzentuiert, was eine einfache Übertragung internationaler Arbeiten auf deutsche Zusammenhänge erschwert.

5.2 Wie sieht die Domäne ‚Politik' aus?

Kompetenzen sind für jede Domäne zu konkretisieren. Die Domäne ‚Politik' ist aus fachdidaktischer Sicht bislang ungeklärt. Aber auch innerhalb der Psychologie und in der Erziehungswissenschaft wird der Begriff „Domäne" unterschiedlich verwendet (Anderson/ Krathwohl 2001, S. 12f.).

5.2.1 Die Domäne als Realitätsbereich

Die Domäne kann ein Realitäts- bzw. Wirklichkeitsbereich sein wie z.b. Psychologie, Physik oder Biologie. Wellman/ Gelman (1992) argumentieren, dass Kinder für diese Domänen naive Theorien konstruieren. Torney-Purta (1994) schlägt daraufhin vor, eine vierte Domäne Politik zu ergänzen, da die psychologische Domäne nicht ausreiche. Die Versuche von Kindern, soziale und politische Institutionen zu verstehen, könnten mit den „core beliefs" und „peripheral ideas" der Psychologie nicht adäquat beschrieben werden. Doch Torney-Purta benennt keine Basiskonzepte, sondern fragt allgemeiner nach ihrem ontologischen Charakter. Sie interessiert sich in Anlehnung an Chi für Fragen im Zusammenhang mit einem „conceptual change" durch Instruktionen. Analog zu dem Modell von Chi aus der Physik entwickelt sie die Sichtweise von Expertinnen und Experten auf ein politisches Ereignis: Sie sähen es an
- als einen Prozess in einem Kontinuum;
- als beeinflusst, aber nicht völlig zu erklären durch einzelne politische Führungspersonen;
- als ausgelöst durch verschiedene Ursachen;
- als zu interpretieren mit verschiedenen Sichtweisen;
- als kontextualisiert durch Zeit und Raum, also als historisch und kulturell eingebunden (Torney-Purta 1994, S. 106).

Novizen hingegen isolierten ein politisches Ereignis, verstünden es als Zustand und nicht als Prozess, interpretierten es als wenig komplex und überbetonten die Rolle einzelner Politiker (ebd.). In ihren empirischen Ergebnissen, die den Charakter von Pilotstudien haben, bestätigen sich diese Annahmen. Doch hat weder Torney-Purta noch jemand anderes diesen Ansatz bislang weiter verfolgt. Die Charakterisierung eines politischen Ereignisses in ihrem „Expertenmodell" ist nicht falsch – aber das spezifisch Politische ist nicht zu erkennen. Der Ansatz ist unterkomplex, da die Konzepte nicht inhaltlich konkretisiert werden, sondern strukturell formuliert sind. Die Fragen bleiben offen: Was sind Kernkonzepte, was eher periphere Konzepte? Wie sind die Konzepte strukturiert und miteinander verknüpft?

In der Politikdidaktik haben Forscherinnen und Forscher aus Karlsruhe als ontologische Wissensdimension für die Domäne Politik das „Gemeinwohl" vorgeschlagen. Anke Götzmann (2007) bezieht sich dabei auf eine Definition von Politik, die Thomas Meyer aufgestellt hat: „Politik ist die Gesamtheit der Aktivitäten zur Vorbereitung und zur Herstellung gesamtgesellschaftlich verbindlicher und/oder am Gemeinwohl orientierter und der ganzen Gesellschaft zugute kommender Entscheidungen" (Meyer 2000, S. 15). Bedeutend für den Lernprozess sei demzufolge die Unterscheidung „zwischen den Interessen der Allgemeinheit und den Interessen des Einzelnen" (Götzmann 2007, S. 75).
Es werden vermutlich weitere Vorschläge folgen. Die Klärung wird u.a. erschwert durch verschiedene Politikbegriffe, hinter denen jeweils verschiedene wissenschaftlich-politische Richtungen und Interessen stecken. Ein konsensfähiger Begriff müsste von diesen Richtungen und Interessen abstrahieren. Zeuner sieht einen „umgangssprachliche(n) Konsens, dass es sich bei der Politik um die Regelung der öffentlichen, d.h. alle Bürgerinnen und Bürger eines Gemeinwesens betreffenden Angelegenheiten handelt" (Zeuner 1999, S. 177). Als Arbeitsbegriff für Politische Bildung im Sachunterricht eignet sich m. E. dieser Begriff, der zwar nicht sehr differenziert, aber gleichfalls nicht falsch ist. Je nach Kontext – also je nach Unterrichtsthema – lassen sich in ihm weitere Aspekte des Politischen wie beispielsweise Interessen, Macht oder Konflikt integrieren (vgl. Richter 2007a). Das Gemeinwohl als ontologische Wissensdimension ist kompatibel.

5.2.2 Die Domäne als fachbezogener Leistungsbereich
Die Domäne kann auch nach dem Verständnis der Expertiseforschung definiert werden, wonach sie ein „fachbezogener Leistungsbereich" ist (Klieme/Leutner 2006, S. 4). Dies erscheint auf den ersten Blick klarer für Versuche, aus fachdidaktischer Sicht die Domäne zu konturieren. Doch im Kontext des Sachunterrichts fehlen auch hier Präzisierungen. In der „sozial- und kulturwissenschaftlichen Perspektive" des Perspektivrahmens Sachunterricht tummeln sich nach dieser Definition verschiedene Domänen: mindestens die Ökonomie, die Kultur – und eben die Politik.
Einem Fach ohne Bildungsstandards droht in heutiger Zeit die Marginalisierung. Daher entschloss sich die Gesellschaft für Politikdidaktik und außerschulische Jugend- und Erwachsenenbildung (GPJE) selbst Standards zu entwerfen und somit zugleich die Deutungshoheit über das eigene Fach zu behalten. Entstanden ist ein Konsenspapier (vgl. GPJE 2004), in dem versucht wird, die Domäne Politik zu umreißen sowie einen ‚Kern' des Politi-

schen zu bestimmen, der für Politische Bildung relevant ist. Dies ist angesichts der bunten Vielfalt an Ideen über Politische Bildung in verschiedenen curricularen Entwürfen ein Fortschritt. Der Entwurf stützt sich auf die theoretischen Diskussionen in der Fachdidaktik Politik, doch fehlt ihm ebenso wie den Curricula die empirische Basis. „Psychometrische Kompetenzmodelle, die für die Domäne Politik verschiedene Stufen oder Levels der Leistung unterscheiden, fehlen bisher" (Weißeno 2005, S.34). Positiv aus Sicht des Faches Sachunterricht ist, dass das Ende der Grundschulzeit einbezogen wird.

Ungefähr zeitgleich entstand eine Arbeit von Behrmann/ Grammes/ Reinhardt (2004) zum Kerncurriculum für die gymnasiale Oberstufe. Während die GPJE sich damals an dem Entwurf der Standards für das Fach Deutsch orientierte, entwarf diese Gruppe unabhängig von Standards Kriterien für eine „Demokratie-Kompetenz". Sie orientierten sich stärker an einer Didaktik der Sozialwissenschaften, die neben den Domänen Politik, Recht, Wirtschaft und Soziologie zugleich das soziale Lernen einbezieht. Exemplarisch zeigt sich dies in der Kategorie „Konfliktfähigkeit", die für Politische Bildung bedeutsam ist, aber auch in anderen Fachdidaktiken thematisiert wird. Das Domänenspezifische wird nicht deutlich. Eine ähnliche Kritik erfuhr der Entwurf der GPJE: Einige Kompetenzdimensionen sind nicht domänenspezifisch formuliert, so z.B. die Urteils- und Handlungskompetenz (vgl. Abs 2005a und 2005b).

Der Domäne kommt man mit beiden Entwürfen nicht wirklich näher. Für den Entwurf der GPJE lässt sich zusammenfassen: Die Dimension Fachwissen wird nicht präzisiert, es fehlen Basis- und Kernkonzepte (vgl. Weißeno 2006b). Es werden keine tragfähigen politischen Kompetenzbegriffe ausgearbeitet (fehlende Kompetenzdimensionen, unpräzise Niveaus). Die Vorschläge sind nicht empirisch anschlussfähig. Eine Überführung in ein Kompetenzstrukturmodell ist nicht möglich. Es wurden keine kompetenzorientierten Lernaufgaben entwickelt und die als Testaufgaben vorgestellten Aufgaben sind nicht normierbar (vgl. als Überblick der Diskussionen: Redaktionen Politische Bildung & kursiv 2005). Des Weiteren ist zu kritisieren, was auch an anderen Kompetenzstrukturmodellen kritisiert wird: Die Kompetenzniveaus sind vermutlich zu hoch angesetzt; insbesondere das Niveau für die 4. Klasse basiert auf Spekulationen.

Der Entwurf benennt für die 4. Grundschulklassen zu den Kompetenzbereichen „Politische Urteilsfähigkeit", „Politische Handlungsfähigkeit" und „Methodische Fähigkeiten" jeweils konkrete Anforderungen. So sollen die Schülerinnen und Schüler u.a. „die Bedeutung von Regeln und Gesetzen für das Zusammenleben erklären und beurteilen" oder „unterschiedliche demokratische Entscheidungsverfahren im schulischen Leben erkennen und erklären (z.B. Klassenrat, Klassensprecher/in). Innerhalb der Grundschuljahre erfolgt keine Differenzierung, so dass mit dem Interesse an Folgerungen für den Sachunterricht sowohl Fragen zum Anfangsunterricht als auch Möglichkeiten für Förderungen innerhalb der ersten vier Schuljahre ungeklärt sind.

5.2.3 Ein Blick in die USA
Im Vergleich mit den USA sind dort die Standards umfangreicher und teilweise präziser. Es gibt „National Standards for Civics and Government" sowie z.B. „California History-Social Science Standards" (vgl. CCE 2003). Sie differenzieren den gesamten Bereich von der Vorschule bis zu „Grade Twelfe". Es beginnt mit Standards zu „rules and laws", „attributes of a good citizen" und „national and state symbols and holidays". Als Ziel wird für Kalifornien formuliert: „Students understand that being a good citizen involves acting in certain ways". Dazu wird ausgeführt: „Follow rules, such as sharing and taking turns, and know the consequences of breaking them" (CCE 2003, S. 18). Für die National Standards werden als Lehrziele formuliert: „Explain why government is necessary in their classroom, school, community, state, and nation", „Explain the purposes of rules and laws and why they are important in their classroom, school..." sowie: „Explain and apply criteria useful in evaluating rules and laws" (ebd.). Es gibt methodische Hinweise und Verweise auf Unterrichtsmaterialien, u.a. zum Curriculum „Education for Democracy" (vgl. CCE 2000). Für die 1. Klasse wird für Kalifornien als Standard aufgestellt: „Social skills and responsibilities" und „American ideals and shared values" (CCE 2003, S. 33). Diese werden konkretisiert, ersteres zu dem Ziel: „Students describe the rights and individual responsibilities of citizenship" mit weiteren, präzisen Beschreibungen (ebd., S. 34).

Die US-amerikanischen Standards entstanden auf der Basis von Tests und Erprobungen. Es sind outputorientierte Kompetenzmodelle, die aber z.B. die Demokratie- oder Methodenkompetenz lediglich präskriptiv entwickelt haben. Auch in den USA wird darüber geklagt, dass in der Forschung zu wenig über die politischen Kompetenzen von jungen Kindern gewusst wird. Die „high stakes tests" testen nur Ausschnitte: Das National Assessment of Educational Progress (vgl. NAEP, 1998) testet Wissen, intellektuelle und partizipatorische Fähigkeiten sowie „civic dispositions" bei Kindern des „fourth grade level". Unter der Überschrift „What Are Civic Life, Politics, and Government?" sollen sie den Begriff ‚Regierung' definieren und zwischen Autorität und Macht oder Regeln und Gesetzen unterscheiden können. Dabei fließen patriotische Ziele in den Test ein: Zum Bereich „What Are the Foundations of the American Political System" gehört u.a. Wissen über „Ideals of American democracy" und "American identity" (vgl. NAEP 1998). Die Ergebnisse werden veröffentlicht. In dem Test von 1998 kreuzten 98% der Kinder die richtige symbolische Bedeutung der Freiheitsstatue an. 78% der Kinder erkannten richtig, dass die Repräsentanten der United Nations zusammen arbeiten, damit Frieden in der Welt erhalten bleibt bzw. Probleme ohne Kampf gelöst werden können (vgl. Johnson/ Vanneman 2001). Neben diesen „multiple-choice"- gibt es „constructed-response"-Fragen. Bei Letzteren mischen sich – vor dem Hintergrund des politisch Gewünschten – deklaratives Wissen, Einstellungen, Fragen zur nationalen Identität etc. Die Tests sind zwar zur Klärung politischer Kompetenzen oder für die Entwicklung von Kompetenzniveaus wenig hilfreich, doch belegen sie die Wirksamkeit unterrichtlicher Instruktionen.

Ungeklärt ist die Frage der Übertragbarkeit von Standards – wie eingangs schon angedeutet. Dem Resümee von Hahn ist sicherlich zuzustimmen, die Politikunterricht in fünf westlichen Staaten miteinander verglichen hat: „Ich bin jetzt mehr denn je überzeugt davon, dass die Gestalt, die Unterricht annimmt, die spezifischen Werte der jeweiligen Kultur widerspiegeln und dass aus diesem Grund das, was in einer Kultur ‚funktioniert', nicht schlicht auf eine andere Situation mit anderen Traditionen, Werten und Bedeutungen übertragen werden kann" (Hahn 1998, S. viii, Übersetzung D.R.). Deutlich werden Unterschiede beispielsweise zu den USA, wo die „community" eine andere Bedeutung hat als die „Gemeinde" in Deutschland, wodurch sich die konzeptionellen Arbeiten von Dewey nicht einfach übertragen lassen (vgl. Pohl 2004). Dennoch ist zu fragen, ob auf der Ebene von Basis- und Kernkonzepten internationale Ergebnisse für die Entwicklung von Standards in Deutschland ‚kopiert' werden können.

5.3 Empirische Forschungen zur Politischen Bildung in der Grundschule

Die Diskussionen Politischer Bildung für die Grundschule sind mit oben skizzierten Problemen der Fachdidaktik Politik naturgemäß eng verknüpft. Es gibt zwar Arbeiten zur politischen Identität (z.B. nationale Identität, europäische Identität; vgl. Barrett et al. 1997) und zu politischen Einstellungen (z.B. Werthaltungen, Orientierungen; vgl. z.B. Helwig 1998) sowie allgemein zur politischen Sozialisation von Kindern (als Überblick siehe z.B. Roland-Lévy/ Ross 2003; Sears/ Levy 2003; vgl. auch Ohlmeier 2006) oder zu speziellen

Themen wie z.B. die Wahrnehmung von Diskriminierungen (vgl. Spears Brown/ Bigler 2005). Doch eignen sich diese Ergebnisse nicht dazu, Kompetenzstrukturmodelle mit den Dimensionen „Fachwissen", „Erkenntnisgewinnung", „Kommunikation" und „Beurteilen" zu erstellen. Auch in einer aktuellen deutschen Studie lassen die Ergebnisse des Zwischenberichts vermuten, dass sie hierzu nichts beitragen werden (vgl. Berton/ Schäfer 2005). Denn zum einen mischen sich auch hier Erhebungen zum kognitiven Wissen mit Einstellungen und es werden die Bereiche des sozialen und politischen Lernens nicht getrennt. Zum anderen sind die empirischen Erhebungen wie beispielsweise standardisierte Fragebögen ungeeignet, das Verständnis der Kinder zu den Kernbegriffen zu erheben. Dafür müsste deutlich werden, wie sie für die Kinder kontextualisiert sind: „(D)ie Bedeutung einzelner Begriffe erschließt sich erst aus deren Stellenwert innerhalb des gesamten begrifflichen Apparats der Theorie" (Sodian 1998, S. 633).

Entsprechende Forschungen, insbesondere zum Wissen, sind selten. Lange Zeit führte unter anderem der theoretische Bezug auf Piaget und seine Stufentheorie dazu, Kindern generell mangelnde Abstraktionsfähigkeiten und damit fehlendes Verständnis für politische Gegenstände zu unterstellen. Dass Politische Bildung für junge Kinder wichtig ist, wird heute kaum noch bestritten. So resümiert beispielsweise Rowe mit Blick auf empirische Studien: Das Alter zwischen 7 und 9 Jahren „appears to be a crucial link in the passage from childhood to adulthood as far as political awareness is concerned. It broadly coincides with the first stage of the growth of realistic socio-political knowledge such that, whilst weaker students in this age group are still largely child-like in their construction of the political world, there are those at the other end of the scale who have already developed a societal perspective" (Rowe 2005, S. 108). Die vorhandenen Forschungen, die teilweise eher den Charakter von Pilotstudien haben, sind verstreut in diversen Zeitschriften verschiedener Disziplinen, so u.a. in der Politikwissenschaft, der Psychologie und der Erziehungswissenschaft. Mittlerweile gibt es verschiedene Versuche, wenigstens das Vorhandene in Synopsen zusammenzutragen (vgl. Berman 1997, Berti 2002, Richter 2006c) oder vor dem Hintergrund domänenspezifischer Ansätze frühere, groß angelegte Forschungen zu reinterpretieren (vgl. Götzmann 2007). Als wenig überraschendes Fazit lässt sich festhalten: Kinder entwickeln naive Theorien zu den politischen Ereignissen und Themen, die ihnen in ihrer Alltagswelt begegnen. Im Bereich des Politischen ist vieles nicht durch eigene Anschauung zu verstehen. „From a domain specific view, children's conceptions are seen ... as the result of an interaction between the type and organisation of information generally available to children of a certain age in a society" (Berti 2002, S. 100). Aufgrund fehlender Informationen interpretieren sie Politisches sachlich nicht korrekt. Misconceptions „arise when children's theories cannot fill the gaps in their information, and they necessarily turn to inappropriate analogies and generalisations" (Berti 2002, S. 95). Beispielsweise zeigen sich Fehlverständnisse über soziale Institutionen wie Schule oder Polizei, mit denen sie direkte Erfahrungen hatten (ebd., S. 103). Zu politischen Organisationen, die für Kinder in der Alltagswelt quasi unsichtbar sind, besaßen die Kinder keine Konzepte, auch keine misconceptions.

Des Weiteren gibt es Interventionsstudien. Berti und Andriolo belegen – wenn auch nur an einer kleinen Fallzahl –, dass Veränderungen der Konzeptualisierungen von Kindern in spezifischen Domänen sogar durch zeitlich recht kurze Interventionen möglich sind. Danach zeigen neunjährige Kinder in „Follow-up"-Tests Wissen, das ansonsten erst bei 13- und 14-jährigen Kindern festgestellt wurde (Berti/ Andriolo 2001, S. 368). Die Studie von Allen/ Kirasic/ Spilich (1997) weist nach, dass bereits erworbenes domänenspezifisches Wissen die Leistungen des Gedächtnisses erweitert und es den Kindern ermöglicht, in entsprechenden Berichten (z.B. Nachrichten) die bedeutenden Informationen zu erkennen und eigene Folgerungen zu ziehen (ebd., S. 173). Es wird deutlich, „that the type of domain-specific knowledge acquired in social studies courses is most effectively developed on a foundation of core concepts that provide the basis for extended elaboration. Mapping these core concepts and refining means used to impart them to elementary school students remains an important challenge to educators and psychologists interested in curriculum development" (ebd., S. 174).

5.4 Politische Kompetenzdimensionen

Als Kompetenzdimensionen werden zurzeit „Fachwissen", „Erkenntnisgewinnung", „Kommunikation" und „Beurteilen" diskutiert.

5.4.1 Fachwissen

Für das Fachwissen sind Basis- und Kernkonzepte zu benennen. Hier gibt es verschiedene Vorschläge in der Fachdidaktik (vgl. auch Massing 2007): Als Basiskonzepte könnten die Politikdimensionen „policy" (Inhalte), „politics" (Willensbildung) und „polity" (Ordnung) dienen (vgl. auch Richter 2006b), die als empirisch-deskriptive Konzepte zu verknüpfen wären mit dem normativen Konzept ‚Gemeinwohl'. Ein anderer Vorschlag nennt sechs Konzepte: 1. Freiheit, Gleichheit, Solidarität, 2. Öffentlichkeit, 3. Macht und

Legitimation, 4. Interessen-Vermittlung und politische Willensbildung, 5. Politisches System, 6. Pluralität (Weißeno 2006a, S. 136). Für die Grundschule sind einige wenige Basiskonzepte auszuwählen, die vertiefend bearbeitet werden. Im oben erwähnten US-amerikanischen Curriculum werden eingeführt: „Macht" (über das nicht-politische Konzept Autorität) und „Öffentlichkeit" (über Privatheit), dazu die normativen Werte der Demokratie „Verantwortlichkeit" (bedeutsam für das politische Konzept Repräsentation) und „Gerechtigkeit" (als Hinführung zum Gemeinwohl). Die Wahl klingt plausibel; Forschungen müssten verschiedene Niveaus differenzieren und empirisch belegen.

5.4.2 Erkenntnisgewinnung

Zu diesem Bereich gibt es in der Politikdidaktik viele Arbeiten, wenn auch nicht immer domänenspezifisch ausgearbeitet. Auch der Entwurf der GPJE-Standards nennt zahlreiche Methoden zur Erkenntnisgewinnung, mit denen Kinder und Jugendliche sich das Politische adäquat erarbeiten können. Für die verschiedenen Inhaltsfelder werden in der Regel geeignete Beispiele genannt (vgl. Richter 2007a). Wichtig ist für handlungsorientierte Formen wie „Partizipation" – ein mittlerweile diffuser Begriff –, dass sie mit Wissen und Phasen der Reflexion verbunden werden (vgl. die empirische Arbeit von Biedermann 2006; allgemein: Richter 2007b). Da ansonsten jedoch in der Politischen Bildung Wirkungsforschung fehlt, lässt sich bislang über ‚bessere' oder ‚schlechtere' Formen der Erkenntnisgewinnung nur spekulieren und auf allgemeine pädagogische Forschungen verweisen: Je nach intendiertem Lernprozess sind geeignete Formen der Erkenntnisgewinnung auszuwählen (vgl. Oser/ Baerisywl 2001; siehe auch Richter 2005). Zu Fragen des „conceptual change" konnte in der Fachdidaktik in Deutschland noch nicht vorgedrungen werden – Anregungen für Forschungen im Sachunterricht bieten die oben genannten Interventionsstudien.

5.4.3 Kommunikation

Kommunikation ist eine wesentliche Kompetenz für Politische Bildung. Hierzu gehören zunächst das Erschließen von Informationen und die Kompetenz, sie sachbezogen darstellen und austauschen zu können. Beobachtungen sind in geeigneten Präsentationen (Vortrag, Rollenspiel, Wandzeitung etc.) wiederzugeben. Ziel ist, die eigenen Interessen und Bedürfnisse adäquat auszudrücken, sich aktiv für eine Position einzusetzen oder einen Standpunkt in einer Diskussion argumentativ vertreten zu können. In der Fachdidaktik Politik gibt es verschiedene Einteilungen von Kommunikationen bzw. Gesprächen für den Unterricht, in denen die Kommunikationskompetenz geübt werden kann (vgl. Richter 2007c). In Kommunikationen im Unterricht sind die Besonderheiten des Politischen zu berücksichtigen: Nicht jedes Konzept ist eindeutig. Politische Konzepte sind Produkte menschlichen Denkens über öffentliche Dimensionen des Zusammenlebens. Sie verändern sich historisch und werden im Kontext unterschiedlicher politischer Positionen ‚eingefärbt'. Insofern bedeutet Kommunikation in der Politischen Bildung auch das Streiten über Wörter. Verhandlungs- und Aushandlungsprozesse gehören zum politischen Lernen hinzu (vgl. Richter 2004). Die kommunikative Kompetenz umfasst eine kritische und selbständige Interpretation aktueller Phänomene vor dem Hintergrund von Fachkonzepten, die aus Theorien entwickelt wurden – die kommunikative Kompetenz besteht also u.a. in einem reflektierten Zugang zu den Basiskonzepten.

Zu Kommunikationen und Interaktionen hat die interpretative Fachunterrichtsforschung gearbeitet. Die Ergebnisse der verschiedenen Studien sind zwar nicht verallgemeinerungsfähig – dies war auch nicht ihr Ziel (vgl. Richter 2006a). Aber sie belegen exemplarisch Kompetenzen auch von Grundschülerinnen und -schülern: Die Kinder nennen einzelne politische Fakten, handeln Bedeutungen aus und bringen in der Gruppe Wissen hervor. Sie wirken aktiv strukturierend am Unterrichtsgeschehen mit. Die Studien geben Hinweise über allgemeine kommunikative Kompetenzen, stellen jedoch keine Grundlage zur Formulierung von Kompetenzniveaus dar.

5.4.4 Bewertung/ Urteilskompetenz
Die politische Urteilskompetenz ist das erklärte Ziel allen politischen Lernens. Politische Urteile beziehen sich auf eine konkrete empirische Situation, für die „wertorientiert Stellung bezogen wird", die das „Gedeihen des Gemeinwesens" mit berücksichtigt und die Partei ergreift (vgl. Detjen 2006). Sie sind insofern vom Moralurteil zu unterscheiden, das kontextunabhängig „unbedingte Geltung" anstrebt (ebd.). Eine umfassende Definition gibt Ingo Juchler: „Ein politisches Urteil weist sich durch das verständigungsorientierte Abwägen des Eigeninteresses des Individuums mit den tatsächlichen oder vorgestellten Interessen anderer nach Maßgabe politischer Werte in Bezug auf einen in der politischen Öffentlichkeit thematisierten Sachverhalt aus, so dass es für jedes Mitglied des politischen Gemeinwesens als prinzipiell zustimmungsfähig erscheint" (Juchler 2005, S. 71). Auch hier ist das Konzept Gemeinwohl zentral für eine Differenzierung zwischen politischen und ‚anderen' Urteilen.

Im Entwurf der Bildungsstandards der GPJE findet sich zu dieser Dimension für die Grundschule konkreter: „die Bedeutung von Regeln und Gesetzen für das Zusammenleben erklären und beurteilen" oder „unterschiedliche demokratische Entscheidungsverfahren im schulischen Leben erkennen und erklären (z.b. Klassenrat, Klassensprecher/in)" (GPJE 2004, S.19). Das politische Urteil wird hier auf die Beurteilung, Analyse und Erklärung reduziert, wobei unklar ist, ob diese Reduktion dem untersten Niveau der Dimension entspricht.

5.5 Fazit und Perspektiven

In der Fachdidaktik Politik ist vieles im Zusammenhang mit der Domäne und den domänenspezifischen Kompetenzen ungeklärt. Für Politische Bildung im Sachunterricht fehlen daher wichtige Orientierungen aus dieser ‚Bezugsdisziplin'. Zudem wird das Feld des „Demokratie-Lernens" von Schulpädagogen, außerschulisch tätigen Pädagogen und anderen Personen mit bearbeitet, die jeweils eigene Vorstellungen dazu entwickeln und somit zu einer ‚Zerfaserung' der Begriffe des politischen Lernens, des sozialen und demokratischen Lernens beitragen. Aus politikdidaktischer Sicht liegen hier zwar oftmals „misconceptions" vor, doch bleiben sie nicht ohne Wirkung und erschweren die Bündelung von Forschungsaktivitäten auch im Grundschulbereich.

Zwar gibt es empirische Forschungen zu Kindern, wenn auch nicht zu allen Fragestellungen, aber insbesondere die englischsprachigen Arbeiten wurden in Deutschland lange Zeit ignoriert. Es gibt also nicht „nichts" und es lässt sich anknüpfen. Doch zur Entwicklung von Kompetenzstrukturmodellen sind Grundlagen- und Wirkungsforschung, sind Interventionsstudien auch in Deutschland zu leisten. Zumindest für die Methodologien können hierfür die Arbeiten der naturwissenschaftlichen Didaktiken rezipiert werden.

Anregend für curriculare Entwicklungen können die erwähnten Arbeiten aus den USA sein, die auf die eigenen normativen Bildungsvorstellungen zu beziehen wären. Im europäischen Ausland gab es in den letzten Jahren „Neugründungen" des Unterrichtsfaches Politik (z.B. in England) sowie Anfänge einer Etablierung von Fachdidaktik (z.B. Bestrebungen in der Schweiz und Österreich), die eventuell künftig zum verbesserten Austausch genutzt werden können – und dann auch für den Sachunterricht Früchte abwerfen.

Literatur

Abs, H.J. (2005a): Arten von Standards in der politischen Bildung. In: GPJE (Hrsg.): Testaufgaben und Evaluationen in der politischen Bildung. Schwalbach/Ts., S. 9-22.

Abs, H.J. (2005b): Weichenstellung in der Einführung von Standards im Fach Politische Bildung. In: Politische Bildung & kursiv (Hrsg.): Bildungsstandards. Evaluation in der politischen Bildung. Schwalbach/Ts., S. 103-118.

Allen, G.L.; Kirasic, K.C.; Spilich, G.J. (1997): Children's Political Knowledge and Memory for Political News Stories. In: Child Study Journal, 27, H. 3, pp. 163-176.

Anderson, L.W.; Krathwohl, D.R. (Eds.) (2001): A Taxonomy for Learning, Teaching, and Assessing. A Revision of Bloom's Taxonomy of Educational Objectives. New York et al.

Barrett, M.; Lyons, E.; Bennett, M.; Vila, I.; Giménez de la Peña, A.; Arcuri, L.; de Rosa, A.S. (1997): Children's Beliefs and Feelings about Their Own and Other National Groups in Europe. Final Report to the Commission of the European Communities, Directorate-General XII for Science, Research and Development, Human Capital and Mobility (HCM) Programme, Research Network Contract No. CHRX-CT94-0687.

Behrmann, G.C.; Grammes, T.; Reinhardt, S. (2004): Politik. Kerncurriculum Sozialwissenschaften in der gymnasialen Oberstufe. In: Tenorth, H.-E. (Hrsg.): Kerncurriculum Oberstufe II. Biologie, Chemie, Physik, Geschichte, Politik. Weinheim, Basel, S. 322-406.

Berman, S. (1997): Children's Social Consciousness and the Development of Social Responsibility. State University of New York Press, Albany.

Berti, A.E. (2002): Children's understanding of society: psychological studies and their educational implications. In: Näsman, E.; Ross, A. (Eds.): Children's Understanding in the new Europe. Stoke on Trent, S. 89-107.

Berti, A. E.; Andriolo, A. (2001): Third Graders' Understanding of Core Political Concepts (Law, Nation-State, Government) Before and After Teaching. In: Genetic, Social, and General Psychology Monographs, 127, H. 4, pp. 346-377.

Berton, M.; Schäfer, J. (2005): Politische Orientierung von Grundschulkindern. Ergebnisse von Tiefeninterviews mit Pretests mit 6-7jährigen Kindern. Arbeitspapiere – Mannheimer Zentrum für Sozialforschung, Nr. 86. (URL: http://www.mzes.uni-mannheim.de/ publications/ wp/wp-86.pdf [Stand 23.05.06].)

Biedermann, H. (2006): Junge Menschen an der Schwelle politischer Mündigkeit. Partizipation: Patentrezept politischer Identitätsfindung? Münster u.a.

Center for Civic Education (CCE) (2000): Learning About Foundations of Democracy. Teacher's Guide for Primary Grades. Calabasas, CA.

Center for Civic Education (CCE) (2003): Education for Democracy. California Civic Education Scope & Sequence. Los Angeles County Office of Education.

Detjen, J. (2006): Politische Urteilskompetenz. In: Weißeno, G.; Hufer, K.-P.; Kuhn, H.-W.; Massing, P.; Richter, D. (Hrsg.): Wörterbuch Politische Bildung. Schwalbach/Ts.

Götzmann, A. (2007): Naive Theorien zur Politik – lernpsychologische Forschungen zum Wissen von Grundschüler/innen. In: Richter, D. (Hrsg.): Politische Bildung von Anfang an. Grundlagen und Themenfelder für die Grundschule. Bonn.

GPJE (Gesellschaft für Politikdidaktik und politische Jugend- und Erwachsenenbildung) (2004): Nationale Bildungsstandards für den Fachunterricht in der Politischen Bildung an Schulen – Ein Entwurf. Schwalbach/Ts. (URL: http://www.gpje.de/bildungsstandards.htm)

Hahn, C.L. (1998): Becoming political. Comparatives Perspectives on Citizenship Education. State University of New York Press, Albany.

Helwig, C.C. (1998): Childrens's Conceptions of Fair Government and Freedom of Speech. In: Child Development, 69, H. 2, pp. 518-531.

Johnson, C.; Vanneman, A. (2001): Civics: What Do 4th-Graders Know, and What Can They Do? National Center for Education Statistics, Report No. 460, NAEPfacts, Vol. 6, No. 2. (ED 473774)

Juchler, I. (2005): Demokratie und politische Urteilskraft. Überlegungen zu einer normativen Grundlegung der Politikdidaktik. Schwalbach/Ts.

Klieme, E.; Leutner, D. (2006): Kompetenzmodelle zur Erfassung individueller Lernergebnisse und zur Bilanzierung von Bildungsprozessen. Überarbeitete Fassung des Antrags an die DFG auf Einrichtung eines Schwerpunktprogramms. (URL: http://www.kompetenzdiagnostik.de/images/Dokumente/antrag_spp_kompetenzdiagnostik_ueberarbeitet.pdf [Stand: 12.11.2007])

Massing, P. (2002): Demokratie-Lernen oder Politik-Lernen?. In: Breit G.; Schiele, S. (Hrsg.): Demokratie-Lernen als Aufgabe der politischen Bildung. Schwalbach/Ts., S. 160-187.

Meyer, T. (2000): Was ist Politik? Opladen.

Milner, H. (2002): Civic literacy: how informed citizens make democracy works. Hanover/London.

National Center for Education Statistics (NAEP) (1998): Civics Report Card for the Nation. (URL: http://nces.ed.gov/nationsreportcard//pdf/main1998/2000457.pdf [Stand Juli 2006])

Oesterreich, D. (2002): Politische Bildung von 14-Jährigen in Deutschland. Studien aus dem Projekt Civic Education. Opladen.

Ohlmeier, B. (2006): Kinder auf dem Weg zur politischen Kultur. Hamburg.

Oser, F.K.; Baeriswyl, F.J. (2001): Choreographies of Teaching: Bridging Instruction to Learning. In: Richardson, V. (Ed.): Handbook of Research on Teaching. New York, pp. 1031-1065. (Fourth Edition)

Pohl, K. (2004): Demokratie-Lernen als Aufgabe des Politikunterrichts? Die Rezeption von Deweys Demokratiebegriff und die Parallelisierungsfalle. In: Breit, G.; Schiele, S. (Hrsg.): Demokratie braucht politische Bildung. Schwalbach/Ts., S. 166-180.

Redaktionen Politische Bildung & kursiv – Journal für politische Bildung (Hrsg.) (2005): Bildungsstandards – Evaluation in der politischen Bildung. Schwalbach/Ts.

Richter, D. (2004): Soziale und gesellschaftliche Zusammenhänge verstehen. Wie kann der Sachunterricht zur nötigen hermeneutischen Kompetenz anleiten? In: Köhnlein, W.; Lauterbach, R. (Hrsg.): Verstehen und begründetes Handeln. Bad Heilbrunn, S. 187-202.

Richter, D. (2005): Lehren als Sequenzierung des Lernens – empirische Befunde. In: Weißeno, G. (Hrsg.): Politik besser verstehen. Neue Wege der politischen Bildung. Wiesbaden, S. 149-164.

Richter, D. (2006a): Standards interpretativer Fachunterrichtsforschung. In: GPJE (Hrsg.): Standards der Theoriebildung und empirischen Forschung in der politischen Bildung. Schwalbach/Ts., S. 11-23.

Richter, D. (2006b). Was gibt's Neues zur Politischen Bildung im Sachunterricht? Ein Kommentar zu Gertrud Beck. (URL: http://web.uni-frankfurt.de/fb04/su/ebeneII/arch/beck/ribe.pdf [Stand: 12.11.2007])

Richter, D. (2006c): Politische Bildung in der Primarstufe. In: Lange, D.; Reinhardt, V. (Hrsg.): Basiswissen Politische Bildung. Band 4. Baltmannsweiler.

Richter, D. (2007a): Welche politischen Kompetenzen sollten Grundschülerinnen und -schüler erwerben? In: Richter, D. (Hrsg.): Politische Bildung von Anfang an. Grundlagen und Themenfelder für die Grundschule. Bonn.

Richter, D. (2007b): Politische Bildung von Anfang an – Einleitung. In: Richter, D. (Hrsg.): Politische Bildung von Anfang an. Grundlagen und Themenfelder für die Grundschule. Bonn, S. 9-16.

Richter, D. (2007c): Gespräch/ Diskussion. In: Weißeno, G.; Hufer, K.-P.; Kuhn, H.-W.; Massing, P.; Richter, D. (Hrsg.): Wörterbuch Politische Bildung. Schwalbach/Ts., S. 129-136.

Roland-Lévy, C.; Ross, A. (Eds.) (2003): Political Learning and Citizenship in Europe. Stoke on Trent.

Rowe, D. (2005): The Development Of Political Thinking In School Students: An English Perspective. In: citizED. International Journal of Citizenship and Teacher Education, Vol. 1, No.1, pp. 97-110. (URL: http://www.citized.info/ejournal/previous_v1n1.htm)

Sears, D.O.; Levy, S. (2003): Childhood and Adult Political Development. In: Sears, D.O.; Huddy, L.; Jervis, R. (Eds.): Oxford Handbook of Political Psychology. Oxford/ New York, pp. 60-109.

Sodian, B. (1998): Entwicklung bereichsspezifischen Wissens. In: Oerter, R.; Montada, L. (Hrsg.): Entwicklungspsychologie. Ein Lehrbuch. 4. Aufl., Weinheim, S. 622-653.

Spears Brown, C. & Bigler, R.S. (2005): Children's Perception of Discrimination: A Developmental Model. In: Child Development, Vol. 76, No. 3, pp. 533-553.

Torney-Purta, J., Lehmann, R., Oswald, H. & Schulz, W. (2001): Citizenship and Education in Twenty-eight Countries. Civic Knowledge and Engagement at Age Fourteen. Amsterdam.

Torney-Purta, J. (1994): Dimensions of Adolescents' Reasoning about Political and Historical Issues: Ontological Switches, Developmental Processes, and Situated Learing. In: Carretero, M.; Voss, J.F. (Eds.): Cognitive and Instructional Processes in History and the Social Sciences. Hillsdale, NJ, pp. 103-122.

Weißeno, G. (2005): Anforderungen an Bildungsstandards für die Politische Bildung. In: Aus Politik und Zeitgeschichte. Bildungsreformen, H. 12, S. 32-38.

Weißeno, G. (2006a): Kernkonzepte der Politik und Ökonomie – Lernen als Veränderung mentaler Modelle. In: Weißeno, G. (Hrsg.): Politik und Wirtschaft unterrichten. Bonn, S. 120-142.

Weißeno, G. (2006b): Sind die GPJE-Bildungsstandards noch anschlussfähig an die Diskussion in den anderen Fachdidaktiken? Vortrag GPJE.

Wellman, H.M.; Gelman, S.A. (1992): Cognitive development: Foundational theories of core domains. In: Annual Review of Psychology, vol. 43, pp. 337-375.

Zeuner, B. (1999): Politikbegriff. In: Richter, D. & Weißeno, G. (Hrsg.): Lexikon der politischen Bildung. Band 1. Schwalbach/Ts, S. 177-180.

Michael Hemmer

6 Kompetenzen und Standards geographischer Bildung – Eckpfeiler eines Kompetenzentwicklungsmodells

Im Frühjahr 2006 wurden von der Deutschen Gesellschaft für Geographie die Nationalen Bildungsstandards für den mittleren Schulabschluss im Fach Geographie offiziell der Öffentlichkeit übergeben. Den Bildungsstandards liegt ein Komponentenmodell zugrunde, das geographische Bildung über sechs zentrale Kompetenzbereiche sowie insgesamt 24, die einzelnen Kompetenzbereiche erschließende, (Teil-)Kompetenzen definiert. Wenngleich zum gegenwärtigen Zeitpunkt weder ein empirisch abgesichertes Stufen- noch ein umfassendes Kompetenzentwicklungsmodell vorliegen, gibt es zu einzelnen Kompetenzen und Standards eine Vielfalt erfahrungsbasierter und in Teilen empirisch abgesicherter Erkenntnisse.

Der vorliegende Beitrag gibt – basierend auf einer komprimierten Skizzierung dessen, was geographische Bildung im Aktionsraum der Schule beinhaltet – einen Überblick über die Genese und Konzeption der Nationalen Bildungsstandards im Fach Geographie. Am Beispiel des für den Sachunterricht in besonderer Weise relevanten Kompetenzbereichs *Räumliche Orientierung* werden einzelne Kompetenzen und Standards exemplarisch erläutert. Ein abschließendes Kapitel gibt einen Überblick über die aktuellen, fachlichen und fachpolitischen Fragestellungen und (zukünftigen) Handlungsfelder.

6.1 Zielsetzung geographischer Bildung im Aktionsraum Schule

Fußend auf der Vermittlung einer umfassenden räumlichen Orientierungskompetenz, die weit über das topographische Orientierungswissen (wie z.B. die Kenntnis von Namen und Lage ausgewählter Staaten, Flüsse und Gebirge) hinausgeht und die Fähigkeit zu einem angemessenen Umgang mit Karten und zur Orientierung in Realräumen ebenso einschließt wie die Fähigkeit zur Reflexion von Raumwahrnehmung und -konstruktion, zielt geographische Bildung im Aktionsraum der Schule auf die Befähigung des Schülers, raumbezogene Strukturen, Funktionen und Prozesse sowie die für die Zukunft des Planeten Erde und das Zusammenleben der Menschheit epochalen Problemfelder (wie Klimawandel, Erosion, Bevölkerungsdynamik, Armut und Migration) aus geographischer Perspektive erfassen, analysieren und beurteilen zu können. Dabei wird der Raum auf den verschiedenen Maßstabsebenen nicht nur im realistischen Sinne als „Containerraum" und als ein System von Lagebeziehungen aufgefasst, sondern gleichfalls als subjektiver Wahrnehmungsraum sowie in der Perspektive seiner sozialen, technischen und gesellschaftlichen Konstruiertheit (vgl. Wardenga 2002). Um die komplexen Wechselbeziehungen zwischen Mensch und Umwelt sowie innerhalb der natur- und humangeographischen Subsysteme erfassen und beurteilen zu können, ist eine systemische, mehrperspektivische Betrachtungsweise erforderlich, die sowohl naturwissenschaftliche als auch gesellschaftswissenschaftliche Wege der Erkenntnisgewinnung beinhaltet. Die Verknüpfung von natur- und gesellschaftswissenschaftlicher Bildung stellt im schulischen Kontext eines der Alleinstellungsmerkmale des Faches Geographie dar.

Neben der Vermittlung von Sachwissen und methodischen Fähigkeiten spielt im Unterrichtsfach Geographie die auf personale und soziale Kompetenzen zielende Einstellungsdimension eine zentrale Rolle. So will das Fach – im Einklang mit der Internationalen Charta geographischer Erziehung (IGU 1992) – dazu beitragen, dass Schülerinnen und Schüler Mitverantwortung für die Lebensbedingungen zukünftiger Generationen übernehmen, den Menschen aus anderen Regionen gegenüber aufgeschlossen sind, Vorurteile abbauen und sich für eine nachhaltige Entwicklung einsetzen. Ziel geographischer Bildung ist zusammenfassend die Befähigung des Schülers zu einer raumbezogenen Handlungskompetenz (Köck 1997, S. 180).

6.2 Entwicklung der Bildungsstandards im Fach Geographie

Nachdem im Dezember 2004 feststand, dass sich die Kultusministerkonferenz bei der Erarbeitung und Implementierung Nationaler Bildungsstandards vorläufig auf die Fächer Deutsch, Mathematik, die erste Fremdsprache und die Naturwissenschaften beschränkt und für die übrigen Unterrichtsfächer aufgrund des hohen finanziellen Aufwands auf absehbare Zeit keine Standards in Auftrag gegeben werden, wurde auf Initiative des Hochschulverbandes für Geographie und ihre Didaktik (HGD) im Januar 2005 eine Arbeitsgruppe gegründet, die eine Rahmenkonzeption für die Erstellung Nationaler Bildungsstandards im Fach Geographie erarbeiten sollte.

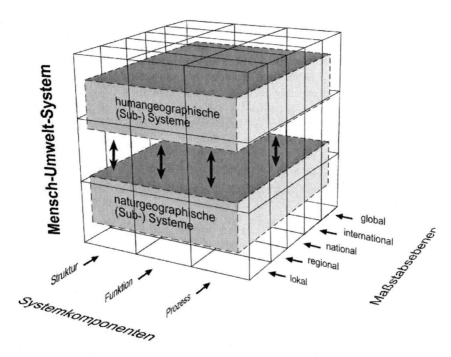

Abb. 1: Basiskonzepte der Analyse von Räumen im Fach Geographie (aus: DGfG 2006, S. 12)

Wichtige Bezugsdokumente hierfür waren die Klieme-Expertise (Klieme 2003), die bereits vorliegenden Bildungsstandards der genannten Fächer sowie einzelne für das Unterrichtsfach Geographie bedeutsame Dokumente, wie die Internationale Charta der Geographischen Erziehung, das Curriculum 2000plus, der Grundlehrplan Geographie, die Leipziger Erklärung und die einheitlichen Prüfungsanforderungen für die Abiturprüfung im Fach Geographie. Die Arbeitsgruppe nutzte zahlreiche Gelegenheiten, um die Entwürfe einem breiten Publikum zu präsentieren respektive diese in verschiedenen Foren zu diskutieren, so z.B. auf dem internationalen Bildungskongress der Gesellschaft für Fachdidaktik im Frühjahr 2005, dem HGD-Symposium in Bielefeld und dem 55. Deutschen Geographentag in Trier. Darüber hinaus wurden die nach jeder Präsentation überarbeiteten Papiere ausgewählten Fachwissenschaftlern und Geographiedidaktikern sowie Fachleitern und Lehrpersonen vor Ort mit der Bitte um Stellungnahme zugesandt. Um die Bildungsstandards fachpolitisch bestmöglich zu platzieren, fanden parallel dazu mehrere Gespräche mit der KMK statt. Nach ausführlicher und intensiver Diskussion der Bildungsstandards in den einzelnen Teilverbänden der Deutschen Gesellschaft für Geographie wurden diese in ihrer Grundstruktur am 03.12.2005 vom Präsidium der DGfG verabschiedet, und nach einer abermaligen Überarbeitung im März 2006 u.a. an die Präsidentin der KMK, an sämtliche Kultusministerien in Deutschland und den Bundeselternrat verschickt.

Der Geographie ist es als erstes Fach gelungen, Bildungsstandards aus eigener Kraft zu entwickeln. Neben ihrer fachpolitischen Bedeutung für die Wahrnehmung und Akzeptanz des Unterrichtsfaches Geographie in Politik, Gesellschaft und Schule bieten die Nationalen Bildungsstandards fachintern ein wichtiges Positionspapier für die in Abständen stets erforderliche Standortbestimmung und Konkretisierung dessen, was geographische Bildung im Aktionsraum der Schule zu leisten vermag.

6.3 Konzeption des Bildungsstandards im Fach Geographie

Die Herleitung und Präsentation der Bildungsstandards im Fach Geographie orientiert sich an den bereits vorliegenden, von der KMK verabschiedeten Bildungsstandards. Nach Ausweisung des fachspezifischen Bildungsbeitrags, bei dem in besonderer Weise die Brückenfachfunktion des Schulfaches Geographie zwischen natur- und gesellschaftswissenschaftlicher Bildung als ein Alleinstellungsmerkmal im Aktionsraum der Schule hervorgehoben wird, erfolgt eine – gleichsam faktorenanalytisch vorgenommene – Bündelung dessen, was geographische Bildung beinhaltet, in sechs zentrale Kompetenzbereiche (vgl. Abb. 2).

In Übereinstimmung mit den naturwissenschaftlichen Fächern Biologie, Physik und Chemie, die sich allesamt auf vier gemeinsame Kompetenzbereiche verständigt haben, weisen die Bildungsstandards Geographie ebenfalls die Kompetenzbereiche *Fachwissen, Erkenntnisgewinnung/Methoden, Beurteilung/Bewertung* und *Kommunikation* aus. Um die besondere Bedeutung respektive Schulung der räumlichen Orientierungskompetenz im Fach Geographie zu unterstreichen, wird diese als eigener Kompetenzbereich ausgewiesen. Der Kompetenzbereich *Handlung* (die Fähigkeit und Bereitschaft, in verschiedenen Handlungsfeldern natur- und sozialraumgerecht handeln zu können) charakterisiert gleichfalls ein genuines Ziel geographischer Bildung und unterstreicht darüber hinaus die Verankerung des Faches im Verbund der gesellschaftswissenschaftlichen Unterrichtsfächer, die bislang allesamt für die Ausweisung eines vergleichbaren, fachspezifisch modifizierten Kompetenzbereichs plädieren. Dass die Kompetenzbereiche nicht überschneidungsfrei sind, versteht sich von selbst. Die angestrebte geographische Gesamtkompetenz ergibt sich, gemäß der Logik der Kompetenzentwicklung, nicht aus der Addition, sondern aus der Verflechtung der einzelnen Kompetenzbereiche.

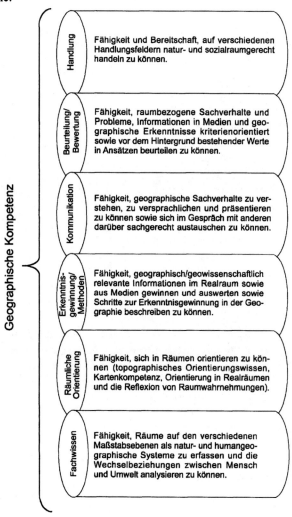

Abb. 2: Kompetenzbereiche geographischer Bildung

Jeder einzelne Kompetenzbereich erfährt in den Bildungsstandards eine Präzisierung über konkrete Kompetenzen und Standards. In Abgrenzung zu den Naturwissenschaften, die vom Kompetenzbereich direkt auf die Standardebene gehen, haben sich die Autoren, die federführend für die Konzeption der Bildungsstandards im Fach Geographie verantwortlich waren (Prof. Dr. Ingrid Hemmer, Prof. Dr. Michael Hemmer, Prof. Dr. Gudrun Ringel, Dr. Eberhard Schallhorn und Prof. Dr. Tilman Rhode-Jüchtern), mit der Perspektive auf die noch zu erarbeitenden Kompetenzentwicklungsmodelle für eine Ausweisung der den jeweiligen Kompetenzbereich konstituierenden Kompetenzen entschieden. In Anlehnung an Weinert werden darunter „die bei Individuen verfügbaren oder durch sie erlernten kognitiven Fähigkeiten und Fertigkeiten [verstanden], um bestimmte Probleme zu lösen, sowie die damit verbundenen motivationalen, volitionalen und sozialen Bereitschaften und Fähigkeiten, um die Problemlösungen in variablen Situationen erfolgreich und verantwortungsvoll nutzen zu können" (2001, S. 27f.). Um die verschiedenen Dimensionen eines Kompetenzbereichs möglichst umfassend und präzise zu benennen, stützte sich die Arbeitsgruppe zum einen auf konsensfähige theoretische Modelle, zum anderen auf vorliegende empirische Befunde. Während die Kompetenzen Fähigkeiten beschreiben, die ein Mensch im Laufe seines Lebens erreichen kann, legen die Standards – als normative Setzungen – fest, was ein Schüler am Ende der Sekundarstufe I können soll.

6.4 Der Kompetenzbereich Räumliche Orientierung

Der Kompetenzbereich Räumliche Orientierung, dessen Grundlegung maßgeblich im Sachunterricht der Grundschule erfolgt, gliedert sich in fünf Teilkompetenzen (vgl. Kasten 1). Als theoretisches Modell bietet sich zur Charakterisierung und Ausweisung der einzelnen Komponenten das in der Geographiedidaktik verbreitete Vier-Säulen-Modell von Fuchs (1977), Kirchberg (1977), erweitert durch Kroß (1995) an. Die Orientierungskompetenz beschränkt sich dabei nicht nur auf ein basales topographisches Orientierungswissen, wie z.B. die Kenntnis von Namen und Lage der Kontinente und Ozeane, der europäischen Staaten und wichtiger Städte, Flüsse und Gebirge in Deutschland, sondern umfasst ebenso die Kenntnis und Nutzung verschiedener räumlicher Orientierungsraster und Ordnungssysteme, wie z.B. das Gradnetz, die Klima- und Vegetationszonen oder die Gliederung der Erde nach wirtschaftlichen, politischen und religiösen Ordnungskategorien sowie eine Vielzahl alltagsrelevanter topographischer Fähigkeiten, wie z.B. die Kartenlesekompetenz und die Fähigkeit, sich mit Hilfe einer Karte, der Himmelsrichtungen und anderer Hilfsmittel, wie z.B. einem Kompass, in einer Stadt oder im offenen Gelände orientieren zu können. Eine weitere Säule bildet das für die Orientierungskompetenz nicht minder notwendige Bewusstsein für die Relativität von Raumwahrnehmungen (wie z.b. die eurozentristische Ausrichtung von Karten) und der Raumkonstruktion.

Die Formulierung und Ausweisung der fünf Kompetenzen (vgl. Kasten 1) erfolgt in direkter Anlehnung an das zuvor skizzierte Modell. Die Differenzierung der Subskala *topographische Fähigkeiten* in Karten(lese)kompetenz (O3) und die Fähigkeit zur Orientierung im Realraum (O4) begründet sich in der empirisch nachgewiesenen besonderen Bedeutung, die gesellschaftliche Spitzenrepräsentanten der Orientierung im Realraum zumessen. Von den 41 zur Disposition gestellten topographischen Kenntnissen und Fähigkeiten wiesen die 174 befragten gesellschaftlichen Spitzenrepräsentanten sowie die 110 befragten Experten der Fähigkeit, sich mit Hilfe einer Karte in einer Stadt zurechtzufinden, sowie der Fähigkeit, schematische Darstellungen in Nahverkehrsnetzen (z.B. U-Bahn-Pläne) lesen zu können, die zweit- bzw. dritthöchste Bedeutung zu (vgl. Hemmer et al. 2004).

Kasten 1: Kompetenzen und Standards des Kompetenzbereichs Räumliche Orientierung (aus: DGfG 2006, S. 17f)

Kompetenzen und Standards des Kompetenzbereichs
Räumliche Orientierung

O1 Kenntnis grundlegender topographischer Wissensbestände
Schülerinnen und Schüler
- S 1 verfügen auf den unterschiedlichen Maßstabsebenen über ein basales Orientierungswissen (z.B. Name und Lage der Kontinente und Ozeane, der großen Gebirgszüge der Erde, der einzelnen Bundesländer),
- S 2 kennen grundlegende räumliche Orientierungsraster und Ordnungssysteme (z.B. das Gradnetz, die Klima- und Landschaftszonen der Erde).

O2 Fähigkeit zur Einordnung geographischer Objekte und Sachverhalte in räumliche Ordnungssysteme

Schülerinnen und Schüler können
- S 3 die Lage eines Ortes (und anderer geographischer Objekte und Sachverhalte) in Beziehung zu weiteren geographischen Bezugseinheiten (z.B. Flüsse, Gebirge) beschreiben,
- S 4 die Lage geographischer Objekte in Bezug auf ausgewählte räumliche Orientierungsraster und Ordnungssysteme (z.B. Lage im Gradnetz) genauer beschreiben.

> *O3 Fähigkeit zu einem angemessenen Umgang mit Karten*
>
> Schülerinnen und Schüler können
> - S 5 die Grundelemente einer Karte (z.B. Grundrissdarstellung, Generalisierung, doppelte Verebnung von Erdkugel und Relief) nennen und den Entstehungsprozess einer Karte beschreiben,
> - S 6 topographische, physische, thematische und andere alltagsübliche Karten lesen und unter einer zielführenden Fragestellung auswerten,
> - S 7 Manipulations-Möglichkeiten kartographischer Darstellungen (z.B. durch Farbwahl, Akzentuierung) beschreiben,
> - S 8 topographische Übersichtsskizzen und einfache Karten anfertigen,
> - S 9 aufgabengeleitet einfache Kartierungen durchführen,
> - S 10 Möglichkeiten der Anwendung von GIS (= Geographische Informationssysteme) beschreiben.
>
> *O4 Fähigkeit zur Orientierung in Realräumen*
>
> Schülerinnen und Schüler können
> - S 11 mit Hilfe einer Karte und anderer Orientierungshilfen (z.B. Landmarken, Straßennamen, Himmelsrichtungen, GPS) ihren Standort im Realraum bestimmen,
> - S 12 anhand einer Karte eine Wegstrecke im Realraum beschreiben,
> - S 13 sich mit Hilfe von Karten und anderen Orientierungshilfen (z.B. Landmarken, Piktogrammen, Kompass) im Realraum bewegen,
> - S 14 schematische Darstellungen von Verkehrsnetzen anwenden.
>
> *O5 Fähigkeit zur Reflexion von Raumwahrnehmung und -konstruktion*
>
> Schülerinnen und Schüler können
> - S 15 anhand von kognitiven Karten/ mental maps erläutern, dass Räume stets selektiv und subjektiv wahrgenommen werden (z.B. Vergleich der mental maps deutscher und japanischer Schüler von der Welt),
> - S 16 anhand von Karten verschiedener Art erläutern, dass Raumdarstellungen stets konstruiert sind (z.B. zwei verschiedene Kartennetzentwürfe; zwei verschiedene Karten über Entwicklungs- und Industrieländer).

Die Formulierung der Standards erfolgt als Regelstandards. Betrachtet man beispielsweise die sechs Standards zur Karten(lese)kompetenz (O3), so weisen drei Standards den Operator „beschreiben" sowie zwei weitere Standards den Zusatz „einfache Karten" bzw. „einfache Kartierungen" auf.

6.5 Aktuelle Herausforderungen und Handlungsfelder

6.5.1 Implementierung
Das Verbreiten und Bekanntmachen der Bildungsstandards – angefangen von den Kultusministerien und Lehrplankommissionen der einzelnen Bundesländer über die in der Lehrerbildung tätigen Hochschullehrer und Fachleiter bis

hin zu den Geographielehrern vor Ort – stellt gegenwärtig die vorrangigste Aufgabe dar. Einen ganz besonderen Stellenwert erhalten in diesem Zusammenhang die schulinternen Curricula. Während die nationalen Bildungsstandards angeben, über welche Kompetenzen und Standards Schülerinnen und Schüler am Ende der Sekundarstufe I verfügen sollen, skizzieren die länderspezifischen Lehrpläne und Kerncurricula den Weg dorthin. Die notwendige Konkretisierung erfolgt schließlich in den schulinternen Curricula. Ohne eine entsprechende Sensibilisierung der Geographielehrer vor Ort für den Geist und die Novität der Bildungsstandards sowie deren konstruktive Mitarbeit wird ein vom Ziel her gedachter kompetenzorientierter und -fördernder Unterricht mittelfristig nicht möglich sein.

6.5.2 Aufgabenbeispiele

Parallel zum Implementierungsprozess werden seit ca. einem Jahr in einer Arbeitsgruppe, die zu gleichen Teilen aus Geographiedidaktikern und Schulgeographen besteht, Aufgabenbeispiele entwickelt, wie sie in der Klieme-Expertise explizit gefordert sind. Die Aufgabenbeispiele sind – wie der Name bereits sagt – keine Testinstrumente i.e.S., sondern dienen mit ihren Lösungs- und Bewertungsansätzen in erster Linie zur Illustration der Operationalisierbarkeit einzelner Kompetenzen und Standards. Die Aufgabenbeispiele sind deshalb so wichtig, weil erst mit dem Nachweis der Überprüfbarkeit ein wesentliches Merkmal der Tauglichkeit eines bestimmten Standards gegeben wird. Von der Qualität der Aufgaben, ihrer Durchdachtheit und ihrem anregenden Potenzial wird ganz entscheidend abhängen, wie sehr die Bildungsstandards akzeptiert werden. Ausgehend von einzelnen Kompetenzen und Standards wurden in der genannten Arbeitsgruppe zu ausgewählten Themen der Geographie, die allesamt einen lebensbedeutsamen, sinnstiftenden Kontext aufweisen (wie z.B. Klimawandel, Migration, regionale Disparitäten, demographischer Wandel, Globalisierung, Naturkatastrophen etc.) für jeden Kompetenzbereich mindestens zwei (maximal vier) Aufgaben entwickelt. Die Umsetzungsbeispiele des Faches Geographie sind ebenso aufgebaut wie die Aufgabenbeispiele derjenigen Unterrichtsfächer, die bereits von der KMK verabschiedete Standards haben. Sämtliche Aufgaben sind materialgebunden, gehen von einer konkreten Problemstellung aus, berücksichtigen verschiedene Typen von Aufgabenstellungen, weisen einen differenzierten Erwartungshorizont aus und wurden in der Praxis erprobt. Die Aufgaben wurden im Herbst 2007 in einer erweiterten Broschüre, die die *Deutsche Gesellschaft für Geographie* zu den Bildungsstandards herausgibt, auf dem Deutschen Geographentag in Bayreuth der Öffentlichkeit übergeben. Verwiesen sei ferner auf das Doppelheft 255/256 der Zeitschrift *geographie heute* mit dem Titel „Kompetenzen, Standards, Aufgaben" (vgl. Hemmer/ Hemmer 2007), das sich schwerpunktmäßig mit der Aufgabenentwicklung und Aufgabenkultur im Geographieunterricht beschäftigt.

6.5.3 Kompetenzmodelle

Neben der Aufgabenentwicklung stellt die Erarbeitung von Kompetenzmodellen gegenwärtig *die* zentrale Herausforderung aller Fachdidaktiken dar. Kompetenzmodelle sollen die Teilaspekte bzw. Dimensionen einer Kompetenz benennen, den Zusammenhang der einzelnen Komponenten in einem Kompetenzstrukturmodell erläutern, einzelne Kompetenzniveaustufen ausweisen und darüber hinaus Aussagen darüber machen, in welchen Kontexten, bei welchen Altersstufen und unter welchen Einflüssen sich einzelne Kompetenzen entwickeln. Im Fach Geographie wurden bislang die Komponenten einer umfassenden geographischen Kompetenz identifiziert sowie ansatzweise ein Kompetenzstrukturmodell entwickelt. Im Hinblick auf die für die Überprüfung der Bildungsstandards notwendige Ausweisung von Referenz- bzw. Niveaustufen steht die Geographiedidaktik ebenso wie die meisten anderen Fachdidaktiken noch am Beginn eines zeit- und arbeitsintensiven Entwicklungsprozesses. In Abgrenzung zu der im Unterrichtsalltag üblichen Differenzierung zwischen Reproduktion, Anwendung und Beurteilung und den in den einheitlichen Prüfungsanforderungen für das Abitur festgelegten Anforderungsbereichen, ist in einem Kompetenzmodell davon auszugehen, dass jeder einzelne Anforderungsbereich in sich eine Stufung von 0 bis 100 aufweist (vgl. Abb. 3). So kann ein Schüler beispielsweise bei der Beschreibung eines Bildes im Geographieunterricht lediglich einige isolierte Bildelemente nennen, währenddessen ein anderer Schüler bereits in einem ersten Schritt sämtliche geographisch relevanten Sachverhalte und Strukturen erfasst. Ebenso ist im Bereich der Beurteilung zu unterscheiden, ob ein Schüler lediglich erkennt, welche Bedeutung der Standort des Fotografen für die Bildaussage hat, ob er weitere Manipulationsmöglichkeiten entlarvt oder gar auf einer Metaebene die Subjektivität und Selektivität von Bildgestaltung und Bildwahrnehmung zu berücksichtigen weiß.

Für die Entwicklung evidenzbasierter Kompetenz(entwicklungs)modelle, die normativ-bildungstheoretisch fundiert, empirisch belastbar und schulpraktisch handhabbar sind, bedarf es in sämtlichen Fachdidaktiken umfassender empirischer Befunde. Für den Bereich der räumlichen Orientierungskompetenz bietet sich aufgrund der bereits im Anfangsunterricht der Grundschule grundzulegenden Kenntnisse und Fähigkeiten eine verstärkte Zusammenarbeit zwischen der Sachunterrichtsdidaktik und der Geographiedidaktik an. Eine Zusammenstellung der bislang vorliegenden empirischen Erkenntnisse und Desiderata zur räumlichen Orientierungskompetenz liefern die Artikel von Hemmer/ Neidhard (2007) sowie von Hemmer/ Hemmer/ Neidhard (2007).

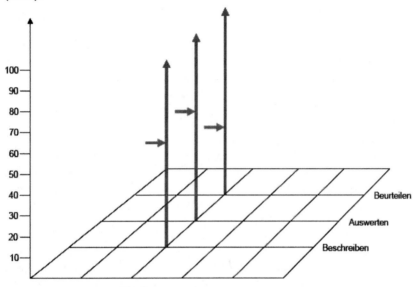

Abb. 3: Komponenten und Niveaustufen eines Kompetenzmodells aufgezeigt am Beispiel der Medienkompetenz

Um die Entwicklung von Kompetenzmodellen in der Geographiedidaktik voranzubringen, wurden von Seiten des Hochschulverbandes für Geographie und ihre Didaktik e.V. im Herbst 2007 auf dem Deutschen Geographentag in Bayreuth verschiedene Forschergruppen initiiert, die nach Kompetenzbereichen differenziert grundlegende Studien durchführen und koordinieren.

6.5.4 Regelstandards, Mindeststandards & Co

Wenngleich die Bildungsstandards in den einzelnen Fächern Regelstandards mit einem mittleren Anforderungsniveau beschreiben und im Fach Geographie als eine Vision dessen, was geographische Bildung im Aktionsraum der Schule zu leisten vermag, nur bedingt ein Abbild des gegenwärtigen Geographieunterrichts sind, ist die Messlatte einzelner Standards zu hoch angelegt.

So mag es nicht verwundern, dass der Ruf nach Mindeststandards immer lauter wird. In der Gesellschaft für Fachdidaktik, dem Dachverband der fachdidaktischen Verbände in Deutschland, beschäftigt man sich seit dem Frühjahr 2007 mit dem Thema Mindeststandards. Es ist geplant, nach ausführlicher Diskussion des Themas in verschiedenen Regionalgruppen auf der Herbsttagung ein gemeinsames Papier zu verabschieden. Wenn Mindeststandards als normative Setzung definieren, was *alle* Schülerinnen und Schüler der Regelschulen am Ende der Sekundarstufe I können sollen, um aktiv am beruflichen, öffentlichen und privaten Leben teilhaben zu können und somit einen würdigen Platz in der Gesellschaft zu finden, hat dies als verbindliche Verpflichtung und Auftrag von Schule ungeahnte bildungspolitische (und nicht zuletzt finanzielle) Konsequenzen.

6.5.5 Normierung und Evaluation

Neben der Orientierungsfunktion sind die Bildungsstandards zugleich Maßstab für die Überprüfung derselbigen. Eine besondere Rolle kommt in diesem Zusammenhang dem im Jahr 2004 als wissenschaftliche Einrichtung aller Länder gegründeten Institut zur Qualitätssicherung im Bildungswesen (IQB) an der Humboldt-Universität Berlin zu. Primäre Aufgabe des IQB ist es, die von der KMK verabschiedeten Bildungsstandards zu präzisieren und auf ihrer Basis Aufgabensammlungen zu generieren, mit deren Hilfe die Erreichung der in den Standards festgelegten Kompetenzerwartungen empirisch überprüft werden kann. Ob es mittelfristig auch für das Schulfach Geographie auf (inter-)nationaler Ebene in regelmäßigen Abständen Testaufgaben zur Standardüberprüfung der Bildungsstandards geben wird, ist zum gegenwärtigen Zeitpunkt noch nicht absehbar.

6.6 Persönliche Anmerkungen

Als Geographiedidaktiker blicke ich stolz auf die in einem langen Diskussionsprozess, ohne Unterstützung der Kultusministerkonferenz eigenständig entwickelten und als Konsenspapier aller geographischen Verbände verabschiedeten Bildungsstandards für den Mittleren Schulabschluss im Fach Geographie zurück. Gleichwohl betrachte ich es als eine große Chance für die Didaktik des Sachunterrichts, dass sie ohne Zeitdruck und unter Berücksichtigung der Erfahrungen anderer Fächer, den ersten Schritt vorm zweiten tun kann. Empirisch abgesicherte, elaborierte Kompetenzentwicklungsmodelle werden den Bildungsstandards im Sachunterricht eine andere Qualität geben als denjenigen, die unter immensem Zeitdruck hervorgebracht wurden.

Die von der GDSU angeregte Kooperation mit den am Sachunterricht beteiligten Fächern sehe ich bei aller Heterogenität als eine weitere große Chance, da vielfältige Kompetenzen der einzelnen Bezugsfächer im Sachunterricht grundgelegt werden und nur so mittelfristig die Anschlussfähigkeit und Kontinuität in der Wissensvermittlung gewährleistet sind.

Literatur

Deutsche Gesellschaft für Geographie - DGfG (Hrsg.) (2006): Bildungsstandards im Fach Geographie für den Mittleren Schulabschluss. Berlin.

DGfG – Deutsche Gesellschaft für Geographie (Hg. 2007): Bildungsstandards im Fach Geographie für den Mittleren Schulabschluss – mit Aufgabenbeispielen. Berlin.

Fuchs, G. (1977): Überlegungen zum Stellenwert und zum Lernproblem des topographischen Orientierungswissens. In: Hefte zur Fachdidaktik der Geographie, 1, S. 4-24.

Hemmer, M. (2006): Geographie als Unterrichtsfach in der Schule. In: Gebhard, H. et al (Hrsg.): Geographie. Physische Geographie und Humangeographie. Heidelberg, S. 20-22.

Hemmer, Michael (2007): Die Bildungsstandards Geographie – ein nationaler Orientierungsrahmen? In: Terrasse, H. 2, S. 2-5.

Hemmer, I. & Hemmer, M. (2007) (Hrsg.): Kompetenzen, Standards, Aufgaben. Doppelheft geographie heute, H. 255/256.

Hemmer, I. & Hemmer, M. (2007): Nationale Bildungsstandards im Fach Geographie. Genese, Standortbestimmung, Ausblick. In: geographie heute, H. 255/256, S. 2-9.

Hemmer, M.; Hemmer, I.; Obermaier, G.; Uphues, R. (2004): Die Bedeutung topographischer Kenntnisse und Fähigkeiten aus der Sicht der Gesellschaft – Erste Ergebnisse einer empirischen Untersuchung. In: Praxis Geographie, H. 10, S. 44-45.

Hemmer, M.; Hemmer I.; Neidhardt, E. (2007): Räumliche Orientierung von Kindern und Jugendlichen – Ergebnisse und Defizite nationaler und internationaler Forschung. In: Geiger, M.; Hüttermann, A. (Hrsg.): Raum und Erkenntnis. Köln, S. 66-78.

Hemmer, I.; Neidhardt, E. (2007): Geographisches Lernen im Anfangsunterricht. In: Gläser, E. (Hrsg.): Sachunterricht im Anfangsunterricht. Lernen im Anschluss an den Kindergarten. Baltmannsweiler, S. 159-176.

International Geographical Union – Commission on Geographical Education (IGU) (1992) (Hrsg.): Internationale Charta der Geographischen Erziehung. Washington.

Kirchberg, G. (1977): Der Lernzielbereich „Topographie" im geographischen Lehrplan. In: Hefte zur Fachdidaktik der Geographie, 1, S. 25-44.

Klieme, E. et al. (2003): Zur Entwicklung nationaler Bildungsstandards. Eine Expertise. Herausgegeben vom BMBF. Bonn.

Köck, H. (1997): Zum Bild des Geographieunterrichts in der Öffentlichkeit. Gotha.

Kroß, E. (1995): Global lernen. In: geographie heute, H. 134, S. 4-9.

Ringel, G. (2005): Nationale Bildungsstandards für den Geographieunterricht. In: Geographie und Schule, H. 156, S. 23-32.

Wardenga, U. (2002): Alte und neue Raumkonzepte für den Geographieunterricht. In: geographie heute, H. 200, S. 8-11.

Weinert, F.E. (2001): Vergleichende Leistungsmessung in Schulen – eine umstrittene Selbstverständlichkeit. In: ders. (Hrsg.): Leistungsmessung in Schulen. Weinheim & Basel, S. 17-31.

Christina Beinbrech & Kornelia Möller

7 Entwicklung naturwissenschaftlicher Kompetenz im Sachunterricht

Im Zuge der Diskussion um Bildungsstandards erhält die Beschreibung von fachbezogenen Kompetenzen zunehmend an Bedeutung für die fachdidaktische Forschung. Im folgenden Beitrag soll zunächst ein Überblick darüber gegeben werden, welche Kompetenzmodelle für den Bereich der Naturwissenschaften zurzeit diskutiert werden. Daran anschließend werden ausgehend von den Zielen des Sachunterrichts Überlegungen zu möglichen Kompetenzbereichen für den naturwissenschaftsbezogenen Sachunterricht vorgestellt. Vor dem Hintergrund eigener Forschungsarbeiten werden Überlegungen zum Erwerb von Kompetenzen in einem ausgewählten Bereich dargelegt. Abschließend sollen Überlegungen zur Entwicklung und Überprüfung eines Kompetenzmodells für den naturwissenschaftsbezogenen Sachunterricht vorgestellt werden.

Ansätze zur Modellierung naturwissenschaftlicher Kompetenz

Grundlage für die Beschreibung von Kompetenzen bilden Kompetenzmodelle, die zwischen „... abstrakten Bildungszielen und konkreten Aufgabensammlungen ..." (Klieme/ Avenarius/ Blum/ Döbrich/ Prenzel/ Reiss/ Riquarts/ Rost/ Tenorth/ Vollmer 2003, S. 71) vermitteln. Es können zwei Typen von Kompetenzmodellen unterschieden werden: 1) Kompetenzmodelle, die die Anordnung verschiedener Kompetenzbereiche und deren Komponenten beschreiben (als Kompetenz*struktur*modelle oder Komponentenmodelle bezeichnet); 2) Kompetenzmodelle, die darüber hinaus Hinweise zur Abstufung bzw. zeitlichen Entwicklung von Kompetenzen geben (als Kompetenz*entwicklungs*modelle oder Stufenmodelle bezeichnet) (vgl. z.B. Klieme et al. 2003; Schecker/ Parchmann 2006). Dabei sind aus einer fachdidaktischen Perspektive insbesondere die Kompetenzmodelle von Interesse, die Aufschluss über den Erwerb bzw. die Entwicklung von Kompetenzen durch Lernsituationen geben können.

In der Literatur finden sich darüber hinaus weitere Anforderungen, die an die Entwicklung von Kompetenzmodellen gestellt werden:
Kompetenzmodelle sollten ...
- theoretisch entwickelt und anschließend empirisch abgesichert werden,
- domänenspezifisch nicht nur an der Fachsystematik, sondern auch an psychologischen Erkenntnissen orientiert entwickelt werden,
- über die Beschreibung von erreichten Niveaustufen in Populationen hinaus auch individuelle Kompetenzentwicklung abbilden,
- Hinweise zur Förderung von Kompetenzentwicklung umfassen,
- dem Kompetenzmodell zuzuordnende Aufgaben zur Diagnostik von Kompetenz bereitstellen,
- im Zusammenhang mit Bildungsstandards Aussagen über zu erreichende Mindest-/Regelstandards machen, diese überprüfen und ggf. korrigieren (vgl. z.B. Klieme et al. 2003; Schecker/ Parchmann 2006).

Im Folgenden soll ein Überblick darüber gegeben werden, welche Kompetenzmodelle für die Naturwissenschaften auf nationaler und internationaler Ebene bereits vorliegen und welche Fragen bzw. Probleme dabei diskutiert werden. Diese Kompetenzmodelle sind aus den folgenden Diskussionssträngen hervorgegangen: 1) Kompetenzmodelle, die der Formulierung von (nationalen) Bildungsstandards zugrunde liegen; 2) Kompetenzmodelle, die die Grundlage für das Erfassen naturwissenschaftlicher Kompetenzen im Rahmen von internationalen Schülerleistungsstudien bilden; 3) Kompetenzmodelle, die in den Fachdidaktiken entwickelt wurden.

1) Kompetenzmodelle in der Diskussion um Bildungsstandards
Bereits in den 1990er Jahren wurden in England nationale Bildungsstandards entwickelt (Qualifications and Curriculum Authority [QCA], 2000). Das Curriculum umfasst vier sogenannte *Key stages* mit verbindlichen Anforderungen für die Klassen 1 bis 11. Für das Fach *Science* sind in den Key stages 2 und 3 (Klassen 3-9) nationale Tests zur Überprüfung der Standards vorgesehen. In dem zugrunde liegenden Kompetenzmodell werden vier Kompetenzbereiche unterschieden: (1) *Scientific enquiry*, (2) *Life processes and living things*, (3) *Materials and their properties*, (4) *Physical processes*. Eine kumulativ aufgebaute inhaltliche Differenzierung der Bereiche erfolgt für jeden der Key stages (siehe Tab. 1). Darüber hinaus wird anhand von neun, zunehmend anspruchsvolleren Level die Entwicklung naturwissenschaftlicher Kompetenz beschrieben. (vgl. http://www.ncaction.org.uk/ subjects/science/levels.htm#1).

Tabelle 1: Das 'National Curriculum' mit den Key stages 2 und 3 für das Unterrichtsfach 'Science' (aus: http://www.qca.org.uk/ 2812_2120.html)

Science	Key stage 2 (Grades 3, 4, 5, 6)	Key stage 3 (Grades 7, 8, 9)
Scientific enquiry	Ideas and evidence in science and investigative skills	Ideas and evidence in science and investigative skills
Life processes and living things	Life processes, humans and other animals, green plants, variation and classification and living things in their environment	Cells and cell functions, humans as organisms, green plants as organisms, variation, classification and inheritance and living things in their environment
Materials and their properties	Grouping and classifying materials, changing materials and separating mixtures of materials	Classifying materials, changing materials, and patterns of behaviour
Physical processes	Electricity, forces and motion, light and sound and the Earth and beyond	Electricity and magnetism, forces and motion, light and sound, the Earth and beyond and energy resources and energy transfer

Auch für die USA und Kanada wurden nationale Standards für das Unterrichtsfach ‚Science' entwickelt, denen ein systematischer Aufbau für die Klassen K (Kindergarten) bis 12 zugrunde liegt (National Science Education Standards [NSES], 1996). Unterschieden werden Standards für die Kompetenzbereiche 'Science as Inquiry', 'Physical Science', 'Life Science', 'Earth and Space Science' sowie 'Science and Technology'. Für jeden dieser Bereiche werden getrennt für die Klassen K-4, 5-8 und 9-12 Level formuliert (vgl. Tab. 2).

Tabelle 2: Die 'National Science Education Standards' am Beispiel der Bereiche 'Physical Science' und 'Life Science' (aus: http://www.nap.edu/readingroom/books/nses/6a.html)

Science Standards	Levels K-4	Levels 5-8	Levels 9-12
Physical Science Standards	Properties of objects and materials Position and motion of objects Light, heat, electricity, and magnetism	Properties and changes of properties in matter Motions and forces Transfer of energy	Structure of atoms Structure and properties of matter Chemical reactions Motions and forces Conservation of energy and increase in disorder Interactions of energy and matter
Life science standards	Characteristics of organisms Life cycles of organism Organisms and environments	Structure and function in living systems Reproduction and heredity Regulation and behavior Populations and ecosystems Diversity and adaptations of organism	The cell Molecular basis of heredity Biological evolution Interdependence of organism Matter, energy, and organization in living systems Behavior of organisms

Anders als diese fächerübergreifenden Kompetenzmodelle wurden in Deutschland getrennt für die Fächer Biologie, Chemie und Physik nationale Bildungsstandards lediglich für den mittleren Schulabschluss (Klasse 10) festgelegt (vgl. Sekretariat der Ständigen Konferenz der Kultusminister der Länder [KMK] 2005). Exemplarisch soll das zugrunde liegende Kompetenzmodell für das Fach Physik vorgestellt werden. Die folgenden drei Dimensionen werden unterschieden: (1) *Kompetenzbereiche* (mit den Bereichen Fachwissen, Erkenntnisgewinnung, Kommunikation und Bewertung), (2) *Basiskonzepte* (Materie, Wechselwirkung, System, Energie; nur für den Kompetenzbereich Fachwissen) und (3) *Anforderungsbereich* (eine Graduierung der erworbenen Kompetenzen erfolgt in drei Abstufungen für jeden der Kompetenzbereiche; vgl. Tab. 3).

Tabelle 3: Formulierung von Anforderungsbereichen je Kompetenzbereich (aus: KMK 2005, S. 13 und 14)

		Anforderungsbereich		
Kompetenzbereich	Fachwissen	*Wissen wiedergeben*	*Wissen anwenden*	*Wissen transferieren und verknüpfen*
	Erkenntnisgewinnung	*Fachmethoden beschreiben*	*Fachmethoden nutzen*	*Fachmethoden problembezogen auswählen und anwenden*
	Kommunikation	*Mit vorgegebenen Darstellungsformen arbeiten*	*Geeignete Darstellungsformen nutzen*	*Darstellungsformen selbständig auswählen und nutzen*
	Bewertung	*Vorgegebene Bewertungen nachvollziehen*	*Vorgegebene Bewertungen beurteilen und kommentieren*	*Eigene Bewertungen vornehmen*

Die beschriebenen Kompetenzmodelle sind normativ formuliert; eine empirische Prüfung hat bisher nicht stattgefunden. Demgegenüber wurde in der Schweiz im Rahmen der Entwicklung von Bildungsstandards für den Bereich Naturwissenschaften (Projekt HarmoS) die Arbeitsgruppe Labudde beauftragt, ein Kompetenzmodell sowie die Konzeption und Validierung eines Testinventars für das 2., 6. und 9. Schuljahr zu entwickeln und empirisch zu überprüfen (vgl. Gingins/ Labudde/ Adamina 2007). Anders als in Deutschland soll damit ein fächerübergreifendes Kompetenzmodell entwickelt werden, das mehrere Schulstufen umfasst und auch empirisch überprüft werden kann. In dem Modell wird zwischen *Handlungsaspekten* (insgesamt neun Komponenten wie z.B. Interesse, Neugierde entwickeln; fragen und untersuchen; Informationen erschließen; etc.), *Themenbereichen* (insgesamt zehn Komponenten z.B. Planet Erde; Kraft, Bewegung, Energie; etc.) und *Niveaus*, deren Definition erst nach dem Validierungstest vorgesehen ist, unterschieden. Die empirische Überprüfung ist noch nicht abgeschlossen (vgl. ebd.).

2) Kompetenzmodelle in internationalen Schülerleistungsstudien

Grundlage für die Entwicklung von Kompetenzmodellen in internationalen Schülerleistungsstudien bildet das Konzept einer naturwissenschaftlichen Grundbildung, der sog. *Scientific Literacy* (vgl. Baumert/ Bos/ Lehmann

2000; Rost/ Walter/ Carstensen/ Senkbeil/ Prenzel 2004; Prenzel/ Geiser/ Langeheine/ Lobemeier 2003). Insbesondere das Modell von Bybee (2002) hatte in diesen Studien einen großen Einfluss auf die zugrunde gelegte Modellierung von naturwissenschaftlicher Kompetenz. Er unterscheidet vier hierarchisch angeordnete Stufen:
- *nominale Scientific Literacy* (Begriffe, Ideen, Themen werden dem Bereich der Naturwissenschaften zugeordnet, dies aber ohne tieferes Verständnis),
- *funktionale Scientific Literacy* (korrekte Anwendung naturwissenschaftlicher Begriffe),
- *konzeptuelle und prozedurale Scientific Literacy* (Verständnis über naturwissenschaftliche Verfahren und Konzepte, Herstellen von Beziehungen zwischen Teilen einer naturwissenschaftlichen Disziplin),
- *multidimensionale Scientific Literacy* (Kenntnisse zur Geschichte naturwissenschaftlicher Ideen, zum Wesen der Naturwissenschaften, zur Rolle von Naturwissenschaften im sozialen Kontext).

(vgl. Bybee 2002, S. 31)

Im Rahmen von PISA 2000 und 2003 wurden beispielsweise fünf Kompetenzstufen entwickelt. Einbezogen wurden die Stufe der funktionalen Scientific Literacy sowie die konzeptuelle und prozedurale Scientific Literacy in je zwei Stufen; die Stufe der multidimensionalen Scientific Literacy wurde nicht berücksichtigt (vgl. Rost et al. 2004b; Prenzel/ Rost/ Senkbeil/ Häußler/ Klopp 2001).

Ähnlich wurde bei der Studie IGLU-E ein sechsstufiges Modell entwickelt mit den Stufen (1) *Vorschulisches Alltagswissen*, (2) *Einfache Wissensreproduktion*, (3) *Anwenden alltagsnaher Begriffe*, (4) *Anwenden naturwissenschaftsnaher Begriffe*, (5) *Beginnendes naturwissenschaftliches Verständnis* und (6) *Naturwissenschaftliches Denken und Lösungsstrategien* (vgl. Prenzel et al. 2003). Auch hier ist die höchste Stufe nach Bybee nicht aufgeführt.

Gerade die Festlegung von hierarchisch aufgebauten Kompetenz*stufen*, die sowohl eine Wertigkeit als auch eine Schrittfolge auf dem Weg zu einer höherwertigen Kompetenz implizieren (vgl. Schecker/ Parchmann 2006, S. 51), erwies sich in den bisherigen Modellen als problematisch. So stellte sich beispielsweise die Analyse der Übereinstimmung zwischen Kompetenzstufen und Aufgabenschwierigkeit im Rahmen von PISA 2000 als nicht zufrieden stellend heraus (Rost/ Prenzel/ Carstensen/ Senkbeil/ Groß 2004a). Gleichermaßen fiel das Expertenurteil bei der erst nachträglich vorgenommenen Zuordnung der TIMSS-Physik-Items zu Kompetenzstufen sehr unterschiedlich aus (vgl. Klieme 2000, S. 111).

Über die Unterscheidung von Kompetenzstufen hinaus werden in den Kompetenzmodellen verschiedene Kompetenzbereiche mit entsprechenden Komponenten unterschieden. Bei PISA 2000 und 2003 sind dies die Bereiche *naturwissenschaftliche Prozesse* (Verständnis der Besonderheiten naturwissenschaftlicher Untersuchungen, Umgang mit Evidenz, Kommunizieren, Verständnis naturwissenschaftlicher Konzepte), *naturwissenschaftliche Konzepte* (aus der Physik, Chemie, Biologie und den Geowissenschaften) und *Anwendungsbereiche* (in den Feldern Leben und Gesundheit, Erde und Umwelt, Naturwissenschaften in Technologien). Eine systematisch differenzierte Erfassung von verschiedenen Komponenten naturwissenschaftlicher Kompetenz innerhalb der drei Bereiche ist erst für PISA 2006 vorgesehen (vgl. Prenzel et al. 2001, S. 198). Bei PISA 2006 wurde naturwissenschaftliche Kompetenz in zwei Bereiche unterteilt: *naturwissenschaftliches Wissen* (Wissen über die natürliche Welt in den Feldern Physik, Chemie, Biologie und den Geowissenschaften) und *Wissen über die Naturwissenschaften* (naturwissenschaftliche Methoden, das Wesen von Naturwissenschaften und Technik und ihre Rolle in der Gesellschaft). Der Bereich Anwendungsbereiche wird hier nicht mehr aufgeführt (vgl. http://pisa.ipn.uni-kiel.de/pisa2006). Eine vergleichbare Einteilung wird bei der Studie IGLU-E vorgenommen, bei der *Inhalts-* und *Prozessaspekte* differenziert werden (vgl. Prenzel et al. 2003, S. 153).

Neben den jeweils genannten Bereichen naturwissenschaftlicher Kompetenz werden – im Sinne einer naturwissenschaftlichen Grundbildung – sowohl bei IGLU-E als auch bei PISA 2006 *motivationale und affektive Einstellungen* (Interesse an Naturwissenschaften, Wertschätzung von Naturwissenschaften, ...) ergänzt (vgl. Prenzel et al. 2003, S.147; http://pisa.ipn.uni-kiel.de/pisa 2006).

Inwiefern sich die einzelnen Komponenten in den Bereichen als bereichsübergreifende naturwissenschaftliche Kompetenz abbilden lassen oder ob sich naturwissenschaftliche Kompetenzen als fachspezifisch, evtl. sogar als themenspezifisch erweisen, ist noch unklar. Erste Hinweise liefern die für Deutschland zusätzlich entwickelten Tests in den PISA-Studien. Sie deuten darauf hin, dass sich naturwissenschaftliche Kompetenz im Sekundarschulalter als weniger bereichsspezifisch erweist als angenommen (vgl. Senkbeil/ Rost/ Carstensen/ Walter 2005).

3) Kompetenzmodelle in der aktuellen fachdidaktischen Diskussion
Nicht zuletzt ausgelöst durch die im Rahmen von Bildungsstandards sowie internationalen Schulleistungsstudien entwickelten Kompetenzmodelle wer-

den zunehmend auch in der fachdidaktischen Diskussion Vorschläge für die Entwicklung von Kompetenzmodellen gemacht. Besonders für den Sekundarstufenbereich liegen inzwischen verschiedene Modelle zur Erfassung naturwissenschaftlicher Kompetenz vor. Beispielsweise wird zurzeit von der Arbeitsgruppe Fischer ein Kompetenzmodell für die Modellierung physikalischer Kompetenz entwickelt. Es umfasst die Dimensionen *Inhaltsbereich* (mit den Basiskonzepten der Bildungsstandards), *kognitive Aktivität* (Erinnern, Strukturieren, Elaborieren) und *Komplexität* (ein Fakt, mehrere Fakten, ein Zusammenhang, mehrere unverbundene Zusammenhänge, mehrere verbundene Zusammenhänge, übergeordnetes Konzept) (vgl. Kauertz/ Fischer 2006). Das Modell wurde bisher nicht vollständig empirisch überprüft.

Das Kompetenzmodell von Schecker/ Parchmann (2006) für die Erfassung der naturwissenschaftlichen Kompetenz umfasst demgegenüber fünf Dimensionen (vgl. Tab. 4). Ergänzend zu den Dimensionen *Inhaltsbereich* und *kognitive Anforderung* werden die Dimensionen *Prozess/Handlung* und *Kontext* hinzugefügt. Eine Unterscheidung von Kompetenzprofilen wird in diesem Modell durch die Dimension *Ausprägungen* vorgenommen, die von „lebensweltlich" bis hin zu „konzeptuell vertieft (ferner Transfer)" reichen. Die empirische Prüfung dieses Modells erfolgt zurzeit; dies ist jedoch wegen der Komplexität des Modells nur in Teilaspekten möglich. Auch hier lassen erste Analysen Schwierigkeiten bei der Zuordnung von Aufgaben zu einzelnen „Zellen" des Modells erkennen (Einhaus/ Schecker 2006; Schmidt/ Schecker 2006).

Tabelle 4: Dimensionen und Komponenten des Kompetenzmodells von Schecker und Parchmann (vgl. Schecker/ Parchmann 2006, S. 58)

		Komponenten			
Dimensionen	Inhaltsbereich/ Basiskonzept	Energie	Materie	Nature of Science	...
	Handlung/ Prozess	Fachwissen nutzen	Erkenntnisse gewinnen/ Fachmethoden anwenden	Kommunizieren	Bewerten
	Kontext	innerfachlich	persönlich-gesellschaftliches Umfeld	professionelle Anwendungen (Technik, Wiss.)	

Ausprägung	lebensweltlich	fachlich nominell / reproduktiv	aktiv anwendend (Reorganisation/ naher Transfer)	konzeptuell vertieft (ferner Transfer)
Kognitive Anforderung	divergentes Denken	konvergentes Denken	Umgang mit mentalen Modellen	Umgang mit Zahlen

Ein Kompetenz*entwicklungs*modell für die Modellierung von Kompetenzen beim Experimentieren wurde von Hammann (2004) vorgeschlagen. Er unterscheidet dabei verschiedene Phasen des Experimentierens: die Suche im Hypothesen-Suchraum, die Suche im Experimentier-Suchraum und die Analyse von Daten. Anders als die bisher dargestellten Modelle bezieht er die Primarstufe mit ein. Allerdings ist das primarstufenbezogene Kompetenzniveau als ausschließlich defizitär im Sinne von Fehlvorstellungen gekennzeichnet, ohne eine Modellierung möglicher Entwicklung von Kompetenzen im Grundschulalter zu berücksichtigen (vgl. Tab. 5).

Tabelle 5: Kompetenzstufen bei der Suche im Hypothesen-Suchraum von Hammann (aus: Hammann 2004, S. 200)

Stufe	Kompetenzniveau	Alter
1	Keine Hypothese beim Experimentieren	Primarstufe
2	Unsystematische Suche nach Hypothesen	Klasse 5
3	Systematische Suche nach Hypothesen	Klasse 5
4	Systematische Suche nach Hypothesen und erfolgreiche Hypothesenrevision	Klasse 7

Abschließend kann festgehalten werden, dass inzwischen differenzierte Kompetenzmodelle, insbesondere für den Sekundarbereich, vorliegen. Diese entstanden jedoch entweder post-hoc durch die Modellierung von Datensätzen (vgl. z.B. Klieme 2000) oder sie wurden zwar theoretisch abgeleitet, bisher aber noch nicht vollständig empirisch überprüft (z.B. Kauertz/ Fischer 2006; Gingins et al. 2007; Schecker/ Parchmann 2006). Darüber hinaus liegen aus dem bildungspolitischen Kontext heraus normative Kompetenzmodelle vor, die ebenfalls empirisch nicht geprüft sind (vgl. z.B. QCA 2000, NSES 1996, KMK 2005). Weitestgehend unberücksichtigt bleibt in den meisten der vorliegenden Modelle die Beschreibung von Kompetenz*entwicklung*.

Überlegungen für ein Kompetenzmodell im naturwissenschaftsbezogenen Sachunterricht

Wünschenswert ist die Entwicklung eines Kompetenzmodells, das neben dem Erfassen von Kompetenzstrukturen auch Veränderungen der Kompetenzen von Lernenden im Sinne eines Kompetenz*entwicklungs*modells beschreibt. Das Anliegen einer differenzierten Erfassung von Kompetenzentwicklung im Grundschulalter wird gestützt durch inzwischen als abgesichert geltende Befunde, wonach das naturwissenschaftliche Verständnis bzw. das Wissen über Naturwissenschaften von Grundschulkindern in verschiedenen Bereichen sehr viel weiter entwickelt ist als bisher angenommen bzw. durch Unterricht intensiv gefördert werden kann (z.B. Möller/ Jonen/ Hardy/ Stern 2002; Sodian/ Thoermer/ Kircher/ Grygier/ Günther 2002).

Im Folgenden sollen anknüpfend an aktuelle Zielbereiche naturwissenschaftlichen Lernens mögliche Kompetenzbereiche für ein Kompetenzmodell im naturwissenschaftsbezogenen Sachunterricht abgeleitet sowie erste Überlegungen zur Entwicklung von Kompetenzniveaus beschrieben werden. Um Anknüpfungspunkte für Modelle späterer Kompetenzentwicklung in der Sekundarstufe aufzuzeigen, sollen dabei nicht nur sachunterrichtsdidaktische Zielbereiche, sondern auch Kompetenzmodelle aus dem Sekundarbereich berücksichtigt werden.

Kompetenzbereiche

Mit Bezug auf die Definition von Klieme et al. (2003), nach der Kompetenzmodelle das Bindeglied zwischen abstrakten Bildungszielen und konkreten Aufgabensammlungen darstellen, sollen Zielbereiche frühen naturwissenschaftlichen Lernens beschrieben werden, für die auf nationaler und internationaler Ebene Konsens besteht. Sie bilden die Grundlage für eine zunächst normative Entwicklung eines Kompetenzmodells.

Weitgehend übereinstimmend wird gefordert, dass Grundschulkinder neben konzeptuellem Wissen auch Wissen über naturwissenschaftliche Verfahren und Wissen über das Wesen der Naturwissenschaften erwerben sowie Haltungen und Interessen gegenüber Naturwissenschaften und Technik und Selbstvertrauen in Bezug auf die Auseinandersetzung mit naturwissenschaftlichen und technischen Themen entwickeln sollen (vgl. Worth 2005, Möller 2006). Diese Zielbereiche können in Anlehnung an die bei PISA 2006 unterschiedenen Bereiche folgendermaßen zusammengefasst werden: (1) *Naturwissenschaftliches Wissen* und (2) *Wissen über Naturwissenschaften* (vgl.

http://pisa.ipn.uni-kiel.de/pisa2006). Ergänzend zu diesen beiden Bereichen naturwissenschaftlicher Kompetenz sollen die in PISA 2006 im Sinne einer naturwissenschaftlichen Grundbildung hinzugefügten Zielbereiche *motivationale Einstellungen und Orientierungen* als dritter Kompetenzbereich verstanden werden. Eine ähnliche Einteilung wurde bereits von Einsiedler (1992) vorgenommen, als er im Rahmen von Überlegungen zu einer kategorialen Bildung im Sachunterricht die Bereiche *inhaltliches*, *methodisches* und *personales/soziales Lernen* unterschied.
Im Folgenden werden die drei Bereiche naturwissenschaftlicher Kompetenz näher beschrieben.

(1) Naturwissenschaftliches Wissen
In diesen Bereich fällt der Erwerb *konzeptuellen Wissens*, das auf das Verstehen und Anwenden von naturwissenschaftlichen Konzepten zielt (vgl. http://pisa.ipn.uni-kiel.de/pisa2006). Er umfasst neben dem Wissen von Fakten und Begriffen insbesondere den Erwerb von Wissen, das zum Vorhersagen und Erklären von Phänomenen genutzt werden kann. Damit zielt der Erwerb konzeptuellen Wissens darauf, dass das erworbene Wissen nachvollziehbar, einsichtig und in die vorhandene individuelle Wissensstruktur integriert und belastbar sein sollte (vgl. Möller 2002, S. 415).
Ein derartiger Wissenserwerb ist im Sachunterricht eng mit dem Begriff des „Verstehens" verbunden. Nach Köhnlein ist Verstehen „... ein psychischer Akt des Entdeckens und Erfassens von Ähnlichkeiten, des Erzeugens von geistigen Entwürfen, die sich in Vorstellungen und Konzepten niederschlagen" (Köhnlein 1999, S. 94).
Für den naturwissenschaftsbezogenen Sachunterricht sind die zu erwerbenden naturwissenschaftlichen Konzepte den Domänen der Physik, Biologie, Chemie und Technik zuzuordnen. Sie werden im Perspektivrahmen der Gesellschaft für Didaktik des Sachunterrichts (GDSU 2002) in der naturwissenschaftlichen und technischen Perspektive zusammengefasst.
Bisherige Ansätze unterscheiden sich dabei in der Definition der zu erwerbenden Konzepte: Neben einer stärker fachbezogenen Definition von Konzepten wie beispielsweise in den National Standards in England liegen auch Ansätze für fächerübergreifende naturwissenschaftliche Konzepte vor, wie sie in Form von „Basiskonzepten" beispielsweise in den zurzeit gültigen Bildungsstandards der KMK formuliert werden (vgl. KMK 2005).

(2) Wissen über Naturwissenschaften
Neben dem Erwerb konzeptuellen Wissens wird auch dem Wissen über das *Wesen wissenschaftlichen Wissens* (Wissenschaftsverständnis/ nature of science) sowie Prozessen *wissenschaftlichen Denkens* eine große Bedeutung für naturwissenschaftliches Lernen zugeschrieben. Letztere umfassen sowohl Wissen über naturwissenschaftliche Methoden und Verfahren sowie die Fähigkeit, evidenzbezogen begründen und argumentieren zu können.

Während der Gebrauch grundlegender wissenschaftlicher Methoden und Verfahren schon seit den 1970er Jahren zu den Zielbereichen des Sachunterrichts gehört (vgl. z.B. Deutscher Bildungsrat 1970), werden erst in den letzten Jahren auch für die Grundschule Zielbereiche wie „Wesen wissenschaftlichen Wissens" formuliert. Hierzu gehört, dass Grundschüler beginnen, ein Verständnis von Wissenschaft und wissenschaftlichem Arbeiten aufzubauen (vgl. z.B. Sodian et al. 2002).

Die Fähigkeit, evidenzbezogen argumentieren zu können, wird ebenfalls seit den 1970er Jahren für den Sachunterricht gefordert. Anknüpfend an Wagenscheins Tradition der „Sokratischen Gespräche" legen bisherige Ansätze ihren Schwerpunkt insbesondere darauf, Argumentieren und Begründen im Diskurs zu fördern (vgl. Köhnlein 1999; Soostmeyer 2002). Aktuelle sozialkonstruktivistische Annahmen zum Lehren und Lernen unterstützen diese Tradition (vgl. für die aktuelle Diskussion z.B. Driver/ Newton/ Osborne 2000; von Aufschnaiter/ Kraus/ Rogge/ Erduran/ Osborne/ Simon 2005, Beinbrech 2007).

(3) Motivationale Einstellungen und Orientierungen
In diesen Zielbereich gehört eine Vielzahl an motivationalen und selbstbezogenen Komponenten wie beispielsweise Interesse und Freude am Nachdenken über Phänomene aus Natur und Technik empfinden, Selbstvertrauen entwickeln, etwas herausfinden und verstehen können oder die Bereitschaft und Freude entwickeln, sich auf forschendes Denken einzulassen und Herausforderungen im Denken anzunehmen („science is hard fun") (vgl. Möller 2006, S. 111).

Während dieser Zielbereich insbesondere in der Diskussion um einen wissenschaftsorientierten Sachunterricht in den 1970er Jahren vernachlässigt wurde, heben aktuelle Ansätze hervor, dass Lernen im Vorfeld der Naturwissenschaften notwendigerweise mit einer Förderung motivationaler und selbstbezogener Komponenten verknüpft werden muss (vgl. Einsiedler 2003; Blumberg/ Möller/ Hardy 2004). Neben inhaltlichen und prozessbezogenen Kompetenzen wird diesem Zielbereich damit eine gleichwertige Bedeutung für naturwissenschaftliches Lernen zugeschrieben (vgl. Möller 2006).

Kompetenzniveaus

Für einzelne der in den drei Zielbereichen genannten Komponenten liegen bereits erste Ansätze vor, die für eine Beschreibung von Kompetenzniveaus für den Grundschulbereich genutzt werden können. In der Arbeitsgruppe Möller wurde ein Levelsystem entwickelt, das das konzeptuelle Verständnis zum Thema „Schwimmen und Sinken" beschreibt. Aus der Arbeitsgruppe Sodian/Kircher liegen Ansätze zur Entwicklung des Wissenschaftsverständnisses bei Grundschulkindern vor (vgl. den Beitrag von Koerber/ Sodian/ Thoermer/ Grygier in diesem Band). Darüber hinaus wird zurzeit in einem noch laufenden Projekt (Arbeitsgruppe Möller/Sodian/Stern) ein Levelsystem entwickelt, das die Qualität des wissenschaftlichen Begründens in Unterrichtsgesprächen beschreibt. Im Folgenden werden die bisherigen Erkenntnisse der Arbeitsgruppe Möller zur Erfassung des konzeptuellen Verständnisses vorgestellt.

In einer Unterrichtsstudie zum Thema „Schwimmen und Sinken" wurde untersucht, ob sich Strukturierungselemente in einem konstruktivistisch orientierten Unterricht förderlich auf den Erwerb physikalischer Basiskonzepte bei Grundschulkindern auswirken (Möller et al. 2002). Zur Erfassung des konzeptuellen Verständnisses von Dichte und Auftrieb wurde ein Fragebogen entwickelt, der sich aus 33 Multiple-Choice-Aufgaben und drei Items mit offenem Antwortformat zusammensetzte. Grundlage für die Auswertung der Antworten bildete ein Levelsystem, das zwischen Fehlvorstellungen (wie z.B. Größe oder Form), Alltagserklärungen (wie z.B. das Materialkonzept) und wissenschaftlichen Erklärungen (Verdrängung, Dichtevergleich, Auftrieb) differenziert. Die Auswertung des Tests erfolgte sowohl über die Berechnung von Einzelwerten für unterschiedliche konzeptuelle Vorstellungen als auch über einen Summenwert, der die korrekte Ablehnung von Fehlvorstellungen und die korrekte Annahme von physikalischen Erklärungen bepunktete (vgl. Möller/ Hardy/ Jonen/ Kleickmann/ Blumberg 2006, S. 172). Insbesondere über die Erfassung des integrierten konzeptuellen Verständnisses, das sich durch den gleichzeitigen Abbau von Fehlvorstellungen sowie den Aufbau von adäquateren Vorstellungen auszeichnet, konnten Unterschiede in den Langzeitwirkungen der Unterrichtsvariation erfasst werden. Es zeigte sich, dass die Gruppe mit geringerer Strukturierung im Unterricht einen signifikanten Abfall im integrierten Verständnis aufwies, während bei der Gruppe mit stärkerer Strukturierung im Unterricht kein Abfall zu verzeichnen war. Konkret konnte dieser Unterschied auf das signifikante Ansteigen von Fehlkonzepten nach einem Jahr in der Gruppe mit geringerer Strukturierung im Unterricht zurückgeführt werden (vgl. Hardy/ Jonen/ Möller/ Stern 2006). Weiterführende Latent Class Analysen unterstützen die beschriebenen Ergebnisse (vgl. Hardy/ Schneider/ Möller 2006).

Ausblick

Die aus den Zielbereichen des naturwissenschaftsbezogenen Sachunterrichts abgeleiteten Kompetenzbereiche sowie das in der Arbeitsgruppe Münster entwickelte Auswertungsverfahren zur Beschreibung des konzeptuellen Verständnisses zum Thema „Schwimmen und Sinken" können für die normative Entwicklung eines Kompetenzmodells erste Anhaltspunkte bieten.

Es wird zu prüfen sein, inwiefern sich die beschriebenen Bereiche mit ihren jeweiligen Komponenten als bereichsübergreifende naturwissenschaftliche Kompetenz abbilden oder aber von bereichs- evtl. sogar themenspezifischen Kompetenzausprägungen auszugehen ist. Dabei ist auch das Verhältnis zwischen dem Bereich „Naturwissenschaftliches Wissen" und „Wissen über Naturwissenschaften" zu klären.

Ebenso ist für die Entwicklung und empirische Überprüfung von verschiedenen Kompetenzniveaus oder -stufen, die im Idealfall individuelle Kompetenzentwicklungen abbilden können, ein großer Forschungsbedarf zu verzeichnen. Hier liegt die Schwierigkeit insbesondere darin, Aufgaben zu entwickeln, die eine eindeutige Zuordnung zu einem bestimmten Kompetenzniveau ermöglichen. Die damit verbundene modellbasierte Generierung von Testitems erfordert ein interdisziplinäres Vorgehen, das fachdidaktische, lern- und entwicklungspsychologische sowie messtheoretische Kompetenzen zusammenführt.

In Kooperation mit den Arbeitsgruppen Sodian, Schwippert und Hardy ist ein DFG-Projekt geplant, in dem für die Bereiche „Naturwissenschaftliches Wissen" (mit einzelnen ausgewählten Inhaltsbereichen) und „Wissen über Naturwissenschaften" (mit den Komponenten Wissenschaftsverständnis sowie wissenschaftliches Denken) ein Testinventar zur Beschreibung naturwissenschaftlicher Kompetenz entwickelt wird. Inwiefern ein solches Instrument auch eine individuelle Entwicklung naturwissenschaftlicher Kompetenz beschreiben kann, wird zu prüfen sein. Erst nach einer solchen Überprüfung können weiterführende längsschnittlich angelegte Untersuchungen Hinweise zur Förderung von naturwissenschaftlicher Kompetenz durch Unterricht geben.

Literatur

Aufschnaiter, C. von; Kraus, M.-E.; Rogge, C.; Erduran, S.; Osborne, J.; Simon, S. (2005): Epistemisches Argumentieren und Konzept-Entwicklung. In: A. Pitton (Hrsg.): Gesellschaft für Didaktik der Chemie und Physik. Relevanz fachdidaktischer Forschungsergebnisse für die Lehrerbildung. Münster, S. 324-326.

Baumert, J.; Bos, W.; Lehmann, R. (Hrsg.) (2000): TIMSS/III. Dritte internationale Mathematik und Naturwissenschaftsstudie. Mathematische und naturwissenschaftliche Bildung am Ende der Schullaufbahn. Band 2: Mathematische und physikalische Kompetenzen am Ende der gymnasialen Oberstufe. Opladen.

Beinbrech, C. (2007): Wissenschaftliches Argumentieren und Begründen im naturwissenschaftsbezogenen Sachunterricht. In: Möller, K.; Hanke, P.; Beinbrech, C.; Hein A.K.; Kleickmann, T.; Schages, R. (Hrsg.): Qualität von Grundschulunterricht entwickeln, erfassen und bewerten. Wiesbaden, S. 265-268.

Blumberg, E.; Möller, K.; Hardy, I. (2004): Erreichen motivationaler und selbstbezogener Zielsetzungen in einem schülerorientierten naturwissenschaftsbezogenen Sachunterricht – Bestehen Unterschiede in Abhängigkeit von der Leistungsstärke? In: Bos, W.; Lankes, E.-M.; Plaßmeier, N.; Schwippert, K. (Hrsg.): Heterogenität. Eine Herausforderung an die empirische Bildungsforschung. Münster, S. 41-55.

Bybee, R.W. (2002): Scientific Literacy – Mythos oder Realität? In: Gräber, W.; Nentwick, P.; Koballa, T. (Hrsg.): Scientific Literacy. Der Beitrag der Naturwissenschaften zur allgemeinen Bildung. Opladen, S. 21-43.

Deutscher Bildungsrat (1970): Strukturplan für das Bildungswesen. Empfehlungen der Bildungskommission. Stuttgart.

Driver, R.; Newton, P.; Osborne, J. (2000): Establishing the norms of scientific argumentation in classrooms. In: Science Education, 84, pp. 287-312.

Einhaus, E.; Schecker, H. (2006): Item-Merkmale im Expertenrating. In: Pitton, A. (Hrsg.): Gesellschaft für Didaktik der Chemie und Physik. Lehren und Lernen mit neuen Medien. Berlin, S. 111-113.

Einsiedler, W. (1992): Kategoriale Bildung im Sachunterricht der Grundschule. In: Pädagogische Welt, 46, S. 482-486.

Einsiedler, W. (2003): Unterricht in der Grundschule. In: Cortina, K.S.; Baumert, J.; Leschinsky, A.; Mayer, K.U.; Trommer, L. (Hrsg.): Das Bildungswesen in der Bundesrepublik Deutschland. Strukturen und Entwicklungen im Überblick. Vollständig überarbeitete und erweiterte Neuausgabe, Reinbek, S. 285-341.

Gesellschaft für Didaktik des Sachunterrichts - GDSU (2002): Perspektivrahmen Sachunterricht. Bad Heilbrunn.

Gingins, F.; Labudde, P.; Adamina, M. (2007): Bildungsstandards Naturwissenschaften in der Schweiz: work in progress. In: Höttecke, D. (Hrsg.): Gesellschaft für Didaktik der Chemie und Physik. Naturwissenschaftlicher Unterricht im internationalen Vergleich. Münster.

Hammann, M. (2004): Kompetenzentwicklungsmodelle. Merkmale und ihre Bedeutung – dargestellt anhand von Kompetenzen beim Experimentieren. MNU, 57, S. 196-203.

Hardy, I.; Jonen, A.; Möller, K.; Stern, E. (2006): Effects of Instructional Support Within Constructivist Learning Environments for Elementary School Students' Understanding of "Floating and Sinking". In: Journal of Educational Psychology, 98, pp. 307-326.

Hardy, I.; Schneider, M.; Möller, K. (2006): Patterns of conceptual change: The development of elementary school students' explanations of "Floating and Sinking". Vortrag auf der Tagung der EARLI Special Interest Group für Conceptual Change, Stockholm, Schweden.

Kauertz, A.; Fischer, H.E. (2006): Assessing Students' Level of Knowledge and Analysing the Reasons for Learning Difficulties in Physics by Rasch Analysis. In: Xiufeng Liu & Boone, W.J. (Eds.): Applications of Rasch Measurement in Science Education. Maple Grove, USA, pp. 212-246.

Klieme, E. (2000): Fachleistungen im voruniversitären Mathematik- und Physikunterricht: Theoretische Grundlagen, Kompetenzstufen und Unterrichtsschwerpunkte. In: Baumert, J.; Bos, W.; Lehmann, R. (Hrsg.): TIMSS/III Dritte internationale Mathematik und Naturwissenschaftsstudie. Mathematische und naturwissenschaftliche Bildung am Ende der Schullaufbahn. Bd. 2 Mathematische und physikalische Kompetenzen am Ende der gymnasialen Oberstufe. Opladen, S. 57-128.

Klieme, E.; Avenarius, H.; Blum, W.; Döbrich, P.; Gruber, H.; Prenzel, M.; Reiss, K.; Riquarts, K.; Rost, J.; Tenorth, H.-E.; Vollmer, H. (2003): Expertise zur Entwicklung nationaler Bildungsstandards. Berlin.

KMK - Sekretariat der Ständigen Konferenz der Kultusminister der Länder in der Bundesrepublik Deutschland (Hrsg.) (2005): Bildungsstandards im Fach Physik für den Mittleren Schulabschluss (Jahrgangsstufe 10). München.

Köhnlein, W. (1999): Vielperspektivität und Ansatzpunkte naturwissenschaftlichen Denkens. Analyse von Unterrichtsbeispielen unter dem Gesichtspunkt des Verstehens. In: Köhnlein, W.; Marquard-Mau, B.; Schreier, H. (Hrsg.): Vielperspektivisches Denken im Sachunterricht. Bad Heilbrunn, S. 88-124.

Möller, K.; Jonen, A.; Hardy, I.; Stern, E. (2002): Die Förderung von naturwissenschaftlichem Verständnis bei Grundschulkindern durch Strukturierung der Lernumgebung. In: Zeitschrift für Pädagogik, 45. Beiheft, S. 176-191.

Möller, K. (2002): Anspruchsvolles Lernen in der Grundschule – am Beispiel naturwissenschaftlich-technischer Inhalte. In: Pädagogische Rundschau, 56, S. 411-435.

Möller, K. (2006): Naturwissenschaftliches Lernen – eine (neue) Herausforderung für den Sachunterricht? In: Hanke, P. (Hrsg.): Grundschule in Entwicklung. Herausforderungen und Perspektiven für die Grundschule heute. Münster, S. 107-127.

Möller, K.; Hardy, I.; Jonen, A.; Kleickmann, T.; Blumberg, E. (2006): Naturwissenschaften in der Primarstufe. Zur Förderung konzeptuellen Verständnisses durch Unterricht und zur Wirksamkeit von Lehrerfortbildungen. In: Prenzel, M.; Allolio-Näcke, L. (Hrsg.): Untersuchungen zur Bildungsqualität von Schule. Abschlussbericht des DFG-Schwerpunktprogramms. Münster, S. 161-193.

National Science Education Standards - NSES (1996): National Research Council, National Committee on Science Education Standards and Assessment. Washington, DC.

Prenzel, M.; Rost, J.; Senkbeil, M.; Häußler, P.; Klopp, A. (2001): Naturwissenschaftliche Grundbildung: Testkonzeption und Ergebnisse. In: PISA-Konsortium (Hrsg.): PISA 2000. Basiskompetenzen von Schülerinnen und Schülern im internationalen Vergleich. Opladen, S. 191-248.

Prenzel, M.; Geiser, H.; Langeheine, R.; Lobemeier, K. (2003): Das naturwissenschaftliche Verständnis am Ende der Grundschule. In: Bos, W.; Lankes, E.-M.; Prenzel, M.; Schwippert,

K.; Walther, G.; Valtin, R. (Hrsg.): Erste Ergebnisse aus IGLU. Schülerleistungen am Ende der vierten Jahrgangsstufe im internationalen Vergleich. Münster, S. 143-187.

Rost, J.; Prenzel, M.; Carstensen, C.H.; Senkbeil, M.; Groß, K. (2004a): Naturwissenschaftliche Bildung in Deutschland – Methoden und Ergebnisse von PISA 2000. Wiesbaden.

Rost, J.; Walter, O.; Carstensen, C.H.; Senkbeil, M.; Prenzel, M. (2004b): Naturwissenschaftliche Kompetenz. In: PISA-Konsortium Deutschland (Hrsg.): PISA 2003. Der Bildungsstand der Jugendlichen in Deutschland – Ergebnisse des zweiten internationalen Vergleichs. Münster, S. 111-146.

Qualifications and Curriculum Authority (QCA). Department for Education and Employment (DfEE) (2000): Science: The National Curriculum for England: Key Stages 1-4. London.

Schecker, H.; Parchmann, I. (2006): Modellierung naturwissenschaftlicher Kompetenz. In: Zeitschrift für Didaktik der Naturwissenschaften, 12, S. 45-66.

Schmidt, M.; Schecker, H. (2006): Kompetenzmodellierung im Themenbereich Energie – Entwicklung eines Testinventars. In: Pitton, A. (Hrsg.): Lehren und Lernen mit neuen Medien. Berlin, S. 108-110.

Senkbeil, M.; Rost, J.; Carstensen, C.H.; Walter, O. (2005): Der nationale Naturwissenschaftstest PISA 2003: Entwicklung und empirische Überprüfung eines zweidimensionalen Facettendesigns. In: Empirische Pädagogik, 19, S. 166-189.

Sodian, B.; Thoermer, C.; Kircher, E.; Grygier, P.; Günther, J. (2002): Vermittlung von Wissenschaftsverständnis in der Grundschule. In: Zeitschrift für Pädagogik, 45. Beiheft, S. 192-206.

Soostmeyer, M. (2002): Genetischer Sachunterricht. Unterrichtsbeispiele und Unterrichtsanalysen zum naturwissenschaftlichen Denken bei Kindern in konstruktivistischer Sicht. Hohengehren.

Worth, K. (2005): Curriculum and professional development: critical components on elementary science education reform. In: Ellermeijer, T.; Kemmers, P. (Eds.): Science is Primary. Proceedings of the 2004 European Conference on Primary Science and Technology education. Amsterdam.

http://pisa.ipn.uni-kiel.de/pisa2006
http://www.qca.org.uk/2812_2120.html
http://www.nap.edu/readingroom/books/nses/6a.html
http://www.ncaction.org.uk/subjects/science/levels.htm#1

Cornelia Gräsel & Michael Bilharz

8 Erste Schritte zu Kompetenzmodellen in der Umweltbildung

8.1 Einleitung

Umweltbildung lässt sich keinem Schulfach und auch keiner tradierten universitären Disziplin zuordnen. „Kompetenzen für die Umweltbildung" werden deshalb in diesem Band als Beispiel für „fachübergreifende Kompetenzen" aufgeführt. Diese beziehen sich nicht – oder zumindest nicht eindeutig – auf einen spezifischen Inhaltsbereich, sondern auf ein spezifisches Handlungsfeld. Demnach lassen sich Kompetenzen für die Umweltbildung, im Folgenden auch als ökologische Kompetenzen bezeichnet, als die kognitiven Voraussetzungen definieren, die einem Handeln zu Grunde liegen, das auf die Erhaltung der natürlichen Lebensgrundlagen abzielt (Bilharz/ Gräsel 2006).
Im folgenden Abschnitt dieses Aufsatzes wird ein kurzer Überblick über die verschiedenen Richtungen der Umweltbildung und die daraus abgeleiteten unterschiedlichen Sichtweisen auf ökologische Kompetenzen gegeben. Im dritten Abschnitt werden wir zwei Beispiele gegenüberstellen, die bereits „erste Schritte" zu Kompetenzmodellen in der Umweltbildung unternommen haben. Im letzten Abschnitt werden wir einige Einwände hinsichtlich der starken Handlungsorientierung und der damit verbundenen Gefahr normativer Setzungen diskutieren.

8.2 Von der Verhaltens- zur Kompetenzorientierung in der Umweltbildung

Die Umweltbildung entstand Anfang der 70er Jahre des letzten Jahrhunderts als eigenständiger Bereich, also zu jenem Zeitpunkt, an dem der allgemeine Diskurs über globale Umweltveränderungen und deren Folgen einsetzte. In dieser Zeit stießen erstmals Veröffentlichungen auf größere Resonanz, in denen eindringlich auf die begrenzten ökologischen Ressourcen sowie auf die

Folgen der Schadstoffeinträge in Boden, Luft und Wasser hingewiesen wurde (z.B. „Die Grenzen des Wachstums", Meadows/ Meadows/ Zahn/ Milling 1972). Damit verbunden entwickelte sich die Auffassung, dass die technologische Entwicklung allein eine Übernutzung der natürlichen Lebensgrundlagen nicht verhindern könne, sondern dass dazu auch die Veränderung der Lebensstile in den hoch entwickelten Gesellschaften notwendig sei.

In diesem Zusammenhang sprach die Umweltpolitik der Umweltbildung eine entscheidende Rolle zu: Durch die Förderung des Umweltbewusstseins sollten bei der Bevölkerung Verhaltensänderungen bewirkt und so ein Beitrag zur Bewahrung der Lebensgrundlagen geleistet werden (de Haan/ Kuckartz 1996). In vielen bildungspolitischen Schriften der damaligen Zeit sowie in den Ansätzen der Umweltbildungsforschung (Bolscho/ Eulefeld/ Seybold 1980) lässt sich diese stark vereinfachte Aufklärungsidee finden: Die Umweltbildung soll Wissen, Werte und Einstellungen vermitteln, die unter dem Begriff „Umweltbewusstsein" zusammengefasst werden (Langeheine/ Lehmann 1986). Das gestiegene Umweltbewusstsein ist – so die Annahme – die Grundlage für eine Verhaltensänderung sowohl von Individuen als auch von Gruppen und Gesellschaften. Diese Aufklärungsidee war mit einem großen Optimismus über die Wirksamkeit der Umweltbildung verbunden; nicht zuletzt deswegen wurden zahlreiche Projekte zur Umweltbildung finanziell gefördert. Betrachtet man die damaligen Ansätze zur Umweltbildung, fällt aber auf, dass theoretisch kaum ausgeführt wurde, welches Wissen als Voraussetzung für welches ökologische Handeln gelten kann (Gräsel 1999).

Die 1980er Jahre können als Phase betrachtet werden, in denen Umweltbildung auf einer breiteren Ebene in pädagogischen Institutionen verankert wird. Damit ist die theoretische Weiterentwicklung der Umweltbildung verbunden: Der Ansatz der schulischen Umwelterziehung differenziert sich theoretisch aus, und erste empirische Studien analysieren die Qualität und Quantität des Umweltunterrichts (Eulefeld/ Bolscho/ Rost/ Seybold 1988). Mit diesen empirischen Studien – den nationalen wie den internationalen – tritt Ernüchterung über die Leistungsfähigkeit einer auf Verhaltensmodifikation abzielenden Umweltbildung ein. Zum einen belegen zahlreiche Studien, dass Korrelationen zwischen den Variablen des Umweltbewusstseins (z.B. Umweltwissen und Umweltwerte) und dem Umweltverhalten nicht bestehen oder nur mäßig hoch ausfallen (Gräsel 2000). Zum anderen sind die Maßnahmen der Verhaltensänderung – gerade bei Kindern – nur mit begrenzten Inhalten und in wenigen Kontexten wirksam. Neben diesen empirischen Befunden wurde und wird von pädagogischer Seite am Ziel der Verhaltensorientierung vielfach Kritik geübt. Argumentiert wird vor allem damit, dass diese Ansätze der Umweltbildung dem Ideal einer Erziehung zur Mündigkeit widersprächen und die Bedingungen menschlichen Verhaltens simplifizieren (Bilharz 2000). Diese Kritik war Ausgangspunkt für die Entwicklung verschiedener Ansätze in der Umweltbildung, die sich vom Ziel der Verhaltensänderung abwendeten und die Entwicklung von Kompetenz in den Vordergrund stellten. So versteht sich etwa das Konzept einer sozial-ökologischen Bildung als bewusste Abkehr von der Orientierung an Verhaltensmodifikationen (Kyburz-Graber/ Halder/ Hügli/ Ritter 2001). Der auf der Basis systemtheoretischer Überlegungen entwickelte Ansatz soll Menschen befähigen, unterschiedlich komplexe Handlungssysteme auf Dauer zu erhalten.

Insbesondere in der Diskussion über eine Bildung für eine nachhaltige Entwicklung ist eine starke Kompetenzorientierung zu erkennen. Das Leitbild der nachhaltigen Entwicklung wurde im Zusammenhang mit der Konferenz der Vereinten Nationen für Umwelt und Entwicklung 1992 formuliert, auf der die Agenda 21 verabschiedet wurde (United Nations 1992). Nachhaltige Entwicklung basiert im Wesentlichen auf zwei Gerechtigkeitsprinzipien: (1) Nachfolgende Generationen haben dasselbe Recht auf eine intakte Umwelt wie die jetzt lebenden Menschen (intergenerationale Gerechtigkeit). Daraus resultiert z.B. die Verpflichtung, erneuerbare Ressourcen nur in dem Maße zu nutzen, dass sie sich wieder regenerieren können. (2) Alle Menschen sollten im Prinzip die gleichen Möglichkeiten haben, die zur Verfügung stehenden Ressourcen zu nutzen (intragenerationale Gerechtigkeit). Konkret bedeutet das, dass der Ressourcenverbrauch und die Senkenbelastung von Menschen in den hoch entwickelten Industriestaaten nicht höher sein sollten als in den Entwicklungsländern. Das Konzept der Nachhaltigkeit hat die Entwicklung hin zu einer stärkeren Kompetenzorientierung in der Umweltbildung in den 1990er Jahren entscheidend geprägt. Im folgenden Abschnitt werden zwei Ansätze dargestellt, die auf dieser Grundlage entsprechende Ansätze entwickelt haben.

8.3 Kompetenzorientierte Ansätze in der Umweltbildung

Die zwei hier vorgestellten Ansätze schlagen etwas unterschiedliche Wege ein: Während der Ansatz der Gestaltungskompetenz (vgl. 8.3.1) die Umweltbildung zur Allgemeinbildung „ausbaut", sieht der Ansatz des strategischen Umwelthandelns (vgl. 8.3.2) Umweltbildung weiterhin als „Bindestrich-Pädagogik", für die spezifische Kompetenzen zu formulieren sind.

8.3.1 Der Ansatz der „Gestaltungskompetenz"

Der in Deutschland bekannteste kompetenzorientierte Ansatz in der Umweltbildung wurde von de Haan/ Harenberg (1999) als Grundlage für das BLK-Programm „Bildung für eine nachhaltige Entwicklung" entwickelt. Das Leitbild der nachhaltigen Entwicklung wird hier als Modernisierungsszenario begriffen, das einen Gestaltungsauftrag für die Zukunft beinhaltet. Die zentrale Frage lautet, wie neue Wohlstandsmodelle, neue Produktions- und Konsummuster und neue Formen des Zusammenlebens etabliert werden können, so dass der inter- und intragenerationalen Gerechtigkeit entsprochen werden kann. Aus bildungstheoretischer Sicht stellt sich die Frage, welche Kompetenzen Menschen benötigen, diesen Gestaltungsauftrag für eine nachhaltige Entwicklung umzusetzen. De Haan/ Harenberg (1999) leiten deshalb eine allgemeine Gestaltungskompetenz als zentrales Lernziel für eine Bildung für nachhaltige Entwicklung ab. Unter Gestaltungskompetenz verstehen sie „das nach vorne weisende Vermögen [...], die Zukunft von Sozietäten, in denen man lebt, in aktiver Teilhabe im Sinne nachhaltiger Entwicklung modifizieren und modellieren zu können" (de Haan/ Harenberg 1999, S. 60). Gestaltungskompetenz umfasst in der ursprünglichen Konzeption die Fähigkeit zum antizipatorischen Denken, also das Vorwegnehmen möglicher zukünftiger Entwicklungen (u.a. auf der Basis von Simulationen). Ferner beinhaltet sie „lebendiges, komplexes, interdisziplinäres Wissen, das gekoppelt ist mit Phantasie und Kreativität, um zu Problemlösungen zu gelangen, die nicht nur auf eingefahrenen und bekannten Bahnen basieren" (de Haan/ Harenberg 1999, S. 62). Gestaltungskompetenz und Partizipation der Schüler/-innen soll auch in der Gestaltung der Lehr-Lernprozesse realisiert werden: Im BLK-Programm wird die Bedeutung selbstgesteuerten Lernens, unterschiedlicher methodischer Zugänge und der Öffnung des Unterrichts herausgestellt.

In der weiteren Entwicklung des BLK-Programms und im Zusammenhang mit der Implementierung des Programms an vielen Schulen wurde die Konzeption von „Gestaltungskompetenz" präzisiert. In diesem Zusammenhang wurden verschiedene Teilkompetenzen unterschieden und diese mit den „Schlüsselkompetenzen" der OECD verglichen (vgl. Tabelle 1). Dabei zeigen sich in der generellen Ausrichtung viele Übereinstimmungen, die verdeutlichen, wie sehr „Bildung für nachhaltige Entwicklung" in Übereinstimmung mit dem allgemein geführten Diskurs um die Verbesserung des Bildungssystems steht. Diese „Orientierung am Mainstream" ist durchaus verständlich: Beim derzeitigen Innovationsdruck im Bildungswesen sind Konzepte ohne Bezug auf die Anforderungen, die in den Leistungsstudien gestellt werden, nur schwer überlebensfähig. Andererseits führt diese Orientierung an allgemein diskutierten Kompetenzen dazu, dass es sich nicht mehr um „ökologische Kompetenz" handelt und das umweltbezogene Profil verloren geht.

Tabelle 1: Eine Gegenüberstellung von Schlüsselkompetenzen der OECD und der Gestaltungskompetenz (Transfer 21 2006).

Klassische Kompetenzbegriffe	*Kompetenzkategorien laut OECD (2005)*	*Teilkompetenzen der Gestaltungskompetenz*
Sach- und Methodenkompetenz	*Interaktive Anwendung von Medien und Mitteln* Fähigkeit zur interaktiven Anwendung von Sprache, Symbolen und Text Fähigkeit zur interaktiven Nutzung von Wissen und Informationen Fähigkeit zur interaktiven Anwendung von Technologien	Weltoffen und neue Perspektiven integrierend Wissen aufbauen Vorausschauend denken und handeln Interdisziplinär Erkenntnisse gewinnen und handeln
Sozialkompetenz	*Interagieren in heterogenen Gruppen* Fähigkeit, gute und tragfähige Beziehungen zu anderen Menschen zu unterhalten Kooperationsfähigkeit Fähigkeit zur Bewältigung und Lösung von Konflikten	Gemeinsam mit anderen planen und handeln können An Entscheidungsprozessen partizipieren können Andere motivieren können, aktiv zu werden
Selbstkompetenz	*Eigenständiges Handeln* Fähigkeit zum Handeln im größeren Kontext Fähigkeit, Lebenspläne und persönliche Projekte zu gestalten und zu realisieren Wahrnehmung von Rechten, Interessen, Grenzen und Erfordernissen	Die eigenen Leitbilder und die anderer reflektieren können Selbstständig planen und handeln können Empathie und Solidarität für Benachteiligte, Arme, Schwache und Unterdrückte zeigen können Sich motivieren können, aktiv zu werden

8.3.2 Strategisches Umwelthandeln: Das Kompetenzmodell BEST

Ausgangspunkt für das Modell BEST[1] (Basic Ecological Strategies, Bilharz/ Gräsel 2006) war die Überlegung, dass ein Kompetenzbegriff in der Umweltbildung spezifische Kompetenzen herausarbeiten soll, die Gegenstand

---

1 PT Dieses Modell wurde im Rahmen eines Forschungsprojektes (Förderung ökologischer Kompetenz) entwickelt, das von der Deutschen Forschungsgemeinschaft gefördert wurde (Gr 1863/2-1).

einer solchen Bildung sein sollen. Als Kompetenzen bezeichnen wir jene kognitive Voraussetzungen, die auf ökologisches Handeln bezogen sind (Gräsel 2000). Damit berücksichtigen wir, dass der Begriff der Kompetenz auf Handlungen bzw. Handlungskontexte verweist, in denen das Wissen angewendet werden kann (Weinert 1999). Eine Präzisierung „ökologischer Kompetenz" kann dementsprechend vorgenommen werden, indem Handlungsweisen bzw. -kontexte spezifiziert werden, in denen die Anwendung der Kompetenzen (potentiell) bedeutsam ist. BEST ist ein zweistufiges Modell, das zwei Zielebenen berücksichtigt: Erstens die Optimierung der individuellen Ökobilanz und zweitens die Optimierung der kollektiven Ökobilanz.

BEST 1: Individuelle Ökobilanz. Der ersten Stufe (BEST 1) liegt das Ziel zu Grunde, die individuelle Ökobilanz so optimal wie möglich zu gestalten. Entscheidend für diese Stufe ist, dass es nicht ausreicht, einzelne Handlungen zu betrachten. Vielmehr muss hierzu die Summe der Handlungen eines Individuums, die eine Auswirkung auf die Umwelt haben, berücksichtigt werden (Bilanzperspektive). Um eine Vergleichbarkeit verschiedener Handlungen zu erhalten, wird in unserem Modell der persönliche Energieverbrauch gewählt. Dieser ist einerseits für die Erhaltung der Umwelt besonders relevant (Begrenztheit der Ressourcen, CO_2-Emissionen durch traditionelle Energiequellen) und andererseits relativ einfach messbar. Es existieren z.B. verschiedene Internetwerkzeuge, die es auch Schülern ermöglichen, die Relevanz einzelner Handlungen zu vergleichen. Der Ansatz berücksichtigt, dass Verbesserungen der Ökobilanz nicht notwendigerweise ein verändertes Nutzungsverhalten (z.B. weniger Auto fahren) voraussetzen. Vielmehr kann in vielen Fällen die individuelle Ökobilanz durch Investitionsmaßnahmen einfacher und erfolgreicher verbessert werden, ohne dass sich das Nutzungsverhalten ändern müsste (Bilharz 2007). Investitionsverhalten, das mit einer Änderung der eigenen Rahmenbedingungen des Energieverbrauchs verbunden ist (z.B. der Kauf eines energiesparenden Autos oder die Wärmedämmung des Hauses), erfordert kurzfristig einen erhöhten zeitlichen und/oder finanziellen Aufwand. Nach der Realisierung der Investition ist dagegen in der Regel kein weiterer Aufwand erforderlich – bei gleich bleibendem Nutzungshandeln sind deutliche Wirkungen auf die individuelle Energiebilanz zu erzielen. Nutzungshandeln erfordert demgegenüber vom Einzelnen eine Vielzahl einzelner Entscheidungen und ein Abwägen und Bewerten von Alternativen – zumindest dann, wenn die (energiereduzierten) Handlungen kein Bestandteil von Alltagsroutinen sind.

Diese Bilanzperspektive wählten wir in unserem Ansatz aus folgenden Gründen: (1) Es stellt für Individuen eine Überforderung dar, in jeder Entscheidungssituation abzuwägen, ob eine umweltfreundlichere Alternative in Betracht gezogen werden kann. Diese Unübersichtlichkeit wird dadurch verstärkt, dass im Einzelfall die Entscheidung darüber, welches die umweltfreundlichste Alternative sein könnte, oft umfangreiches Detailwissen erfordert, dem wiederum nicht selten konträre wissenschaftliche Analysen zu Grunde liegen. (2) Die Bilanzperspektive beugt einer „symbolischen Aufladung" einzelner Handlungen vor (beispielsweise Mülltrennung). Eine Folge dieser Aufladung ist nicht selten, dass das eigene wie das fremde Handeln nicht in Bezug auf rational begründbare, sondern in Bezug auf symbolisch wichtige Beurteilungsmaßstäbe bewertet wird. Dies erschwert einen rationalen Diskurs und damit eine verständigungsorientierte Kommunikation über Umweltfragen (Kahlert 1990). (3) Der Blick auf die Gesamt-Ökobilanz macht Rebound-Effekte sichtbar, also das Überkompensieren einer Einsparung durch vermehrten Verbrauch in einem anderen Handlungsfeld. Dieser Effekt ist aus Energiesparprogrammen gut bekannt, wenn beispielsweise die im Haushalt verbrauchte Heizenergie zwar gesenkt wird, dies aber durch die Anschaffung eines größeren Autos mehr als kompensiert wird (Gardner/ Stern 1996). (4) Die Bilanzperspektive berücksichtigt die Ressourcenrestriktionen von Individuen. Im Alltag stellt der Umweltschutz in der Regel nur ein Nebenziel des Handelns dar, dessen Ziele anderen Zielen untergeordnet sind (Hirsch 1993). Auf der Grundlage einer Bilanzperspektive können einzelne Maßnahmen besser analysiert und bewertet werden, so dass sie den Einzelnen weder über- noch unterfordern.

Für die erste Zielebene lassen sich aus diesen Überlegungen beispielhaft folgende Kompetenzen ableiten (vgl. Bilharz/ Gräsel 2006):

- *Bilanzperspektive*: Kenntnis von übergeordneten ökologischen Handlungszielen; ein Verständnis für eine Bilanzperspektive des Umwelthandelns sowie die Fähigkeit, Beziehungen zwischen Einzelmaßnahmen und übergeordneten Handlungszielen zu erkennen.
- *Umgang mit eigenen Ressourcen*: Hierzu gehören die Kompetenzen zur Analyse der eigenen Ressourcen und Ressourcenbeschränkungen. Dazu ist Wissen über verschiedene Handlungen und deren Voraussetzungen und Folgen erforderlich. Ferner sind dazu Kompetenzen der Bewertung des eigenen Handelns nötig, wobei die Umweltperspektive mit anderen (z. B. Lebensstil) in ein Gleichgewicht gebracht wird.
- *Hierarchisierung mit Indikatoren*: Die Fähigkeit zur Hierarchisierung ökologischer Handlungsoptionen setzt die Fähigkeit zur adäquaten Nutzung von Indikatoren voraus.

BEST 2: Kollektive Ökobilanz: In der sozialwissenschaftlichen Umweltforschung wird betont, dass ökologisches Handeln nicht ausschließlich auf individueller Ebene betrachtet werden kann. Umwelthandeln bezieht sich auf ein Kollektivgut, also auf ein Gut, das viele Mitglieder nutzen und beeinflussen. Dies kann zwei problematische Folgen haben: (1) Die Individuen erleben eine mangelnde Selbstwirksamkeit und Hilflosigkeit („Ich kann da nichts machen.") (2) Man blendet – möglicherweise, um sich vor Hilflosigkeits-Erleben zu schützen – die Kollektivgutproblematik aus und fokussiert auf „kleine Schritte", ohne kollektive Rahmenbedingungen zur Kenntnis zu nehmen.

BEST 2 fokussiert deshalb auf individuelle Beiträge für die kollektive Ökobilanz. Dazu ist es notwendig, Umweltschutz als Kollektivgut zu begreifen. Auf diese Weise lassen sich die grundsätzlichen Probleme bei der Realisierung von Umweltschutz als ökologisch-soziale Dilemmata beschreiben (Ernst 1997). Das bedeutet, dass der Gewinn bei der Nutzung von Umweltressourcen dem Einzelnen zu Gute kommt, der Schaden der Nutzung jedoch kollektiviert wird, d.h. alle betrifft – unabhängig vom Ausmaß ihrer individuellen Nutzung. Der Schaden einer Übernutzung wird zudem nicht sofort, sondern erst mit einer zeitlichen Verzögerung und nicht am Ort des Entstehens, sondern möglicherweise in großer räumlicher Entfernung sichtbar. Die zukünftigen Folgen jetzigen Handelns sind dabei immer nur mit Unsicherheit vorherzusagen. Diese Merkmale und die damit verbundene Unsicherheit – am Beispiel der über ein Jahrzehnt andauernden Klimaveränderung kann man das gut illustrieren – führen dazu, dass der individuelle Nutzen höher kalkuliert wird als der kollektive. Die Orientierung am individuellen Nutzen führt aber dazu, dass das Ziel eines geringeren Umweltverbrauches nicht realisiert wird. Die Forschung zu ökologisch-sozialen Dilemmata hat mittlerweile eine Vielzahl von Vorschlägen benannt, wie diese Situationen gelöst werden können. Dabei wird zwischen individuellen und strukturellen Ansätzen unterschieden (Ernst 1997, S. 73). Erstere zielen z.B. auf die Förderung spezifischen individuellen Wissens. Strukturelle Ansätze zielen auf die materiellen Anreize bei der Nutzung des Kollektivguts, z.B. durch Sanktionen. Je größer und anonymer das Kollektiv ist, umso wichtiger werden strukturelle Ansätze zur Lösung von Kollektivgutproblemen. Die Rahmenbedingungen müssen so gestaltet sein, dass Beiträge zur Erbringung des Kollektivgutes einen persönlichen Vorteil oder die Nicht-Erbringung einen persönlichen Nachteil nach sich ziehen. Im Umweltbereich stellen wir fest, dass die Rahmenbedingungen diese Voraussetzungen vielfach nicht erfüllen. Ökologische Handlungsoptionen sind gegenüber konventionellen Handlungsalternativen oft teurer oder

mit größerem Aufwand verbunden. Das Ziel von BEST 2 besteht darin, die Rahmenbedingungen so zu ändern, dass die kollektive Ökobilanz günstiger ausfällt. Dabei werden folgende Handlungsmöglichkeiten unterschieden:
- *(1) Initiativhandeln:* Initiativhandeln ist direktes politisches Handeln, das auf eine Änderung der Rahmenbedingungen für ökologisches Handeln abzielt. Beispiele dafür sind die Mitarbeit oder finanzielle Unterstützung von Verbänden, die Wahrnehmung eines politischen Mandats, die Beteiligung an Protestorganisationen usw. Für Initiativhandeln ist erforderlich, eine Vorstellung davon zu haben, wie unterstützende Rahmenbedingungen aussehen und mit welchen Formen des politischen Handelns sie erreicht werden können (Heid/ Hoff/ Rodax 2000). Die Kompetenzen, die für dieses Handeln erforderlich sind, sind daher – ähnlich wie Teile der Gestaltungskompetenz (vgl. 8.2.1) – dem Feld der politischen Bildung zuzuordnen.
- *(2) Indirektes politisches Handeln – gesellschaftliche Wirkungen individuellen Konsumhandelns:* Individuelles Nutzungs- und Investitionshandeln hat nicht nur eine direkte Wirkung auf die individuelle Ökobilanz, sondern auch eine weiterführende auf die Gestaltung der Rahmenbedingungen. In unserem Modell wird die Beziehung zwischen den Strukturen und den individuellen Akteuren interaktiv betrachtet. Damit ergibt sich die Notwendigkeit, die in BEST 1 diskutierten Handlungen in einer zweiten Einschätzung hinsichtlich ihrer Wirkungen auf die Reproduktion gesellschaftlicher Strukturen einzuschätzen.

Betrachtet man die Handlungsmöglichkeiten von BEST 2, dann lassen sich daraus folgende Kompetenzen ableiten:
- *Umweltschutz als Kollektivgut:* Hierzu gehören die Kompetenzen, den Umweltschutz als Kollektivgut zu begreifen. Dies beinhaltet ein Verstehen des Unterschieds zwischen Individual- und Kollektivgütern und die Kenntnis der Strukturen und Merkmale ökologisch-sozialer Dilemmata. Diese Kenntnisse sind die Voraussetzung für die Reflexion individueller sowie kollektiver Handlungen in Hinblick auf eine kollektive Zielebene.
- *Verantwortungszuschreibung:* Hierzu gehört die Fähigkeit zur kritischen Analyse der Handlungspotenziale und -verantwortlichkeiten einzelner Akteure. Dies stellt die Grundlage für eine angemessene Verantwortungszuschreibung in konkreten umweltpolitischen Problemfeldern dar. Schließlich gehört dazu die Reflexion über die Verantwortungszuschreibung, die im politischen Umweltdiskurs vorgenommen wird.
- *Direktes politisches Handeln:* Wie bereits angedeutet, ist für direktes politisches Handeln ein Verstehen erforderlich, wie umweltrelevante gesell-

schaftliche Rahmenbedingungen geschaffen werden. Ferner gehören dazu Kenntnisse über den Prozess der politischen Teilhabe sowie die Fähigkeit zur Bewertung politischer Maßnahmen im Hinblick auf möglicherweise widersprüchliche Ziele. Diese Fähigkeiten stellen die Grundlage dafür dar, die eigenen Handlungsmöglichkeiten mit ihren Bedingungen und Grenzen zu reflektieren.

- *Indirekte Wirkungen individuellen Umwelthandelns:* Zu diesem letzten Handlungsbereich gehören Kenntnisse über die gesellschaftlichen Folgen individuellen Umwelthandelns sowie die Fähigkeit, diese in ihrer Wirkung auf andere Akteure abzuschätzen.

BEST erhebt nicht den Anspruch, ein ausgearbeitetes Kompetenzmodell für die schulische Umweltbildung zu sein. Vielmehr ist es die zentrale Leitidee unseres Ansatzes, für den spezifischen Bereich der Umweltbildung Kompetenzen zu formulieren, die spezifisch für diesen Handlungsbereich sind. In der Weiterentwicklung können die von uns vorgeschlagenen Kompetenzen ausdifferenziert werden. Unser Ansatz ist somit ein kleiner Baustein für den spezifischen Bereich der Umweltbildung im „Gebäude" der Bildung für eine nachhaltige Entwicklung.

8.4 Probleme von Kompetenzmodellen

In der aktuellen Diskussion um Kompetenzen in der Schule spielen Aspekte der Ökologie oder der Nachhaltigkeit kaum eine Rolle. Derzeit wird man auch keinen breiten Konsens in der öffentlichen Bildungsdiskussion finden, der die Fähigkeiten berücksichtigt, die für eine nachhaltige Entwicklung erforderlich sind. Daher wirken die hier vorgestellten Kompetenzmodelle für die Umweltbildung sicher anfechtbarer als Kompetenzmodelle für andere Bereiche, die in diesem Band behandelt werden. Im Folgenden möchten wir auf zwei mögliche Schwierigkeiten mit „Kompetenzmodellen für die Umweltbildung" eingehen. Dabei vertreten wir die Auffassung, dass „Umweltbildung" *kein* besonders gelagerter Fall für die Entwicklung von Kompetenzmodellen ist. Vielmehr treffen die beschriebenen Probleme auf viele Bereiche zu, in denen Kompetenzmodelle entwickelt werden.

8.4.1 Das Problem der (antizipatorischen) Normativität

Ein erster Einwand gegen „Kompetenzmodelle für die Umweltbildung" bezieht sich auf die Normativität dieses Bereiches. Die Zielstellung der nachhaltigen Entwicklung ist ein gesellschaftliches Konfliktterrain (Brand 1997,

S. 12) und wirkt weitaus anfechtbarer als fachbezogene Kompetenzen oder als Kompetenzen, die von der OECD als „Schlüsselkompetenzen" bezeichnet werden. Unsere Hypothese ist hingegen, dass sich die Umweltbildung von anderen Bildungsbereichen in Hinblick auf die „normative Begründungsnot" nicht wesentlich unterscheidet. Damit Kompetenzmodelle Relevanz erlangen, müssen sie „normativ aufgeladen" werden. Wenn spezifische Kompetenzen nicht angestrebt werden *sollen*, sind entsprechende Kompetenzmodelle bedeutungslos. Nicht die Normativität an sich, sondern ihre Begründung ist deshalb bedeutsam. In diesem Zusammenhang stellen sich zwei Fragen: Werden die Bildungsziele und daraus abgeleitete Kompetenzmodelle nachvollziehbar begründet? Werden die Maßnahmen nachvollziehbar oder eher gesinnungsethisch begründet?

Für die Schriften der Umweltbildung aus den 70er und 80er Jahren des vergangenen Jahrhunderts ist der Vorwurf einer wenig begründeten Normativität sicher nicht von der Hand zu weisen. Die Umweltbildung hat in dieser Phase häufig Schreckensszenarien entwickelt und mit moralisierendem Impetus die Einzelnen in die Pflicht genommen, das eigene Verhalten zu ändern. Teilen der älteren Umweltbildung wird daher nicht zu Unrecht vorgeworfen, eine „Katastrophenpädagogik" zu betreiben, die eher geeignet ist, Angst zu schüren, als Verständnis zu fördern und Handlungsoptionen aufzuzeigen. Auch der Vorwurf der „Gesinnungsorientierung" (Kahlert 1994) in der Umweltbildung trifft sicher auf einige dieser Vertreter/-innen zu: Auf wissenschaftlich fragwürdiger Basis wurde mit viel Gesinnung „das Gute" propagiert.

Die aktuelle „Bildung für eine nachhaltige Entwicklung" ist in Bezug auf die Normativität reflektierter und differenzierter. Zum einen befindet sich die Umweltbildungsforschung in einem intensiven Austausch mit den anderen Teildisziplinen der sozialwissenschaftlichen Umweltforschung (Kyburz-Graber et al. 2001). Zum anderen bemühen sich die verschiedenen Vertreter deutlich darum, die von ihnen postulierten Normen zu begründen.

Ein gängiges Denkmuster zur Rechtfertigung der Zielstellung verschiedener Kompetenzbereiche ist es, die Notwendigkeit herauszustreichen, die diese Kompetenzen für das spätere Leben der Schüler/-innen haben. Der Ansatz der „Basiskompetenzen", der der PISA-Studie zu Grunde liegt, folgt beispielsweise dieser Argumentation: Es wird postuliert, dass mit PISA jene Kompetenzen erfasst werden, die Jugendliche in einem späteren Leben für die erfolgreiche Ausübung eines Berufes und/oder für die befriedigende Gestaltung ihres privaten Lebens benötigen (OECD 1999). Diese Denkfigur hat eine hohe Attraktivität und Plausibilität – und wir möchten nicht in Zweifel ziehen, dass viele der jetzt in Modelle gegossenen Kompetenzen den Schüler/-innen tatsächlich nützlich sind. Es ist richtig, dass die Umweltbildung zu häufig unbegründet postuliert hat, wie wichtig ihre Kompetenzen in einer zukünftigen Welt sein werden. Es muss aber fairerweise angemerkt werden, dass dies für andere und etablierte Kompetenzbereiche ebenso gilt. Wir können derzeit nur Annahmen aufstellen, welches Wissen und welche Kompetenzen die heutigen Schüler/-innen tatsächlich benötigen werden. Für diese Annahmen gibt es Grundlagen – beispielsweise Modellvorstellungen gesellschaftlicher, ökologischer und ökonomischer Entwicklungen in der Zukunft. Sicheres Wissen über die Frage, welche Kompetenzen in der Zukunft notwendig sind, gibt es weder für die Umweltbildung noch für andere Bereiche. Auch Autoren und Autorinnen, die beispielsweise über notwendige „naturwissenschaftliche", über „mathematische" Kompetenz oder über „Problemlösekompetenz" schreiben, benötigen die Fähigkeit zum differenzierten antizipatorischen Denken. Sie operieren ebenso auf der Basis von Unsicherheiten und Wahrscheinlichkeiten.

Ohne normative Setzungen wird man also in keinem Bereich auskommen, wenn man „notwendige Kompetenzen" für eine „befriedigende Lebensgestaltung" zu bestimmen glaubt. Der Anspruch der „reflektierten Normativität" ist dementsprechend generell an Kompetenzmodelle zu stellen. Für diese reflektierte Normativität wäre es sicher wünschenswert, wenn die Empirische Bildungsforschung, die Kompetenzmodelle entwickelt, (wieder) etwas stärker mit Vertreter/-innen der Bildungstheorie kommunizieren würde.

8.4.2 Das Problem der Handlungsorientierung

Wie oben ausgeführt, beziehen sich „ökologische Kompetenzen" auf den Bereich der Handlungen, die dem Erhalt der natürlichen Lebensgrundlagen dienen. Die starke Handlungsorientierung teilt ökologische Kompetenz mit anderen cross-curricularen Kompetenzen, beispielsweise mit der Medienkompetenz oder mit Kompetenzen zum selbst gesteuerten Lernen. Die Handlungsorientierung wirft zwei Probleme auf: (1) Es muss definiert werden, welche Handlungen darunter fallen, und (2) es muss begründet werden, welche Kompetenzen eine Grundlage für diese Handlungen darstellen könnten.

(1) Ein Kompetenzmodell für die Umweltbildung setzt voraus, welche Handlungen überhaupt angesprochen sind – wie wir es beispielsweise in unserem Modell BEST (siehe Abschnitt 8.3.2) versucht haben. In der Umweltforschung besteht ein relativ großer Konsens darüber, welche Handlungen als umweltschützend gelten – auch in einem relativ komplexen Bereich, wie ihn der Klimaschutz darstellt. Vergleicht man den Konsens der Umweltwissen-

schaften mit den anderen genannten handlungsbezogenen Kompetenzen, ist der Konsens sogar überraschend groß.

(2) Welche Kompetenzen eine gute Grundlage für bestimmte Handlungsbereiche darstellen, ist eine bedeutende Frage für die Entwicklung von Kompetenzmodellen. Die derzeitige Forschung in der Empirischen Bildungsforschung untersucht einen etwas eingeschränkten „Handlungsbegriff". Es wird analysiert, welche Kompetenzen für die richtige Beantwortung von Aufgaben erforderlich sind und wie sich diese aufgabenorientierten Kompetenzen ausdifferenzieren und gradieren lassen. Im Grunde genommen handelt es sich nicht um „handlungsorientierte", sondern um „aufgabenorientierte" Kompetenzmodelle. Diese Aufgaben werden individuell und in der Regel ohne „Hilfswerkzeuge" mit Papier und Bleistift beantwortet. Für den internationalen Vergleich von Schülerleistungen und für die Analyse der Stärken und Schwächen unseres Schulsystems weist dieser Ansatz sicher Vorteile auf. Allerdings sollte die Bildungsforschung sich nicht mit dieser Einschränkung begnügen und sich stärker mit Handlungen in realen Feldern befassen. Ansätze zum „situierten Lernen" verweisen seit 20 Jahren auf das Problem, dass die Anforderungen der Schul-Aufgaben, die mit Papier und Bleistift beantwortet werden, sich in verschiedener Hinsicht von Aufgaben in außerschulischen Kontexten unterscheiden (Renkl/ Mandl/ Gruber 1996; Resnick 1987). Die Umweltbildung ist dieser Gefahr – der eingeschränkten Handlungsorientierung – möglicherweise sogar weniger erlegen als andere Bereiche, die Kompetenzmodelle entwickelt haben.

8.5 Resümee

Wir haben in diesem Beitrag zwei unterschiedliche Ansätze vorgestellt, die erste Schritte in Richtung auf Kompetenzmodelle für die Umweltbildung gegangen sind. Der Ansatz der „Gestaltungskompetenz" steht den „key competencies" nahe, die inhalts- und handlungsübergreifend definiert werden. Das BEST-Modell der ökologischen Kompetenz ist stärker auf den Bereich umweltschützender Handlungen fokussiert und versucht aufzuzeigen, welche kognitiven Voraussetzungen dafür erforderlich wären. Wir haben versucht aufzuzeigen, dass Probleme, die als „typisch" für den Umweltbereich genannt werden, auch in anderen Kompetenzen auftreten. Welche Kompetenzen Lernende später benötigen, kann nur mit Unsicherheit vorhergesagt werden – alle Kompetenzmodelle beinhalten normative Setzungen. Dementsprechend ist es für alle Kompetenzmodelle – nicht nur für den Bereich der Umweltbildung wichtig – die eigenen Normen zu erkennen, transparent zu machen und gut zu begründen. In Bezug auf die Handlungsorientierung sind die Kompetenzmodelle aus dem Bereich der Umweltbildung schließlich weniger eingeschränkt als in anderen Bereichen. Wir denken, die Umweltbildung kann in Bezug auf dieses Kriterium anderen Bereichen durchaus Anregungen geben.

Literatur

Bilharz, M. (2000): „Gute" Taten statt langer Diskurse? Über den pädagogischen Stellenwert ökologischen Handelns. Hamburg.

Bilharz, M. (2007): Ratgeber als Wegweiser zu nachhaltigem Konsum? In: Belz, F.-M.; Karg, G.; Witt, D. (Hrsg.): Nachhaltiger Konsum und Verbraucherpolitik im 21. Jahrhundert. Marburg, S. 247-280.

Bilharz, M.; Gräsel, C. (2006): Gewusst wie: Strategisches Umwelthandeln als Ansatz zur Förderung ökologischer Kompetenz in Schule und Weiterbildung. In: Bildungsforschung, 3 (1). (http://www.bildungsforschung.org/Archiv/2006-01/umwelthandeln - entnommen am 01.03.07)

Bolscho, D.; Eulefeld, G.; Seybold, H. (1980): Umwelterziehung. Neue Aufgaben für die Schule. München.

Brand, K.W. (1997): Probleme und Potentiale einer Neubestimmung des Projekts der Moderne unter dem Leitbild „Nachhaltiger Entwicklung". Zur Einführung. In: Brand, K.W. (Hrsg.): Nachhaltige Entwicklung. Eine Herausforderung an die Soziologie. Opladen, S. 9-34.

Ernst, A.M. (1997): Ökologisch-soziale Dilemmata. Weinheim.

Eulefeld, G.; Bolscho, D.; Rost, J.; Seybold, H. (1988): Praxis der Umwelterziehung in der Bundesrepublik Deutschland. Eine empirische Studie. Institut für die Pädagogik der Naturwissenschaften. Kiel.

Gardner, G.T.; Stern, P.C. (1996): Environmental problems and human behavior. Boston.

Gräsel, C. (1999): Die Rolle des Wissens beim Umwelthandeln - oder: Warum Umweltwissen träge ist. In: Unterrichtswissenschaft, 27, S. 196-212.

Gräsel, C. (2000): Ökologische Kompetenz: Analyse und Förderung. Unveröffentlichte Habilitation, Ludwig-Maximilians-Universität. München.

Haan, G. de; Harenberg, D. (1999): Bildung für eine nachhaltige Entwicklung. Gutachten für das BLK-Programm (Materialien zur Bildungsplanung und Forschungsförderung Nr. 72). Bund-Länder-Kommission für Bildungsplanung und Forschungsförderung. Bonn.

Haan, G. de; Kuckartz, U. (1996): Umweltbewusstsein. Denken und Handeln in Umweltkrisen. Opladen.

Heid, H.; Hoff, E.-H.; Rodax, K. (2000): Ernüchterung und Herausforderung. In: Heid, H.; Hoff, E.-H.; Rodax, K. (Hrsg.): Ökologische Kompetenz. Opladen, S. 9-24.

Hirsch, G. (1993): Wieso ist ökologisches Handeln mehr als eine Anwendung ökologischen Wissens? In: GAIA, 2, S. 141-151.

Kahlert, J. (1990): Alltagstheorien in der Umweltpädagogik. Eine sozialwissenschaftliche Analyse. Weinheim.

Kahlert, J. (1994): Die verlorene Unschuld der Umweltbildung. Risiken der umweltpädagogischen Kommunikation. In: Neue Sammlung, 34, S. 383-397.

Kyburz-Graber, R.; Halder, U.; Hügli, A.; Ritter, M. (2001): Umweltbildung im 20. Jahrhundert. Anfänge, Gegenwartsprobleme, Perspektiven. Münster.

Langeheine, R.; Lehmann, J. (1986): Stand der empirischen Umweltbewusstseinsforschung. In: Günther, R.; Winter, G. (Hrsg.): Umweltbewusstsein und persönliches Handeln. Weinheim, S. 39-63.

Meadows, D.L.; Meadows, D.H.; Zahn, E.; Milling, P. (1972): Die Grenzen des Wachstums. Bericht des Club of Rome zur Lage der Menschheit. Stuttgart.

United Nations (Hrsg.) (1992): Report on the United Nations Conference on Environment and Development. United Nations. Rio de Janeiro.

OECD (1999): Measuring Student Knowledge and Skills. A new framework for assessment. OECD. Paris.

Renkl, A.; Mandl, H.; Gruber, H. (1996): Inert knowledge: Analyses and remedies. In: Educational Psychologist, 31, pp. 115-121.

Resnick, L. (1987): Learning in school and out. In: Educational Researcher 16, vol. 9, pp. 13-20.

Transfer 21 (2006): Bildung für nachhaltige Entwicklung in der Schule. Materialien für BLK Transfer. Retrieved 20.02.06. (entnommen aus: http://transfer-21.de/daten/materialien/ Teilkompetenzen_OECD.pdf)

Weinert, F.E. (1999): Concepts of competence (Contribution within the OECD project definition and selection of competencies: Theoretical and conceptual foundations). Max Planck Institute for Psychological Research. München.

*Susanne Koerber, Beate Sodian, Claudia Thoermer &
Patricia Grygier*

9 Wissen über Wissenschaft als Teil der frühen naturwissenschaftlichen Bildung

9.1 Die Relevanz naturwissenschaftlicher Bildung im Elementarbereich

Als Folge der Ergebnisse internationaler Vergleichsstudien wie PISA, TIMSS oder IGLU ist in den letzten Jahren in Deutschland eine Diskussion um die naturwissenschaftliche Grundbildung entstanden. Diese Befunde und neue Erkenntnisse aus der Entwicklungspsychologie legen nahe, dass die Beschäftigung mit naturwissenschaftlichen Phänomenen (domänenspezifisches wissenschaftliches Denken) und Methoden (formal wissenschaftliches Denken) schon vor der Einschulung angeregt werden kann und sollte, um den natürlichen Interessen und Entwicklungspotenzialen des Kindes gerecht zu werden. Auf Seiten der Forschung führte dies in den letzten Jahren zu einer verstärkten Auseinandersetzung mit dem frühen (natur)wissenschaftlichen Verständnis sowohl in der Entwicklungspsychologie als auch in der Didaktik des Sachunterrichts. Auf Seiten der Politik mündete der zunehmende Bedarf an früher Bildung in die Forderung nach Bildungsplänen im Elementarbereich und nach neuen Wegen zur Professionalisierung von Erziehern. Die Brisanz und gesellschaftspolitische Relevanz einer frühen naturwissenschaftlichen Bildung zeigt sich in der konsequenten Umsetzung dieser Forderungen durch die Bildungspläne der einzelnen Länder und durch die Etablierung von Studiengängen zur frühen Bildung an Universitäten, Pädagogischen Hochschulen und Fachhochschulen sowie in gesellschaftspolitisch relevanten Initiativen von Stiftungen und der Wirtschaft.

9.1.1 Naturwissenschaften in den Bildungsplänen der Länder
In den letzten Jahren wurden in allen Ländern der Bundesrepublik Deutschland Bildungspläne für den Vorschulbereich entwickelt. In allen Bildungsplänen spielen sowohl naturwissenschaftliche Inhalte als auch Wissen über Naturwissenschaft eine Rolle. Der Einbezug dieser Thematik wird vor allem

mit dem intrinsischen Interesse der Kinder an Phänomenen der belebten und unbelebten Natur begründet, den häufigen „Warum"-Fragen, der Resonanz auf entsprechende Medienangebote und dem natürlichen Interesse am Experimentieren und Beobachten.
So sieht der überarbeitete bayerische Bildungsplan (2005) den Schwerpunkt im naturwissenschaftlich-technischen Bereich nicht nur in der Bereitstellung vielfältiger Zugänge zu naturwissenschaftlichen Themen und dem Kennenlernen von naturwissenschaftlichen Gesetzmäßigkeiten und Phänomenen, sondern vor allem in der Entwicklung von nachhaltigem Interesse an diesen Themen und dem Erwerb lernmethodischer Kompetenz. Der Bildungsplan schlägt mehrere Themenbereiche mit detaillierten Einzelaspekten vor, die für die Altersgruppe der Drei- bis Sechsjährigen von Interesse sind und bietet eine Fülle von konkreten Aktivitäten und Praxisbeispielen. Neben diesen *inhaltsspezifischen* Themenbereichen aus Physik, Biologie und Chemie wird in den meisten Rahmenplänen auch Wert auf den Erwerb eines Grundverständnisses wissenschaftlicher *Methodik* gelegt. So wird beispielsweise angeregt, dass die Kinder Versuchsanordnungen kennen lernen und wissenschaftliche Methoden wie Beobachten, Vergleichen, Beschreiben und Bewerten bewusst anwenden sollen.
Obwohl alle 16 Bildungspläne die Bedeutung des (natur)wissenschaftlichen Bereichs thematisieren, setzen sie doch unterschiedliche Schwerpunkte und sind zum Teil wenig elaboriert in ihren Hinweisen auf gewünschte Entwicklungsschritte. Dies mag daran liegen, dass es bisher kein allgemein akzeptiertes Kompetenz(entwicklungs)modell gibt, das theoretisch motiviert und zugleich empirisch überprüft ist und das detailliert verschiedene (natur)wissenschaftliche Kompetenzstufen erfasst.

9.1.2 Forschungsansätze und Kompetenzmodelle zum naturwissenschaftlichen Verständnis

Bei der Beschreibung (natur)wissenschaftlicher Kompetenzen verfolgen die unterschiedlichen Disziplinen (Entwicklungspsychologie, Didaktik, Pädagogik, Erziehungswissenschaften) verschiedene Forschungsansätze. In der älteren, an Piaget orientierten *Entwicklungspsychologie* wurde ein vierstufiges Modell der kognitiven Entwicklung angenommen, in dem Kindern vor dem formal-operatorischen Stadium (ab ca. zwölf Jahren) die Fähigkeit zum wissenschaftlichen Denken abgesprochen wurde. Piaget nahm globale Stadien der Denkentwicklung an und ging davon aus, dass der Erwerb formal-operatorischer Strukturen auch Voraussetzung für den Erwerb domänenspezifischer naturwissenschaftlicher Konzepte sei. Auch in der neueren Entwicklungspsychologie wird ein Zusammenspiel zwischen domänenspezifischen und domänenübergreifenden naturwissenschaftlichen Kompetenzen angenommen, jedoch wird nicht mehr davon ausgegangen, dass der Kompetenzerwerb an das Erreichen eines bestimmten Niveaus formal-logischen Denkens geknüpft sei. Vielmehr wird angenommen, dass die begriffliche Entwicklung domänenspezifisch verläuft, im Sinne einer fortschreitenden konzeptuellen Differenzierung im physikalischen oder biologischen Denken, und dass auch das metabegriffliche Wissen über Wissenschaft ein spezifisches System epistemologischen Wissens darstellt (vgl. Wellman/ Gelman 1992). Nach Auffassung einiger Wissenschaftler sind domänenspezifische Kernprinzipien angeboren oder sehr früh erworben. Sie unterliegen aber im Laufe der Entwicklung einer konzeptuellen Differenzierung, Integration oder völligen Restrukturierung (conceptual change), die von einigen Wissenschaftlern mit einem radikalen Theoriewandel (Paradigmenwechsel) in der Wissenschaftsgeschichte verglichen wird (vgl. Carey 1991).

Neben der Annahme einer domänenspezifischen (statt einer domänenübergreifenden) Entwicklung geht man in der neueren Psychologie auch davon aus, dass (natur)wissenschaftliche Kompetenzen nicht universell und teilweise schon sehr viel früher vorhanden sind, als Piaget angenommen hatte. Dies wird unter Punkt 9.2.2 am Beispiel von Experimentierstrategien veranschaulicht.

Kompetenzmodelle schulischen naturwissenschaftlichen Wissenserwerbs werden in der *Erziehungswissenschaft* und der *Didaktik* diskutiert. Auch hier ist das Verhältnis zwischen normativer Festlegung und empirischer Überprüfung bis jetzt nicht ausgewogen, vor allem nicht für den Bereich der Vor- und Grundschule. In Deutschland werden zwar für die Sekundarstufe verschiedene Modelle naturwissenschaftlicher Kompetenzen diskutiert (vgl. Baumert/ Bos/ Lehmann 2000; Prenzel/ Geiser/ Langeheine/ Lobemeier 2003; Rost/ Walter/ Carstensen/ Senkbeil/ Prenzel 2005). Allerdings sind diese *entweder* durch die Modellierung von vorliegenden Datensätzen entstanden (z.B. TIMSS oder PISA Studie) *oder* auf theoretischer Basis entwickelt, aber bislang noch nicht breit genug empirisch überprüft (vgl. Schecker/ Parchmann 2006).

9.2 Wissen über Wissenschaft als wichtiges Element naturwissenschaftlicher Kompetenz

Im vorliegenden Beitrag befassen wir uns mit der frühen Entwicklung des Wissens *über* Naturwissenschaften als domänenübergreifender Kompetenz von breiter Bedeutung für das inhaltliche Lernen. Unter „Wissen über Wissenschaft" verstehen wir zum einen *deklaratives* Wissenschaftsverständnis („Nature of Science"), d. h. das verbalisierbare Wissen über den naturwissenschaftlichen Erkenntnisprozess, also z.B. Wissen über wichtige Elemente des Forschungsprozesses und deren Beziehung zueinander (Theorien, Hypothesen, Experimente, Befunde, Interpretationen). Zum anderen werden Methodenkompetenzen als Teil des Wissens über Wissenschaft betrachtet. Hierbei handelt es sich zunächst um *deklaratives* (verbalisierbares, dekontextualisiertes) Wissen über Versuchspläne und Dateninterpretationen, darüber hinaus aber auch um *prozedurales* (handlungsgebundenes) Verständnis naturwissenschaftlicher Methodik (also z.B. die Fähigkeit, ein schlüssiges Experiment zu produzieren). Ein kritisch-konstruktivistisches Verständnis des wissenschaftlichen Erkenntnisprozesses (wie z.B. die Rolle theoriegeleiteten, hypothesentestenden Experimentierens) wird als grundlegend für die Fähigkeit zur adäquaten Nutzung methodischer Kompetenz (Konstruktion kontrollierter Experimente) und wissenschaftlicher Argumentationsfähigkeit gesehen.

9.2.1 Wissenschaftsverständnis (Nature of Science)

Wissenschaftsverständnis („Understanding the Nature of Science") beinhaltet Einsicht in erkenntnistheoretische, wissenschaftstheoretische und wissenschaftsethische Grundlagen der Naturwissenschaften. Im Zentrum unseres Interesses stehen *wissenschaftstheoretische* Fragen: Wie entsteht naturwissenschaftliches Wissen? Wie kommen Wissenschaftler zu neuen Erkenntnissen? Was sind Experimente? Warum werden Theorien wieder geändert oder verworfen? Können die Daten eines Experiments durch verschiedene Theorien erklärt werden? Zum Kanon des Wissens über Wissenschaft gehört u. a. Einsicht in den tentativen Charakter und die rationale Begründung wissenschaftlichen Wissens, das Verständnis der Bedeutung von Beobachtungen und experimentellen Ergebnissen und das Verständnis der naturwissenschaftlichen Methodik (wobei betont wird, dass es keine allgemeingültige Methode gibt, Wissenschaft zu betreiben). Daneben gehört zum Kanon des Wissens über Wissenschaft auch die Einsicht in die Rolle von Theorien im wissenschaftlichen Erkenntnisprozess, die Einsicht in den öffentlichen Status wissenschaftlichen Wissens und die Einsicht in den evolutionären wie auch revolutionären Charakter der Wissenschaften (vgl. Mc Comas/ Mc Clough/ Almaroza 1998).

Die Forschung zum Wissenschaftsverständnis von Schülern befasste sich bisher fast ausschließlich mit dem Sekundarschulalter: Interviewstudien zeigten, dass das Wissenschaftsverständnis von Schülern der Sekundarstufe I (aber auch II) meist einer unreflektierten epistemologischen Position entspricht, nach der wissenschaftliches Wissen auf einfache und unproblematische Art (z.B. durch direkte Beobachtung) erworben wird („knowledge unproblematic", vgl. Carey/ Smith 1993). Eine solche Position ist gekennzeichnet durch die mangelnde Differenzierung zwischen Theorien/Hypothesen einerseits und empirischer Evidenz andererseits sowie durch ein unzureichendes Verständnis des zyklischen und kumulativen Charakters naturwissenschaftlichen Wissens (vgl. Driver/ Leach/ Millar/ Scott 1996; Kircher 1995; Lederman 1992; McComas et al. 1998).

Die entwicklungspsychologische Literatur zur Entwicklung der „Theory of Mind" in der Kindheit deutet jedoch darauf hin, dass Grundschulkinder den konstruktiven und interpretativen Charakter des Wissenserwerbs grundsätzlich verstehen können (vgl. Sodian/ Thoermer 2006, für einen Überblick). So zeigen schon Sechsjährige Einsicht in soziale Vorurteile, wenn sie darüber befragt werden, wie ein- und dieselbe Handlung (z.B. einen Malkasten umschütten) aus der Sicht einer Person, die den Handelnden mag, und aus der Sicht einer Person, die ihn nicht mag, interpretiert werden wird (vgl. Pillow 1991). Nicht nur im sozialen Bereich, sondern auch im naturwissenschaftlichen Bereich zeigen Grundschüler ein Grundverständnis von Theorien: So verstehen sie z.B., dass Theorien widerspruchsfrei sein sollten und dass eine Theorie, die alle bekannten Phänomene erklärt, besser ist, als eine, die nur für einen Teil der Phänomene eine Erklärung anbieten kann (vgl. Samarapungavan 1992). Aus diesen Befunden leiten wir die Hypothese ab, dass es möglich sein sollte, bereits im Grundschulalter Grundzüge eines konstruktivistischen Wissenschaftsverständnisses zu vermitteln.

9.2.1.1 Ebenen des Wissenschaftsverständnisses – ein Kompetenzstufenmodell

Eine erste Interviewstudie zum Theorie-Evidenz-Verständnis führten Carey/ Evans/ Honda/ Jay/ Unger (1989) an amerikanischen Siebtklässlern durch. Sie befragten die Probanden nach ihrem Verständnis der Ziele von Wissenschaft, der Fragen, die Wissenschaftler stellen, sowie der Experimente, des Zusammenhangs zwischen Hypothesen und Experimenten, und der Bildung und Revision von Theorien. Sie unterschieden zwischen drei Niveaus des intuitiven Verständnisses von Wissenschaft:

Auf *Niveau 1* wird Wissenschaft als Aktivität oder Prozedur (1a) bzw. als objektivistisches Sammeln von Fakten (1b) verstanden. Es wird kein Bezug zwischen Ideen/Theorien/Hypothesen und den Aktivitäten von Wissenschaftlern hergestellt. Insbesondere werden Experimente nicht als Methoden zur

Prüfung von Hypothesen/Annahmen/Vermutungen verstanden, sondern eher als Handlungspläne zur Produktion erwünschter Effekte dargestellt. Auf *Niveau 2* sehen Schüler Wissenschaft als Suche nach Erklärungen und wissenschaftliches Wissen als das Ergebnis der Prüfung von Theorien und Hypothesen. Auf dieser Ebene wird zwischen Ideen (Theorien, Hypothesen) und Evidenz unterschieden, jedoch glauben Schüler, dass absolute Erkenntnis möglich ist, vorausgesetzt, Wissenschaftler verfügen über genügend Zeit und geeignete Methoden. Probanden auf Niveau 2 verstehen die Logik des Experiments und können experimentelle Befunde in Bezug setzen zu den geprüften Hypothesen. Jedoch wird die Einbettung einzelner Experimente in den Kontext der Evaluation einer Theorie nicht verstanden. Auf *Niveau 3* wird der zyklische und kumulative Charakter der Bildung, Prüfung und Revision von Theorien erkannt. Personen auf diesem Niveau differenzieren zwischen Hypothesen und Theorien und verstehen Theorien als forschungsleitend sowohl bei der Bildung von Hypothesen als auch bei der Interpretation von Daten.

Die Mehrheit der Siebtklässler in der Studie von Carey et al. (1989) antwortete auf Niveau 1, zeigte also kein Verständnis des Theorie-Evidenz-Bezugs. Die Befunde mehrerer Folgestudien an 11- bis 25-jährigen Personen deuten darauf hin, dass bei unterstützenden Bedingungen (Kontextinformation) häufiger Niveau 1.5, eine Ebene impliziten Verständnisses zwischen Niveau 1 und 2, erreicht wird. Jedoch argumentieren auch Erwachsene mit naturwissenschaftlicher Ausbildung nur selten auf Niveau 3 und die meisten Jugendlichen antworten nicht konsistent auf Niveau 2 (vgl. Thoermer/ Sodian 2002).

Im Projekt „Vermittlung von Wissenschaftsverständnis in der Grundschule" verwendeten wir eine modifizierte Version des Interviews von Carey et al. (1989) bei Schülern der vierten Klassenstufe. Wie erwartet, waren die Schülerantworten nahezu durchgängig auf dem undifferenzierten Niveau 1 einzuordnen. Jedoch zeigten sich Fortschritte sogar schon nach kurzfristigem wissenschaftstheoretischen Unterricht, wie unter Punkt 3 berichtet wird (vgl. Grygier 2006; Sodian/ Jonen/ Thoermer/ Kircher 2006; Sodian/ Thoermer/ Kircher/ Grygier/ Günther 2002).

9.2.2 Methodenkompetenz

Neben dem Wissen über die Natur des wissenschaftlichen Wissens (Wissenschaftsverständnis / Nature of Science) gilt das „wissenschaftliche Denken" im Sinne der Beherrschung naturwissenschaftlicher Methoden und der Fähigkeit zur Begründung von Folgerungen im Kontext naturwissenschaftlicher

Exploration als wichtige domänenübergreifende wissenschaftliche Kompetenz.

9.2.2.1 Defizite im Grundschulalter

Wie oben schon erwähnt, ging man in der älteren, an Piaget orientierten Entwicklungspsychologie davon aus, dass erst in der Adoleszenz ein formaler Standard wissenschaftlicher Rationalität entwickelt ist. Die Entwicklung dieser Kompetenz wird häufig an dem Verständnis von Experimentierstrategien mit einem von Inhelder und Piaget (1958) entwickelten Pendelversuch illustriert. In diesem Versuch werden Kinder unterschiedlichen Alters gebeten, heraus zu finden und zu erklären, warum ein kurzes Pendel mit schwerem Gewicht schneller hin und her schwingt als ein langes Pendel mit leichtem Gewicht. Nach Piaget erkennen Kinder erst mit der Fähigkeit zur hypothetischen Kombination verschiedener Variablen im Jugendalter und dem systematischen Testen von Ursache-Wirkung-Zusammenhängen in diesen Aufgaben, dass nur das Testen aller vier Kombinationen (leichtes/schweres Gewicht und kurzer/langer Faden) zuverlässige Aussagen über die Ursache erlaubt. Demgegenüber fokussieren Kinder im Grundschulalter noch häufig nur auf eine Dimension (Gewicht *oder* Fadenlänge). Dies sowie weitere Tests von Inhelder und Piaget deutete man dahingehend, dass Grundschulkinder noch nicht systematisch alle relevanten Variablen variieren und dass sie dazu tendieren, aus ihren Testergebnissen voreilige, konfirmatorische Schlussfolgerungen zu ziehen. Auch eine wichtige Experimentierstrategie, die *Variablenkontrollstrategie*, die besagt, dass jeweils (nur) die fokale Variable manipuliert werden sollte und alle anderen Variablen konstant gehalten werden müssen, wird im Grundschulalter noch nicht konsistent spontan verwendet. Piaget nahm an, dass formal-operatorische Strukturen des Denkens zur Einsicht in die wissenschaftliche Methode nötig seien.

9.2.2.2 Kompetenzen im Grundschulalter: Befunde aus der LOGIK-Studie

Differenziertere Befunde zur Entwicklung der Methodenkompetenz, die eine andere Interpretation von Piagets Befunden nahe legen, liefern Ergebnisse aus der Längsschnittstudie „LOGIK" (Longitudinalstudie zur Genese individueller Kompetenzen, vgl. Weinert/ Schneider 1999), in der Probanden zwischen acht und 21 Jahren regelmäßig u.a. eine Testbatterie zum wissenschaftlichen Denken vorgelegt wurde (vgl. Bullock/ Sodian 2003; Bullock/ Ziegler 1999). In dieser Testbatterie wurde das Verständnis der Variablenkontrollstrategie auf verschiedene Arten getestet: prozedurales Wissen a) spontane Produktion geeigneter Experimente; prozedurales Wissen b) Auswahl geeigneter Experimente; deklaratives Wissen c) Beurteilung von Experimentierstrategien.

Dazu wurde den Probanden z.B. eine Geschichte vorgelegt, in der ein Flugzeugingenieur drei Variablen verändern kann, um treibstoffsparendere Flugzeuge zu bauen: 1) Nase (rund, spitz), 2) Flügel (einfach, doppelt), 3) Position des Höhenruders (oben, unten). Den Probanden wurde erzählt, dass der Ingenieur annimmt, dass die Position des Höhenruders einen Einfluss auf den Treibstoffverbrauch von Flugzeugen hat. Auf die Frage, was er tun müsse, um seine Hypothese zu testen, schlugen weniger als 20% der Grundschüler *spontan* ein kontrolliertes Experiment vor, während im Alter von 17 und 21 Jahren über 70% der Probanden diese Aufgabe korrekt lösten, Befunde also, die mit den Ergebnissen der traditionellen Studien (z.B. Piaget) übereinstimmen.

Interessant sind jedoch die guten Ergebnisse von Grundschulkindern, wenn sie gebeten wurden, adäquate Experimente *auszuwählen*. Hier zeigte sich, dass schon über 40% der Achtjährigen und 60% der Neunjährigen ein kontrolliertes Experiment auswählen und ihre Entscheidung auch korrekt begründen konnten. Dies deutet darauf hin, dass Grundschüler ab diesem Alter schon Einsicht in die Notwendigkeit der Variablenkontrolle und damit ein Grundverständnis der Hypothesenprüfung besitzen, auch wenn es ihnen schwerer fällt, Experimentierstrategien spontan zu produzieren.

Es gilt jedoch nicht generell, dass die Fähigkeit, Experimente zu *beurteilen*, der Fähigkeit, Experimente zu *produzieren*, vorausläuft. In der LOGIK-Studie wurden auch Aufgaben verwendet, bei denen die Probanden gebeten wurden, fehlerhafte Experimentaldesigns zu erkennen und zu begründen, warum diese nicht geeignet sind, eine Hypothese zu prüfen, z.B. indem Designs vorgelegt wurden, in denen die fokale Dimension nicht variiert wurde, und solche, in denen nicht manipulierte Variablen nicht konstant gehalten wurden. In diesen *deklarativen* Wissenstests zeigte sich ein ähnlicher Entwicklungstrend wie in den *prozeduralen* Tests zur Strategieproduktion. Während nur ca. die Hälfte der 12-jährigen fehlerhafte Designs erkannte und korrekt erklärte, zeigten um die 70% der 17-jährigen und ca. 90% der 21-jährigen dieses Verständnis.

9.2.2.3 Kompetenzmodelle/Kompetenzstufen

Hammann (2004) schlägt in Anlehnung an die PISA-Daten ein Kompetenzmodell vor, das vier Niveaustufen bei der Planung von Experimenten unterscheidet: Auf Niveau 1, dem unsystematischen Umgang mit Variablen, verändert der Proband die Ausprägungen einer oder mehrerer Variablen unsystematisch. Hier ist noch keine Einsicht in die Notwendigkeit des Bedingungsvergleichs gegeben. Auf Niveau 2, dem teilweise systematischen Umgang mit Variablen, ordnet Hammann zwei unterschiedliche Experimentierstrategien ein. Zum einen den Vorschlag von kontrastiven Experimenten, d.h. der Proband schlägt zwar vor, die fokale Variable zu variieren, er macht jedoch keine Aussage über die Notwendigkeit der Konstanthaltung weiterer Variablen. Daneben werden auf diesem Niveau auch Strategien eingeordnet, in denen der Proband die Variablen in einigen Versuchsreihen systematisch variiert, in anderen Versuchsreihen aber nicht (local chaining). Auf Niveau 3, dem systematischen Umgang mit Variablen in bekannten Domänen, wird der Vorschlag zu kontrollierten Experimenten eingeordnet. Hier werden Experimente vorgeschlagen, in denen die fokale Variable, von der der Experimentator einen Effekt annimmt, variiert wird und gleichzeitig alle anderen Variablen konstant gehalten werden. Niveau 4, dem systematischen Umgang mit Variablen in unbekannten Domänen, unterscheidet sich von Niveau 3 noch in einer Ausweitung zu Wissensdomänen, die dem Probanden unbekannt sind oder in denen er nur wenig Vorwissen hat.

In dieses Modell könnten auch die Daten der LOGIK-Studie eingeordnet werden, wobei sich Hammann in seinem Modell im Unterschied zu den Stufen bei der LOGIK Studie an inhaltsspezifischen Aufgaben orientiert und von mehreren analogen Aufgaben ausgeht, was es erlaubt, die Konsistenz der Strategieanwendung zu untersuchen (Niveau 4). Neben den Kompetenzstufen zu „Experimente planen" schlägt Hammann in Anlehnung an das SDDS (Scientific Discovery as Dual Search) von Klahr/ Dunbar (1988) noch zwei weitere Teildimensionen des Experimentierens vor: Hypothesen bilden und Datenanalyse (siehe Punkt 9.2.2.5).

9.2.2.4 Individuelle Unterschiede

Befunde aus der längsschnittlich angelegten LOGIK-Studie können auch genutzt werden, um die von Piaget postulierte Universalität der Entwicklungsschritte und die Stabilität der Leistung zu prüfen. Die Ergebnisse zeigen starke individuelle Unterschiede bezüglich des Zeitpunktes, wann die Kinder die Variablenkontrollstrategie entdeckten. Manche Kinder im Grundschulalter scheinen ihren Altersgenossen weit voraus zu sein, auf der anderen Seite scheitern noch manche Jugendliche und Erwachsene (insbesondere solche mit niedrigem Bildungsniveau). Ca. 28% der Probanden entdeckten die Strategie bereits mit elf Jahren und hielten sie dann konsistent bei, 26% erreichten dies mit 17 Jahren und 22% mit 21 Jahren. Der Rest der Probanden entdeckte diese Strategie entweder überhaupt nicht oder war über die Testungen

hinweg inkonsistent in der Anwendung. Bei einem Vergleich der Probanden, die die Strategie früh entdeckten, mit den „Spätentdeckern", zeigte sich, dass die meisten „Frühentdecker" die Strategie auch später konsistent beibehielten und dass sie auch in anderen Maßen des wissenschaftlichen Denkens (nicht aber im logischen Denken) ihren Altersgenossen überlegen waren.
Zusammengenommen deuten die Befunde der LOGIK-Studie darauf hin, dass schon Grundschulkinder ein Verständnis von Experimentierstrategien zeigen, dass es aber große individuelle Unterschiede in der spontanen Produktion von Experimentierstrategien gibt.

9.2.2.5 Evaluation von Daten

Neben der Produktion von Experimenten ist ein weiterer wichtiger Aspekt der naturwissenschaftlichen Methodenkompetenz die Fähigkeit zur hypothesenbezogenen Evaluation von empirischen Befunden. In der Regel handelt es sich um Hypothesen über kausale Zusammenhänge zwischen Variablen, die durch Kovariationsdaten evaluiert werden können. In einer Studie an Kindergartenkindern untersuchten wir, ob schon junge Kinder verstehen, welche Datenmuster mit einer Hypothese konsistent oder inkonsistent sind (vgl. Koerber/ Sodian/ Thoermer/ Nett 2005). Dafür verwendeten wir Aufgaben, in denen Kinder die Gültigkeit der Hypothese einer anderen Person aufgrund bestätigender oder konfligierender Daten evaluieren sollten. In früheren Studien wurde Grundschulkindern häufig nachgesagt, sie hätten Schwierigkeiten, evidenzbasiert, d. h. auf die Daten bezogen, zu argumentieren, besonders dann, wenn die Evidenz nicht eindeutig ist (imperfekte Kovariation) und wenn die Daten ihren eigenen Hypothesen widersprechen. Als Erklärung für dieses Problem, dass die Kinder die Evidenz nur selektiv interpretierten und häufig eher theoriegeleitet (nach ihren eigenen Hypothesen) statt evidenzbasiert antworteten oder ihre eigene Hypothese unbewusst an die Evidenz anpassten, nehmen Kuhn und ihre Kollegen (vgl. Kuhn/ Amsel/ O'Laughlin 1988) an, dass Kinder die Logik des Experimentierens nicht verstehen, weil ihnen Konzepte wie Hypothese, Theorie und Experiment fehlen. Wir testeten dies, indem wir vier- bis sechsjährige Kinder mit der Hypothese einer Person zu einem Zusammenhang zwischen zwei Variablen (z.B. „Zu dünn anziehen im Winter macht krank.") konfrontierten und sie dann baten, anhand von Daten die Gültigkeit dieser Hypothese zu beurteilen. Sind die Kinder in der Lage, jemandem anderen eine Revision seiner ursprünglichen Hypothese aufgrund gegenteiliger Evidenz zuzuschreiben, so ist dies ein Hinweis darauf, dass sie Hypothese und Evidenz unterscheiden können und ein Verständnis der Hypothese-Evidenz-Beziehung haben. In der Tat waren über 90% der

Fünfjährigen in einem artifiziellen Kontext (Marsmenschen essen „krize" oder „daxe" und sind traurig oder fröhlich) dazu in der Lage. Allerdings gilt dies vor allem dann, wenn die Evidenz in perfekter Kovariation (alle Marsmenschen, die krize aßen, waren fröhlich, und alle die daxe gegessen haben, waren traurig) vorliegt. Sie hatten mehr Schwierigkeiten, wenn die Daten nicht perfekt kovariierten und wenn sie zusätzlich noch ihren eigenen Überzeugungen widersprachen. So waren die Versuchspersonen üblicherweise überzeugt, dass die Kleidung im Winter einen Einfluss auf die Gesundheit hat (z.B. das Tragen eines T-Shirts im Winter führt eher zu Krankheit als das Tragen eines warmen Wintermantels). Zeigt man ihnen Daten in imperfekten Kovariationsmustern, die dieser Überzeugung widersprachen (z.B. die meisten Kinder, die krank sind, hatten einen Wintermantel an und die meisten Kinder, die gesund sind, hatten nur ein T-Shirt an), so sind sie weniger bereit, ihre Hypothesen oder die einer anderen Person in Bezug auf diese Daten zu revidieren, als wenn die Daten in perfekten Kovariationsmustern gezeigt wurden oder wenn es sich um einen artifiziellen Kontext handelte, zu dem sie selber keine Überzeugung hatten.

Zusammengenommen zeigen die Befunde der neueren Entwicklungspsychologie zur frühen naturwissenschaftlichen Methodenkompetenz, dass schon Vorschulkinder Kovariationsdaten nutzen können, um Kausalannahmen zu bestätigen oder zu revidieren. Bei der Interpretation von Daten lassen sie sich jedoch von ihrer eigenen Überzeugung zu Zusammenhängen leiten. Sie sind eher bereit, jemandem eine Revision seiner Theorie zuzuschreiben, wenn sie selber keine Meinung zu einem Zusammenhangsmuster haben, als wenn die Daten ihren eigenen Überzeugungen (und denen der Person) widersprechen. Dies gilt insbesondere, wenn es sich um komplexe Datenmuster handelt.

Eine Entwicklung der Fähigkeit zur Datenevaluation im Rahmen eines Kompetenzentwicklungsmodells wurde bislang noch nicht systematisch untersucht. In dem von Hammann (2004) vorgeschlagenen Modell würden die oben beschriebenen Fähigkeiten teilweise in die Dimensionen „Daten analysieren" und „Hypothesen bilden" eingeordnet werden können. Auch in diesen Dimensionen schlägt Hammann, ebenso wie für die Dimension „Experimente planen", vier Kompetenzstufen vor.

Die Stufen zu der Dimension *Daten analysieren* lauten: 1) Daten werden nicht auf die Hypothese bezogen, 2) unlogische Datenanalyse, 3) weitgehend logische Datenanalyse, aber Probleme mit Daten, die den eigenen Erwartungen widersprechen, 4) logische Datenanalyse, auch wenn die Daten den eigenen Erwartungen widersprechen. Auf der Dimension der *Hypothesenbildung* definiert Hammann die folgenden vier Stufen: 1) keine Hypothesen beim

Experimentieren, 2) unsystematische Suche nach Hypothesen, 3) systematische Hypothesensuche, aber fehlerhafte Hypothesenrevision, 4) systematische Hypothesensuche sowie erfolgreiche Hypothesenrevision. Mit unserer oben dargestellten Studie können wir bei beiden Dimensionen vor allen Dingen den Stand von Kindergartenkindern bei Stufe 3 und 4 erfassen und stellen fest, dass die Leistung der Kinder in hohem Maße von der Anforderungssituation abhängt.

Bei der noch ausstehenden Überprüfung dieses Kompetenzstufenmodells müsste auch überprüft werden, ob und wenn dann in welcher Weise die Form, in der die Evidenz gegeben wird (z.B. realistische Bilder, Diagramme, Graphen, Tabellen), einen Einfluss auf die Kompetenzstufe des Kindes hat. In unserem oben beschriebenen Experiment wurden die Probanden mit Zusammenhangsdaten konfrontiert, die als realistische Bilder dargestellt waren. Bei der Durchführung und Beschreibung naturwissenschaftlicher Experimente werden die entsprechenden Werte jedoch üblicherweise in Form von Diagrammen und Graphen dargestellt, da diese die Darstellung großer Datenmengen erlauben und verschiedene Kovariationsmuster schnell erkannt und evaluiert werden können. Unterscheiden sich Kinder in ihrer Fähigkeit, Daten zu analysieren, abhängig davon, in welcher Repräsentationsform diese Daten vermittelt werden? Wir testeten dies, in dem wir analog zu unserem oben dargestellten Experiment unsere vier- bis sechsjährigen Versuchspersonen baten, Kovariationsmuster aus Balkendiagrammen zu interpretieren, ein Balkendiagramm auszuwählen, das mit der Hypothese einer Person übereinstimmt, und die Hypothese einer Person aufgrund von Gegenevidenz, die in einem Balkendiagramm dargestellt war, zu evaluieren (vgl. Koerber/ Sodian 2007). Alles in allem zeigte sich, dass die Kinder keine Probleme hatten, ein Säulendiagramm passend zu der Hypothese einer Person auszusuchen und dass sich ihre Leistung bei der Interpretation von perfekten Kovariationsmustern aus Säulendiagrammen auch nicht von der Interpretation aus realistischen Bildern unterschied. Allerdings hatten diese jungen Kinder auch bei den Säulendiagrammen Probleme, imperfekte Kovariationsmuster zu interpretieren, besonders dann, wenn die Daten ihren eigenen Hypothesen widersprachen.

Zusammengenommen zeigen die oben berichteten Ergebnisse, dass bereits im Vor- und Grundschulalter (natur)wissenschaftliche Basiskompetenzen zur Methodik des Experimentierens vorhanden sind. Ferner wurde gezeigt, dass kognitive Voraussetzungen für das deklarative Wissenschaftsverständnis, schon früher als von Piaget vermutet, vorhanden sind. Im folgenden Abschnitt berichten wir von Studien, in denen wir dem Zusammenhang zwischen diesen beiden Teilkompetenzen nachgingen und Effekte wissenschaftstheoretisch orientierten Unterrichts untersuchten.

9.3 Förderung von Wissenschaftsverständnis und Methodenkompetenz im Grundschulunterricht

Im Rahmen des DFG-Schwerpunktprogramms „Bildungsqualität von Schule" untersuchten wir die Entwicklung des intuitiven Wissens über Naturwissenschaften gegen Ende der Grundschulzeit sowie seine Beeinflussbarkeit durch Unterricht. Hierbei wurde insbesondere auf das vorgefundene Niveau sowie die curricular induzierbare Entwicklung deklarativen Wissenschaftsverständnisses und prozeduralen wissenschaftlichen Denkens fokussiert.

In zwei curricularen Interventionsstudien untersuchten wir sowohl den Status, wie auch die durch speziell angereicherte Curricula induzierbare Entwicklung des Wissenschaftsverständnisses sowie der Methodenkompetenz in der dritten und vierten Grundschulklasse bei Schülern (vgl. Grygier 2006; Grygier/ Günther/ Kircher 2004; Grygier/ Günther/ Kircher/ Sodian/ Thoermer 2003; Sodian et al. 2002, 2006), wie auch bei Lehrern (vgl. Günther 2006; Günther/ Grygier/ Kircher/ Sodian/ Thoermer 2004), wobei die Darstellung hier auf die Schülerstudien beschränkt bleiben soll.

Die Interventionsstudien folgten einem Prä-Post-Test-Design mit Kontrollgruppe. Alle Kinder gaben sowohl im Vor-, wie auch im kurz- und langfristigen Nachtest ein Einzelinterview zum Wissenschaftsverständnis („Nature of Science Interview" nach Carey et al. 1989; Smith/ Maclin/ Houghton/ Hennessey 2000), in dem das Verständnis grundlegender Konzepte und deren Beziehungen des wissenschaftlichen Forschungsprozesses (Fragen und Ziele der Wissenschaft, Hypothesen, Experimente, Theorien, Evidenz, Irrtümer und Fehler) erfragt wurden sowie eine Aufgabe zur Logik des Testens (Variablenkontrollstrategien; die oben beschriebene „Flugzeugaufgabe" und eine Parallelaufgabe; Bullock/ Ziegler 1999). Darüber hinaus wurden im Vortest und nach den jeweiligen inhaltlichen Unterrichtseinheiten inhaltliche Wissenstests (zu den Themengebieten „Hefe", „Optik" sowie „Schwimmen und Sinken") im „Multiple Choice"-Format durchgeführt. Die Kinder der Trainingsklasse erhielten zunächst eine erkenntnistheoretisch motivierte Unterrichtseinheit zum Themenkreis „Optik" (Problematisierung der Zuverlässigkeit der Wahrnehmung, vgl. Grygier/ Kircher 1999) und hierauf aufbauend eine wissenschaftstheoretisch angereicherte Unterrichtseinheit zum Thema „Hefe" (Problematisierung des wissenschaftlichen Forschungskreislaufs anhand der Ausgangsfrage „Warum geht der Brotteig auf?"; adaptiert von

Carey et al. 1989). Ausführliche Darstellungen der Unterrichtseinheiten finden sich in Grygier (2006), Grygier/ Kircher (1999), Grygier et al. (2003) sowie in Sodian et al. (2002). Die Kontrollklasse erhielt im gleichen Zeitraum bei der gleichen Lehrkraft „klassische" Unterrichtseinheiten gleichen zeitlichen Umfangs zu den gleichen Themengebieten ohne die hervorgehobene Problematisierung wissenschafts- und erkenntnistheoretischer Aspekte. Unmittelbar nach diesen Unterrichtseinheiten erfolgte die erste Nachtestung, wiederum mit Hilfe des wissenschaftstheoretischen Interviews, der Aufgabe zur Variablenkontrollstrategie, einem Wissenstest zu den Themengebieten „Hefe" und „Optik", und zusätzlich einer Aufgabe zur Identifikation fehlerhafter Experimentierstrategien. Im weiteren Verlauf des Schuljahres erhielten beide Klassen die sogenannte Transfereinheit, eine konstruktivistisch orientierte Unterrichtseinheit zum Thema „Schwimmen und Sinken" (vgl. Jonen/ Möller 2005). Zuletzt erfolgte dann der zweite Nachtest, wieder mit den oben beschriebenen Instrumenten, und zusätzlich mit einem Wissenstest zur Transfereinheit. Während in Studie 1 (2003/2004; vgl. Grygier 2006) die wissenschaftstheoretischen Aspekte epochal innerhalb der eng umrissenen curricularen Einheiten unterrichtet wurden, wurde in Studie 2 (2005/2006; vgl. Sodian et al. 2006) die Intervention durch über einen längeren Zeitraum verteilte, wiederkehrende Stunden zu erkenntnis- und wissenschaftstheoretischen Aspekten intensiviert.

Es werden hier zunächst die Ergebnisse des abstrakt-definitorischen Interviews zum Wissenschaftsverständnis und im Anschluss die Ergebnisse zur Entwicklung der Experimentierfähigkeiten dargestellt.

9.3.1 Wissenschaftsverständnis

Erwartungsgemäß fand sich sowohl bei den Trainings- als auch den Kontrollgruppen beider Studien mehrheitlich ein Ausgangsniveau, das sich als naiv-realistisch (Niveau 1, siehe oben 2.1) charakterisieren lässt: Grob verallgemeinernd ist das Ziel der Wissenschaft hiernach eine Verbesserung der Lebensumstände, z.B. durch die Erfindung von Medikamenten oder nützlicher Artefakte, das Verständnis des Experimentierens verbleibt auf dem Handlungsaspekt („die probieren so rum"), ein „Experiment" ist dann gelungen, wenn ein wünschenswerter Effekt produziert wird. Zumindest einige Kinder nennen die direkte und exakte Beobachtung (z.B. durch besonders gute Mikroskope) als eine Methode der Wissenschaft, auch hier fehlt jedoch gänzlich das Erkennen der treibenden Rolle der Suche nach Erklärungen (im Sinne von hinter den beobachtbaren Phänomenen liegenden Mechanismen) und der theoriegeleiteten Ableitung und experimentellen Überprüfung von Hypothesen.

Wie sah die kurzfristige Entwicklung des Wissenschaftsverständnisses nach entsprechendem Unterricht aus? In allen Bereichen antwortete die Trainingsklasse auf einem höheren Niveau als die Kontrollklasse: während die Kontrollklasse nach wie vor Wissenschaft vorwiegend als durch direkte Beobachtung gewonnene Faktensammlung (naiv-realistische Sicht) betrachtete, zeigte sich in den Antworten der Trainingsklasse im Mittel eine Annäherung an eine kritisch-konstruktivistische Sichtweise von Wissenschaft als Suche nach Erklärungen bzw. der Testbarkeit von Vermutungen. Auch im langfristigen Nachtest (nach einem Jahr) konnten die Schüler der Trainingsklasse ihr Niveau noch halten, der Abstand zur Kontrollklasse war allerdings nicht mehr signifikant, da die Mehrheit der Schüler der Kontrollklasse nun, mit einer Verzögerung von einem Jahr, ebenfalls Elemente eines konstruktivistischen Wissenschaftsverständnisses erarbeitet hatte.

9.3.2 Methodenkompetenzen: Variablenkontrollstrategie

Die Kinder beider Gruppen erhielten die in Abschnitt 2.2 beschriebene Aufgabe zur Variablenkontrolle. Trotz des etwas höheren Eingangsalters von etwa zehn Jahren in der vierten Klasse schnitten die Kinder im Vortest vergleichbar ab wie die acht- bis neunjährigen Teilnehmer der LOGIK-Studie: nur etwa 20% konnte spontan ein kontrolliertes Experiment vorschlagen, wohingegen etwa die Hälfte in der Lage war, ein kontrolliertes Experiment auszuwählen. Hier zeigte sich sowohl für den kurzfristigen als auch für den langfristigen Nachtest ein deutlicher Effekt der Unterrichtseinheit: In der Trainingsklasse konnten diese Kinder über das Jahr hinweg ihren Vorsprung erhalten und über 2/3 waren in der Lage, spontan ein kontrolliertes Experiment zu entwickeln, während dies nur für weniger als 30% der Schüler der Kontrollklasse galt und hier keine Verbesserung der Kompetenz zu verzeichnen war.

Zusammenfassend lässt sich also sagen, dass sowohl Wissenschaftsverständnis als auch Methodenkompetenzen schon bei älteren Grundschülern durch geeigneten Unterricht aufgebaut werden können. Bemerkenswert ist, dass in unserem Curriculum kein Strategietraining zur Vermittlung von Experimentierstrategien stattfand, sondern dass die Vermittlung der experimentellen Methodik eingebettet war in den Kontext der Vermittlung wissenschafts- und erkenntnistheoretischer Grundbegriffe. Obwohl die Schüler der Trainingsklasse kein Training in der Variablenkontrollstrategie erhalten hatten, verbesserten sie sich in der spontanen Produktion dieser Strategie markant und behielten diesen Vorsprung auch langfristig bei. Auch für das abstrakt-deklarative Verständnis wissenschaftstheoretischer Grundbegriffe zeigte sich ein kurz- und mittelfristiger Effekt des wissenschaftstheoretischen Unterrichts. Der Unterricht der Kontrollklasse, der ebenfalls Einblick in naturwissenschaftliche Phänomene vermittelte, hatte kurzfristig keine statistisch signifikanten Effekte auf das Wissen *über* Naturwissenschaft. Dies bestätigt die Vermutung, dass die *explizite* Vermittlung von Wissen über Wissenschaft wichtig für den Aufbau wissenschaftstheoretischen Verständnisses ist. Dieser Befund deutet auf die Notwendigkeit strukturierter und expliziter Problematisierung erkenntnis- und wissenschaftstheoretischer Aspekte im Unterricht hin – allein durch die Auseinandersetzung mit den Phänomenen und das Durchführen vorstrukturierter Experimente wird hier kein befriedigender Lernerfolg erzielt.

9.4 Zusammenfassung und Ausblick

Zusammenfassend zeigen die oben beschriebenen Befunde zum frühen Erwerb von Wissen über Wissenschaft, dass Kinder wesentlich früher als bisher angenommen ein Grundverständnis der Wissenskonstruktion und der Hypothesenprüfung zeigen und auch darin gefördert werden können. Dies betrifft beide von uns untersuchten Komponenten: das Wissen über Wissenschaften und das naturwissenschaftliche Methodenverständnis. Zudem belegen die von uns dargestellten Befunde auch, dass es große individuelle Unterschiede in der Entwicklung von Wissenschaftsverständnis und Methodenkompetenzen gibt. Auch die Art der Aufgabenstellung und die Art der Wissensrepräsentation (z.B. deklaratives Wissen versus prozedurales Wissen) spielt eine Rolle.

Die systematische Untersuchung der Entwicklung von Kompetenzen in verschiedenen Aufgabentypen, die unterschiedlichen Arten der Wissensrepräsentation zugeordnet werden können, kann helfen, Theorien zur Entwicklung des (natur)wissenschaftlichen Denkens zu evaluieren. Im Gegensatz zu Piagets Annahme formal-operatorischer Defizite im Grundschulalter gehen neuere Ansätze davon aus, dass die Probleme der Grundschulkinder eher in einem mangelndem wissenschafts- und erkenntnistheoretischem Wissen liegen, das nötig ist, um Begriffe wie Hypothese, Theorie und Experiment zu verstehen (vgl. Kuhn et al. 1988), oder dass die Probleme in den hohen Anforderungen an Verarbeitung und Gedächtnis liegen, die die Piaget'schen Aufgaben stellen. Ergebnisse von Aufgaben, in denen die gleichen Probanden bei Aufgaben mit unterschiedlicher Anforderung an die Informationsverarbeitung, aber mit gleichen begrifflichen und operationalen Strukturen (z.B. spontane Produktion und Auswahl adäquater Experimente), unterschiedliche Leistung zeigen, erlauben es, zwischen begrifflichen, operationalen und sonstigen Defiziten (z.B. Gedächtnisproblemen) zu unterscheiden. Neben theoretischen Überlegungen sind auch die praktischen Implikationen der Unterscheidung verschiedener Arten der Wissensrepräsentation von großer Bedeutung. Diese Unterscheidung verdeutlicht, dass der Erwerb naturwissenschaftlicher Kompetenzen kein „Alles oder nichts"-Prozess ist und dass sich wesentliche Kompetenzen bereits im Grundschulalter durch relativ kurzfristige Instruktion aufbauen und fördern lassen. Weitere Forschung ist nötig, um die Effekte längerfristigen wissenschaftstheoretischen Unterrichts schon in der Grundschule aufzuklären.

Die Entwicklung von Kompetenzmodellen in diesem Bereich geschieht bislang vor allem auf deskriptiver Ebene. So bleibt es beispielsweise zu überprüfen, inwieweit die vorgeschlagenen Niveaustufen universell sind und ob es intraindividuelle Konsistenzen in der Entwicklung des Wissens über Wissenschaft und der naturwissenschaftlichen Methoden gibt. Weiter ist der Zusammenhang zwischen der Kompetenzentwicklung in naturwissenschaftlichen Inhalten und der Entwicklung formal-wissenschaftlicher Kompetenzen ein Desiderat zukünftiger Forschung.

Literatur

Baumert, J.; Bos, W.; Lehmann, R. (Hrsg.) (2000): TIMSS/III. Dritte internationale Mathematik- und Naturwissenschaftsstudie. Mathematische und naturwissenschaftliche Bildung am Ende der Schullaufbahn. Band 2: Mathematische und physikalische Kompetenzen am Ende der gymnasialen Oberstufe. Opladen.

Bayerisches Staatsministerium für Arbeit und Sozialordnung, F. u. F. S. f. F. (2005): Der Bayerische Bildungs- und Erziehungsplan für Kinder in Tageseinrichtungen bis zur Einschulung. Vol. 2., aktualisierte und erweiterte Auflage, Weinheim, Basel.

Bullock, M.; Sodian, B. (2003): Entwicklung des wissenschaftlichen Denkens. In: Schneider, W. Knopf, M. (Hrsg.): Entwicklung, Lehren und Lernen. Göttingen, S. 75-92.

Bullock, M.; Ziegler, A. (1999): Scientific reasoning: developmental and individual differences. In: Weinert, F.E.; Schneider, W. (Eds.): Individual development from three to twelve. Cambridge, pp. 38-60.

Carey, S. (1991): Knowledge acquisition: Enrichment or conceptual change? In: Carey, S.; Gelman, R. (Eds.): The epigenesis of mind: Essays on biology and cognition. Hillsdale, NJ., pp. 257-291.

Carey, S.; Evans, R.; Honda, M.; Jay, E.; Unger, C. (1989): An experiment is when you try it and see if it works. A study of junior high school students' understanding of the construction of scientific knowledge. In: International Journal of Science Education, 11, pp. 514-529.

Carey, S.; Smith, C. (1993): On understanding the nature of scientific knowledge. In: Educa-

tional Psychologist, 28, pp. 235-251.
Driver, R.; Leach, J.; Millar, R.; Scott, P. (1996): Young people's images of science. Bristol.
Grygier, P. (2006): Zur Bedeutung des Wissenschaftsverständnisses von Grundschülern für die Erarbeitung naturwissenschaftlicher Inhalte im Sachunterricht. Unveröffentlichte Dissertation, Julius-Maximilians-Universität. Würzburg.
Grygier, P.; Günther, J.; Kircher, E. (2004): Über Naturwissenschaften unterrichten – Vermittlung von Wissenschaftsverständnis in der Grundschule. Baltmannsweiler.
Grygier, P.; Günther, J.; Kircher, E.; Sodian, B.; Thoermer, C. (2003): Unterstützt das Lernen über Naturwissenschaften das Lernen von naturwissenschaftlichen Inhalten im Sachunterricht? In: Cech, D.; Schwier, H.-J. (Hrsg.): Lernwege und Aneignungsformen im Sachunterricht. Bad Heilbrunn, S. 59-76.
Grygier, P.; Kircher, E. (1999): Wie zuverlässig ist unsere Wahrnehmung? In: Schreier, H. (Hrsg.): Nachdenken mit Kindern. Bad Heilbrunn, S. 142-157.
Günther, J. (2006): Lehrerfortbildung über die Natur der Naturwissenschaften – Studien über das Wissenschaftsverständnis von Grundschullehrkräften. Berlin.
Günther, J.; Grygier, P.; Kircher, E.; Sodian, B.; Thoermer, C. (2004): Studien zum Wissenschaftsverständnis von Grundschullehrkräften. In: Doll, J.; Prenzel, M. (Hrsg.): Bildungsqualität von Schule: Lehrerprofessionalisierung, Unterrichtsentwicklung und Schülerförderung als Strategien der Qualitätsverbesserung. Münster, S. 93-113.
Hammann, M. (2004): Kompetenzentwicklungsmodelle: Merkmale und ihre Bedeutung dargestellt anhand von Kompetenzen beim Experimentieren. In: Der mathematische und naturwissenschaftliche Unterricht – MNU, 57, H. 4, S. 196-203.
Inhelder, B.; Piaget, J. (1958): The growth of logical thinking from childhood to adolescence. New York.
Jonen, A.; Möller. K. (2005): Paket 1: Schwimmen und Sinken. In: Möller, K. (Hrsg.): Die KiNT-Boxen – Kinder lernen Naturwissenschaft und Technik. Klassenkisten für den Sachunterricht. Essen.
Kircher, E. (1995): Studien zur Physikdidaktik – Erkenntnis- und wissenschaftstheoretische Grundlagen. Kiel.
Klahr, D.; Dunbar, K. (1988): Dual search space during scientific reasoning. In: Cognitive Science, 12, pp. 1-48.
Koerber, S.; Sodian, B.; Thoermer, C.; Nett, U. (2005): Scientific reasoning in young children. Preschoolers' ability to evaluate covariation evidence. In: Swiss Journal of Psychology, 64, vol. 3, pp. 141-152.
Koerber, S.; Sodian, B. (2007): Can preschool children understand causal relations represented in bar graphs? Poster presented at the Society for Research in Child Development. Boston, MA.
Kuhn, D.; Amsel, E.; O'Loughlin, M. (1988): The development of scientific thinking skills. Orlando, FL.
Lederman, N.G. (1992): Students' and teachers' conceptions of the nature of science: A Review of the Research. In: Journal of Research in Science Teaching, 29, pp. 331- 359.
Mc Comas, W. F.; Mc Clough, M.; Almaroza, H. (1998): The role and character of the nature of science. In: Mc Comas, W.F. (Ed.): The Nature of Science in Science Education. Dordrecht, pp. 3-39.
Pillow, B. (1991): Children's understanding of biased social cognition. In: Developmental Psychology, 27, vol. 4, pp. 539-551.
Prenzel, M.; Geiser, H.; Langeheine, R.; Lobemeier, K. (2003): Das naturwissenschaftliche

Verständnis am Ende der Grundschule. In: Bos, W.; Lankes, E.-M.; Prenzel, M.; Schwippert, K.; Walther, G.; Valtin, R. (Hrsg.): Erste Ergebnisse aus IGLU. Schülerleistungen am Ende der vierten Jahrgangsstufe im internationalen Vergleich. Münster, S. 143-187.

Rost, J.; Walter, O.; Carstensen, C.; Senkbeil, M.; Prenzel, M. (2005): Der nationale Naturwissenschaftstest PISA 2003. In: Der mathematische und naturwissenschaftliche Unterricht, 58, H. 4, S. 196-204.

Samarapungavan, A. (1992): Children's judgments in theory choice tasks: Scientific rationality in childhood. In: Cognition, 45, pp. 1-32.

Schecker, H.; Parchmann, I. (2006): Modellierung naturwissenschaftlicher Kompetenz. In: Zeitschrift für Didaktik der Naturwissenschaften, 12, S. 45-66.

Smith, C.; Maclin, D.; Houghton, C.; Hennessey, M.G. (2000): Sixth grade students' epistemologies of science: the impact of school science experiences on epistemological development. In: Cognition and Instruction, 18, pp. 349-422.

Sodian, B.; Jonen, A.; Thoermer, C.; Kircher, E. (2006): Die Natur der Naturwissenschaften verstehen – Implementierung wissenschaftstheoretischen Unterrichts in der Grundschule. In: Prenzel, M.; Allolio-Näcke, L. (Hrsg.): Untersuchungen zur Bildungsqualität von Schule. Abschlussbericht des DFG-Schwerpunktprogramms. Münster, S. 147-160.

Sodian, B.; Thoermer, C. (2006): Theory of Mind. In: Schneider, W.; Sodian, B. (Hrsg.): Enzyklopädie der Psychologie. Serie Entwicklungspsychologie. Band 2: Kognitive Entwicklung. Göttingen, S. 495-608.

Sodian, B.; Thoermer, C.; Kircher, E.; Grygier, P.; Günther, J. (2002): Vermittlung von Wissenschaftsverständnis in der Grundschule. In: Zeitschrift für Pädagogik, 45. Beiheft, S. 192-206.

Thoermer, C.; Sodian, B. (2002): Science undergraduates' and graduates' epistemologies of science: The notion of interpretive frameworks. In: New Ideas in Psychology 26, pp. 263-283.

Weinert, F.E.; Schneider, W. (Eds.) (1999): Individual development between three and twelve. Cambridge.

Wellman, H.M.; Gelman, S.A. (1992): Cognitive development: Foundational theories of core domains. In: Annual Review of Psychology, 43, pp. 337-375.

Hartmut Giest, Andreas Hartinger & Joachim Kahlert

10 Auf dem Weg zu einem sachunterrichtlichen Kompetenzmodell

10.1 Ansprüche an Bildungsstandards für den Sachunterricht

Alle Fachdidaktiken, so auch die des Sachunterrichts, machen sich auf den Weg, Bildungsstandards zu entwickeln, die auf Kompetenzmodellen (Struktur- und/ oder Entwicklungsmodellen) beruhen. Dies geschieht direkt oder indirekt initiiert durch die KMK[1] (also einer top down-Strategie folgend), wird in der Regel als Reaktion auf die Ergebnisse internationaler Schulleistungstests legitimiert und ist vor allem bildungspolitisch motiviert. Gleichwohl wird der Diskurs über Unterrichts- und Schulqualität, die Qualität der Lehrerbildung, das Lernen und eine neue Lernkultur auch innerhalb der mit Bildung befassten Wissenschaften intensiv geführt (vgl. etwa Zeitschrift für Erziehungswissenschaft 4/1999; 7/2004; 1 und 4/2005, 5/2006; Zeitschrift für Pädagogik 5/2002; 5/2004; 51/2005; 49. Beiheft, Pädagogik 1; 2; 6/2000; 4/2003; 6/2005; Zeitschrift Sonderpädagogische Förderung 3/2006) bzw. Expertengruppen (Bildungskommission NRW 1995, Delors et al. 1997, Bildungskommission ... 2003, Arbeitsstab Forum Bildung ... 2000).

Dabei muss – was im Diskurs manchmal aus dem Blick gerät – klar sein, was die KMK mit Bildungsstandards und Kompetenzorientierung bezwecken will (vgl. KMK 2005 und Klieme et al. 2003):

„Bildungsstandards konzentrieren sich auf Kernbereiche eines bestimmten Faches. Sie decken nicht die ganze Breite eines Lernbereiches ab, sondern formulieren fachliche und fachübergreifende Basisqualifikationen, die für die weitere schulische und berufliche Ausbildung von Bedeutung sind und die anschlussfähiges Lernen ermöglichen" (KMK 2005, S. 7).

„Die vorgelegten Standards konzentrieren sich damit auf überprüfbare, fachbezogene Kompetenzen und vermessen keineswegs das gesamte Spektrum von Bildung und Erziehung. Kompetenzen sind abgrenzbar, d.h. man kann

---

[1] Horst Bayerhuber (2007) fordert beispielsweise die KMK auf, zu beantworten, warum einige Fächer von der Erarbeitung von Bildungsstandards ausgenommen wurden.

bestimmen, ob eine Schülerin oder ein Schüler über eine bestimmte Kompetenz verfügt oder nicht. Deshalb werden die Kompetenzen möglichst konkret beschrieben, so dass sie in Aufgabenstellungen umgesetzt und prinzipiell mit Hilfe von Testverfahren erfasst werden können.
Die Orientierung an Kompetenzen hat zur Folge, dass
- der Blick auf die Lernergebnisse von Schülerinnen und Schülern gelenkt,
- das Lernen auf die Bewältigung von Anforderungen und nicht nur auf den Aufbau von zunächst ungenutztem Wissen ausgerichtet und
- das Lernen als kumulativer Prozess organisiert wird.
Schülerinnen und Schüler haben fachliche Kompetenzen ausgebildet, wenn sie
- zur Bewältigung einer Situation vorhandene Fähigkeiten nutzen,
- dabei auf vorhandenes Wissen zurückgreifen und sich benötigtes Wissen beschaffen,
- die zentralen Zusammenhänge eines Lerngebietes verstanden haben,
- angemessene Lösungswege wählen,
- bei ihren Handlungen auf verfügbare Fertigkeiten zurückgreifen,
- ihre bisher gesammelten Erfahrungen in ihre Handlungen mit einbeziehen" (ebenda, S. 16).

Damit wird deutlich, dass hier vor allem das Fach (fachbezogene Kompetenzen) und die schulische und berufliche Ausbildung im Blick sind und keinesfalls Bildung in einem weiteren Verständnis, wie es sich zum Beispiel im Bildungsbegriff von Henning Kößler ausdrückt. Dort wird Bildung verstanden als „Erwerb eines Systems moralisch erwünschter Einstellungen durch die Vermittlung und Aneignung von Wissen derart, dass Menschen im Bezugssystem ihrer geschichtlich-gesellschaftlichen Welt wählend, wertend und stellungnehmend ihren Standort definieren, Persönlichkeitsprofil bekommen und Lebens- und Handlungsorientierung gewinnen" (Kößler 1997, S. 113; vgl. auch Benner 2005). Die Verabschiedung von einem solchen orientierungsmächtigen Bildungsbegriff erfolgt eher nonchalant, ohne bildungstheoretisch tragfähige Begründungen und ist letztlich einem messtechnischen Pragmatismus geschuldet. Diese Ignoranz gegenüber dem jahrzehntelang (auch) auf hohem Niveau geführten Bildungsdiskurs sowie die mit der Messung bzw. Messbarkeit von Kompetenzen als Ergebnis von unterrichtlichen Lernprozessen verbundenen Probleme, mit denen vor allem die empirische Unterrichtsforschung konfrontiert ist (vgl. Klieme 2006, Klieme/ Leutner 2006), hat Kritiker auf den Plan gerufen (vgl. etwa Journal für Schulentwicklung – Themenheft Standards, 4/ 2004, v.d. Groeben 2005, Heymann 2005).

Im Wesentlichen bezieht sich die Kritik auf folgende Punkte:
- Der Bildungsbegriff muss den Kompetenzen vorgeschaltet werden – Kompetenzen ohne Bildung taugen nichts.
- Es kommt zu einer Marginalisierung derjenigen Fächer, für die keine zentral entwickelten Bildungsstandards normativ vorgegeben sind (vgl. auch Richter in diesem Band, Wagner/ Peschke 2006, Meier/ Meschenmoser 2007).
- Der Wechsel von der In- zur Output-Steuerung behindert die Schulentwicklung (z.B. Bindung von Ressourcen für Testerei; Definitionsmacht).
- Eine zu starke Orientierung auf die externe Evaluation führt zu einem Widerspruch zwischen der Administration von Standards durch die Schulaufsicht und der Autonomie der Schule.
- Insgesamt ist der Lernprozess selbst zu wenig im Blick. Dafür liegt der Fokus auf den Resultaten des Lernens, woraus die Gefahr des Lernens für den Test erwächst.
- Die Erträge der curricularen Forschungen in den 1970er Jahren finden keine bzw. zu wenig Beachtung (vgl. Hameyer 2004, Roff 2004, Brügelmann 2004, Maag-Merki 2004 u.a.).

Allerdings greift die Unterstellung eines einfachen Paradigmenwechsels von der Input- zur Output-Steuerung des Bildungswesens zu kurz. Dies ist – ungeachtet der Tatsache, dass in den Beiträgen dieses Bandes dies auch teilweise so anklingt – von der KMK nicht beabsichtigt (vgl. KMK 2005, Priebe/ Schratz 2007). Vielmehr sollen Kerncurricula entwickelt werden, die sich an den normativ vorgegebenen Bildungsstandards und deren Präzisierung in Form von Kompetenzmodellen (bezogen auf Struktur- und/ oder Entwicklungsmodelle) orientieren. Die Kerncurricula bzw. Bildungsstandards und Kompetenzbeschreibungen können den einzelnen Schulen Raum geben, um schulinterne Curricula zu entwickeln. Damit könnten Schulen sich flexibler auf die Lern- und Bildungsvoraussetzungen ihrer Schülerschaft einstellen.

Diese Grundidee unterscheidet die heutige Kompetenzentwicklung wesentlich von geschlossenen Curricula (im Sinne der Fernsteuerung von Lehrern und Schülern durch die Lehrplanmacher) bzw. von einer behavioristisch getönten Operationalisierung von Lernzielen (im Sinne Blooms 1971, vgl. aber Krathwohl 2002 zur Weiterentwicklung des Modell und die Anmerkung 1 am Ende dieses Beitrages). Trotz Individualisierung und Autonomie – vor allem im Hinblick auf die Wege, mit denen die intendierten Ziele erreicht werden sollen – wird jedoch ein Kernbestand an Kompetenzen angestrebt, die möglichst alle Schüler erreichen sollen. Die KMK hat Regelstandards formuliert,

diskutiert wird jedoch, ob nicht Mindeststandards formuliert werden sollten. Die Überprüfung der Erreichung der Bildungsstandards erfolgt vor allem durch Leistungstests (in der Regel Aufgabensammlungen), die durch die Bildungsadministration legitimiert werden (Bildungsmonitoring). Die Ergebnisse sollen an die Schulen rückgemeldet werden, woraus Impulse für die pädagogische Arbeit vor Ort und die Weiterentwicklung schulinterner Curricula abgeleitet werden sollen.
Bislang erweist es sich jedoch als Schwachstelle, dass von Lehrern erwartet wird, dass sie allein aus Output-Daten schlüssige Konsequenzen für die Veränderung des eigenen Unterrichts ableiten sollen. Ob und inwiefern dies in Zukunft gelingen mag, bleibt gegenwärtig noch unklar. Erste Wortmeldungen aus der Schulpraxis stimmen eher skeptisch (vgl. z.B. die Beiträge in Grundschulverband 2007, S. 3ff).

Mit Blick auf den Sachunterricht wird die oben genannte Problemlage noch verschärft: Zunächst ist das hinlänglich bekannte Problem der Sicherung nachhaltiger Bildung, einer lernenden Begegnung mit den Dingen statt purer Beschäftigung (die u.a. durch eine falsch verstandene „Handlungsorientierung" legitimiert wurde, vgl. Beck 1993, vgl. auch Ramseger 2004, Hameyer/ Schreier 2002), nach wie vor ungelöst. Der Perspektivrahmen Sachunterricht (GDSU 2002) kann als ein wichtiger Schritt in Richtung auf die Bearbeitung dieses Problems angesehen werden und bildet eine gute Voraussetzung für die Arbeit an der Entwicklung von Bildungsstandards. Anderseits besteht die Schwierigkeit, dass Sachunterricht gerade kein Fachunterricht ist und dass eine Einengung seines Bildungsauftrages auf Voraussetzungen für die weitere schulische und berufliche Ausbildung der Schüler nicht zu akzeptieren ist. Die wesentliche Ausgangsgröße für den Sachunterricht ist das Verhältnis Mensch-Welt (Kind-Welt) und gerade hier ist sein Bildungsauftrag zu verorten. Benner (2005) fordert mit Blick auf dieses Verhältnis dynamische Kompetenzen, die ein breites Spektrum an Leistungen abbilden. Die wesentlichen Kompetenzen, die Kinder im Sachunterricht erwerben sollen, beziehen sich auf die Gestaltung des Verhältnisses Kind-Welt, nämlich auf das Gewinnen von Handlungs- bzw. Gestaltungskompetenz (vgl. Gräsel/ Bilharz in diesem Band) mit Blick auf die eigene Lebenswelt. Wenn eben die genannten Autoren kritisieren, dass in den Leistungstests der empirischen Unterrichtsforschung aufgabenorientierte Kompetenz, nicht aber Handlungskompetenz geprüft wird, so kann man schlussfolgern, dass diese Tests gerade die für den Sachunterricht relevanten Kompetenzen im Sinne seiner Bildungsziele nicht prüfen (können?). Denn es geht ja nicht (bloß) darum, dass Kinder prinzipiell in der Lage sind, bestimmte Aufgaben zu lösen, sondern es geht darum, dass sie sich bezogen auf die Lebensanforderungen selbst diese Aufgaben stellen und diese lösen können. Insofern ist besonders auch für den Sachunterricht zu fordern, dass Bildungsstandards dem Bildungsbegriff nachzuordnen sind. Die Bildungsaufgaben des Sachunterrichts sind nun einmal keine primär fachlichen, sondern umfassen drei Dimensionen:

1. Kinder sollen lernen können, aktuelle Anforderungen ihres Lebens zu bewältigen, weil dies in der modernen, sich rasch wandelnden Gesellschaft nicht oder nicht ausreichend in den Familien oder der Alltagswelt grundgelegt wird. Dafür ist gezieltes Lernen erforderlich (z.B. zur Entwicklung von Kompetenzen für die Teilnahme im Straßenverkehr, für das Bewegen im öffentlichen Raum, für den Schutz der eigenen Gesundheit u.a.). Nur von der Schule kann verlässlich und zuverlässig erwartet werden, dafür gezielt Raum zu bieten.
2. Kinder müssen auf die Bewältigung zukünftiger Lebensanforderungen vorbereitet werden, für deren Grundlegung im Grundschulalter günstige Voraussetzungen bestehen (z.B. Suchtprävention, Gewaltprävention, Schutz vor Missbrauch, ökologisch sinnvolles Verhalten u.a.).
3. Kinder müssen Lernvoraussetzungen für die Bewältigung künftiger Lernanforderungen in den Fächern erwerben, wobei im Sachunterricht der Fokus auf solchen fachlichen Bildungsinhalten liegt, die mehr oder weniger unmittelbar zum Verstehen der Lebenswelt beitragen.

Bildungsstandards für den Sachunterricht müssen also das Wechselverhältnis Kind-Welt thematisieren und dürfen nicht nur auf fachbezogene oder fachübergreifende Erwartungen an Schülerleistungen bei der Bewältigung bestimmter Aufgabenklassen, die sich auf die schulische oder berufliche Ausbildung beziehen, reduziert werden.

Klieme/ Maag-Merki/ Hartig (2007) machen darauf aufmerksam, dass Kompetenzen kontextspezifische kognitive Leistungsdispositionen umfassen, wobei unter Kontext der Bereich von Situationen und Anforderungen verstanden wird, auf den sich ein Kompetenzkonstrukt bezieht. Kompetenzen sollen sich dabei auf „reale", d.h. außerhalb von Bildungsprozessen liegende Anforderungen beziehen. Zu Recht weisen die Autoren in diesem Zusammenhang auf die Möglichkeit einer gewissen Willkür hin, wenn Kontext zu beliebig definiert wird. Wichtig anzumerken ist hier jedoch, dass Kontext aus psychologischer Sicht nie nur „objektiv", als „reale", von außen kommende Anforderung und Situation aufgefasst werden darf, sondern stets als Interdependenz innerer (Sinnkonstruktion auf dem Hintergrund der subjektiven Bedürfnisse, Werte, Kenntnisse ...) und äußerer Bedingungen (eben den Anforderungen, in der Bedeutung, welche diese aus intersubjektiver, gesellschaftlicher oder „objektiver" Sicht haben). Ein lernendes Subjekt setzt sich auf dem Hintergrund seiner inneren Bedingungen mit äußeren Anforderungen auseinander, die im Sinne der Reafferenz auf diese zurück wirken. Beachtet man diesen Zusammenhang nicht, besteht die Gefahr, dass der Kontext losgelöst vom Subjekt konstruiert wird, welches dann gezwungen ist, sich diesem lernend anzupassen, statt sich mit ihm kompetent gestaltend auseinander zu setzen. Kompetenzmessung läuft dann Gefahr, Anpassungsleistungen an Anforderungen und Situationen zu messen, die weitgehend losgelöst von Sinnkonstruktionen des Lernenden und mithin von Kompetenzen aus einer humanistischen Bildungsperspektive sind.

Der fehlende Sinnbezug der im Fachunterricht anzueignenden Bildungsinhalte gilt als eine zentrale Ursache für die aus den internationalen Schulleistungstests gefolgerten Defizite bei den fachlichen Leistungen der Schüler (in Deutschland) (vgl. DPG 2006). Bildungsprozesse im Sachunterricht sind darauf gerichtet, dass Schüler Anforderungsklassen mit Bezug zu aktuellen, zukünftigen Lebens- und Lernanforderungen erfüllen können. Dazu zählen stets auch motivationale, volitive und emotionale Komponenten und vor allem der Sinn, den die Lernenden mit den Anforderungen verbinden. Bei Leistungstests, die Aufgaben vorgeben und lediglich die Qualität der Bearbeitungsergebnisse prüfen, wird nicht erfasst, welchen Sinn die Kinder mit den Aufgaben verbinden (vgl. auch Vollmer 2007). Eine Prüfung der Ergebnisse des Sachunterrichts kann daher – seinem Bildungsauftrag entsprechend – nicht in erster Linie auf (mehr oder weniger vom lebensweltlichen Kontext abstrahierten, und insofern dekontextualisierten) fachlichen Lernanforderung beruhen. Vielmehr muss die Fähigkeit, Lebensanforderungen meistern zu können, einbezogen werden. Daher sind Möglichkeiten und Grenzen der Darstellung von erwarteten Lernergebnissen in Form von Kompetenzmodellen bzw. der sich daraus ableitenden Kompetenzmessung sorgfältig zu prüfen.

10.2 Zusammenfassende Auswertung der Beiträge

Die in diesem Band versammelten Beiträge behandeln vorrangig die oben gekennzeichnete dritte Perspektive des fachlichen Lernens. Das ist verständlich, da bis auf die Ökologie hier die Beiträge aus der Perspektive der Didaktik einzelner Unterrichtsfächer oder fachlicher Perspektiven verfasst wurden. Die beiden zuvor genannten Perspektiven müssten jedoch auch berücksichtigt werden, um zu verhindern, dass der Sachunterricht auf einen fachvorbereitenden Unterricht reduziert wird. Beispielsweise zeigen die vom Projektzentrum für Vergleichende Bildungsforschung (ZVB) in Österreich für den Sachunterricht vorgeschlagenen Beispielaufgaben (http://www.iea-austria.at/timss/aufgaben.html, Download 21.09.2007) überdeutlich das Problem eines fachlich eingeschränkten Bildungsverständnisses.

Im einleitenden Beitrag zu diesem Band haben wir Fragen aufgeworfen, die wir nun versuchen, überblicksmäßig zu beantworten.

10.2.1 Kompetenzen bzw. Struktur von Kompetenzen

Im Einführungstext wurde bereits darauf hingewiesen, dass Kompetenzen in vielen Fällen so komplex sind, dass sie weder sauber beschrieben, noch gemessen werden können. In Kompetenzen treten verschiedene Wissensformen (z.B. Sach-, Methoden-, Wert-, Norm-, metakognitives Wissen) „in Aktion". Sie bestehen aus Teilkomponenten („Teilkompetenzen'), die miteinander wechselwirken, so dass es schwierig wird, domänenspezifische, domänenübergreifende bzw. domänenunabhängige Komponenten sauber zu trennen und zu messen. Man kann zwar Wissen prüfen (Testarbeiten), wenn es aber um Wissen „in Aktion" geht, dann wird es schwer, unterschiedliche Komponenten, die in komplexes Handeln eingehen, sauber zu trennen und in Beziehung zu setzen. Betrachtet man beispielsweise die fremdsprachliche Kompetenz, z.B. bezogen auf das Verstehen eines Textes, so interagieren fremdsprachliche, d.h. domänenspezifische und domänenübergreifende Kompetenzen. Wenn beispielsweise eine Beispielaufgabe der KMK lautet, sich in einer Talkshow zu einem konstruierten Problem (die Schwester als Ausreißerin, die zu Weihnachten wieder nach Hause kommen soll – vgl. KMK 2003 in Vollmer 2007) zu äußern, dann gehen hier, neben den kulturellen Momenten (es wird vorausgesetzt, dass man Talkshows kennt und sich vorstellen kann, in einer zu agieren; und es wird vorausgesetzt, dass man dies auch tatsächlich mag, es also zur individuellen Kultur gehört und Sinn stiftet), fremdsprachliche und kommunikative, soziale, personale u.a. Kompetenzen ein. Schon dieses Beispiel macht deutlich, dass sich fachliche Kompetenzen schlecht von übergreifenden allgemeinen Kompetenzen der handelnden Persönlichkeit trennen lassen, wenn man Kompetenzen auf Lebensanforderungen beziehen will. Auch die Beiträge dieses Bandes zeigen, dass sowohl inhaltsspezifische als auch übergreifende Fähigkeiten häufig in eine Kompetenz eingehen.

Die Probleme bei der fachbezogenen Konkretisierung des Kompetenzbegriffes liegen auch darin begründet, dass der Kompetenzbegriff unscharf formuliert wurde. Weinert (1999) hat immerhin sechs Kompetenzbegriffe umrissen, einer davon fokussiert den Begriff auf kognitive Leistungsdispositionen (funktional bestimmte, auf bestimmte Klassen von Situationen und Anforderungen bezogene kognitive Leistungsdispositionen, die sich psychologisch als Kenntnisse, Fertigkeiten, Strategien, Routinen oder auch bereichsspezifische Fähigkeiten beschreiben lassen). Diese vor allem psychologisch und psychometrisch orientierte Version wird seitens der empirischen Unterrichtsforschung präferiert (vgl. Klieme 2004, Helmke 2001, Hartig/ Klieme 2007). Viele fachdidaktisch arbeitende Autoren – so auch wir im Einleitungsbeitrag dieses Bandes – beziehen sich dagegen auf die von Weinert (2001, S. 27f.) formulierte Fassung: Kompetenzen „sind die bei Individuen verfügbaren oder durch sie erlernbaren kognitiven Fähigkeiten und Fertigkeiten, um bestimmte Probleme zu lösen, sowie die damit verbundenen motivationalen, volitionalen (d.h. absichts- und willensbezogenen) und sozialen Bereitschaften und Fähigkeiten, um die Problemlösungen in variablen Situationen erfolgreich und verantwortungsvoll nutzen zu können." Hier werden nicht nur die (kognitiven) Dispositionen in den Blick genommen, deren Prüfung darauf verweist, ob der Schüler prinzipiell in der Lage ist, eine Aufgabenklasse aus dem Anforderungsbereich zu bewältigen, sondern es geht um die Handlungskompetenz selbst, d.h. das Handeln im Anwendungsfeld und nicht nur das Lösen bestimmter Aufgaben.

In allen Beiträgen dieses Bandes spiegelt sich wider, dass es zwei Referenzsysteme für die Bestimmung der Kompetenzen gibt. Das erste Referenzsystem ist recht allgemein, wie z.B. der für die Physik (vgl. KMK 2005, DPG 2006) entwickelte Ansatz, welcher von einigen Autoren aufgegriffen wurde:
- Fachwissen,
- Erkenntnisgewinnung,
- Kommunikation,
- Beurteilen/ Bewerten (z.B. in diesem Band - Richter, S. 80 ; Harms/ Sommer, S. 33).

Manchmal wird noch allgemeiner formuliert:
- Sachkompetenz,
- Orientierungskompetenz,
- Methodenkompetenz (z.B. von Reeken in diesem Band, S. 20).

Teilweise wird indirekt vom Begriff der Handlungskompetenz ausgegangen[2] und das fachbezogene Modell aus den von der KMK formulierten vier Teil-

---

[2] „Handlungskompetenz wird verstanden als die Fähigkeit des Einzelnen, sich in beruflichen, gesellschaftlichen und privaten Situationen sachgerecht, durchdacht, sowie individuell und sozial verantwortlich zu verhalten" (Kultusministerkonferenz/ KMK, 5. Februar 1999).

kompetenzen abgeleitet: Sach- oder Fachkompetenz, Methodenkompetenz, Sozialkompetenz, Persönlichkeitskompetenz. Diese werden dann auf den eigenen Bereich bezogen, so dass dann Methodenkompetenz in der Geschichte z.B. zu einer Rekonstruktionskompetenz wird (ebenda, S. 21).

Unter Bezug auf Weinert (2001) findet sich auch eine Einteilung, die ausdrücklich von der Handlungskompetenz ausgeht und kognitive, motivationale Fähigkeiten sowie die Fähigkeit zum Handeln als Teilkomponenten der Kompetenz sehen (Harms/ Sommer in diesem Band, S. 36). Ungewöhnlich ist hier allerdings, dass motivationale Fähigkeiten sich auf die Motivation beziehen, währenddessen man erwarten könnte, dass allgemeine Richtungsdispositionen, aber auch die Volition hier in diese (Antriebs-)Komponente der Kompetenz eingehen sollten.

Der zweite Referenzrahmen ist stärker auf die Domänen bezogen. Das können dann Teildisziplinen oder zentrale Denkstrukturen des Faches sein, wie z.B.
- Ordnungszusammenhänge,
- Kreislaufzusammenhänge,
- ökonomisches Verhaltensmodell,
- allgemeine wirtschaftliche Kategorien (Kaminski in diesem Band, S. 65).

Hier ist der Bezug zum oben erläuterten Modell weniger klar ersichtlich. Daher verwundert es nicht, dass das erste Modell gegenüber dem zweiten dominiert. Die inhaltlichen Aspekte werden in die allgemeinen eingeordnet. (Die Geographen entwickeln mit „räumlicher Orientierung" einen zugleich allgemeinen und fachspezifischen Kompetenzbereich, den sie für sich in Beschlag nehmen – vgl. Hemmer in diesem Band.)

Insgesamt ist es sicherlich ein gangbarer Weg, von der Handlungskompetenz und ihren Teilkomponenten auszugehen und die domänen- bzw. fachspezifische Konkretisierung anzuschließen. Dies müsste jedoch stringenter und vor allem methodisch nachvollziehbarer gestaltet werden. Diese Grundtendenz ist für die Didaktik des Sachunterrichts nicht uninteressant, da sie damit die Möglichkeit bietet, dieses allgemeine Referenzsystem hinsichtlich seiner Tragfähigkeit in den unterschiedlichen „Perspektiven des Sachunterrichts" zu testen.
Bei der Entwicklung von Kompetenzstrukturmodellen für den Sachunterricht muss man sich auch von pragmatischen Erwägungen leiten lassen. Die verschiedenen Teilkomponenten der Handlungskompetenz sind unterschiedlich

komplex, in sie gehen in sehr unterschiedlichem Maße kaum kontrollierbare bzw. operationalisierbare psychische Gegebenheiten ein. Am ehesten ist eine Konkretisierung für die Teilkomponenten Sach- und Methodenkompetenz möglich. Vor allem aber lässt sich hier auch ein vergleichsweise stringenter Bezug zum Unterricht herstellen, was für die personale und soziale Kompetenz so nicht gilt. Daher sollten unter Bezug auf die Ziele des Sachunterrichts zunächst diese beiden Komponenten ausgearbeitet werden. Dabei ist die wechselseitige Abhängigkeit beider Teilkompetenzen zu beachten (Zusammenhang zwischen deklarativem und prozeduralem Wissen bzw. wissen WAS [z.B. naturwissenschaftliches Sachwissen] und wissen WIE [naturwissenschaftliches Methodenwissen]) sowie ein darauf bezogenes metakognitives Wissen – wissen WARUM [z.B. Wissen über Naturwissenschaften] – einzubeziehen. Sukzessive sind dann, bezogen auf Anforderungsklassen aus den verschiedenen Perspektiven des Sachunterrichts, die Teilkomponenten des jeweils übergeordneten Kompetenzaspekts zu konkretisieren.

Es wäre schon viel erreicht, wenn durch Konkretisierung der Komponenten Sach- und Methodenwissen das Feld der für den Sachunterricht relevanten Inhalte im Sinne von Kompetenzbeschreibungen strukturiert werden könnte. Unbenommen davon ist die Angabe weiterer Kompetenzen, die eher auf einer übergeordneten Ebene beschrieben werden können (Motivation, Interesse, soziales Handeln usf.). Dies weist Parallelen zur Unterrichtsplanung auf (hier können Ziele im Persönlichkeitsbereich auch nicht in einer oder wenigen Stunde(n) erreicht werden, sondern sie stellen langfristige Ziele dar, die oft nicht allein durch Unterricht erreichbar sind[3]). Die Begrenzung der Kompetenzstrukturmodelle (nicht der Bildungsstandards – dies wäre ein falsches bildungspolitisches Zeichen) zunächst auf Sach- und Methodenkompetenz hätte zudem den Vorteil, dass Schwerpunkte der Veränderungen von Unterricht in den Blick kämen, bei denen die größten Defizite bestehen, die jedoch vor Ort in den Schulen „am leichtesten" praktisch umsetzbar sind, und bei denen die größte Sicherheit besteht, dass mit den Ergebnissen der Leistungsmessung auch in praktischer Hinsicht konkret umgegangen werden kann.

10.2.2 Kompetenzstufen oder -niveaus

Als erstes fällt auf, dass – anders als bei der Reflexion über Referenzrahmen für Kompetenzmodelle (z.B. Kaminski) – bei keiner Beschreibung von Stufen- oder Niveaumodellen letztlich noch ein expliziter Piaget-Bezug gewählt wird. Im Rahmen eines gemäßigten Konstruktivismus' werden die Stufen

---

[3] Vgl. hierzu die Ergebnisse von IGLU, bei denen der Bezug der geprüften Inhalte zum Unterricht offenbar sehr locker war (Prenzel 2003).

eher unter Bezug auf Prozesse des Lernens im Zusammenhang mit Unterrichtsarrangements entwickelt. Hier hat sich das Modell einer nicht alterskorrelierten, domänenspezifischen kognitiven Entwicklung wohl weitgehend durchgesetzt. Bezüglich der Niveaustufen bzw. Entwicklungsstufen (beide Modelle sind nicht identisch!) werden vor allem Verständnisdimensionen und die Komplexität der Anforderung analysiert. Entwicklungsstufen und Niveaustufen (im Sinne der Ausprägungsgrade der beschriebenen Kompetenz oder Teilkompetenz) sind zu unterscheiden. Werden vor allem Schwierigkeitsstufungen bezogen auf Aufgaben vorgenommen und post hoc querschnittlich empirisch oder durch Expertenurteil geprüft, werden damit keine Entwicklungsstufen beschrieben. Auch sind Schwierigkeitsstufungen und Kompetenzstufungen, die sich auf ein bestimmtes Referenzsystem (z.b. auf kognitive Entwicklungsmodelle, auf die Komplexität der Anforderung o.a.) beziehen, nicht identisch (vgl. Beitrag von Beinbrech/ Möller).

Niveaustufen können sich beziehen auf
- normativ-bildungstheoretische oder -politische Setzungen (z.b. was man für bestimmte berufliche Entwicklungsperspektiven an Kompetenzausprägungen erwartet),
- Anforderungsklassen (z.b. zunehmende Selbständigkeit und Komplexität der zu bewältigenden Alltagsanforderungen),
- Entwicklungsstufen, wenn ein theoretisch begründetes und empirisch einigermaßen abgesichertes Modell existiert (z.B. Phasenmodell des Spracherwerbs, Phasen der Begriffsbildung [Wygotski 2002, vgl. auch Giest 2003], Phasen der internen Modellbildung [Vosniadou 1994, Vosniadou et al. 2001], Phasen der Methodenentwicklung (z.b. Phasen auf dem Weg zum Experimentieren).

Probleme bereitet dabei, dass die Entwicklung der hierbei zu beschreibenden Komponenten vor allem von kulturellen Bedingungen (schulische und außerschulische Bildungsprozesse), vom Kontext, aber in aller Regel nicht vom Alter (im Sinne eines Reifungsmodells) abhängig ist. Als zusätzliches Problem erweist sich, dass der Kontext eine äußere (z.B. Lern- oder Handlungsumgebung) und eine innere Seite (die dazu korrespondierende interne Konstruktion des Handlungskontexts, vor allem des Sinns, der mit dem Handeln in der Umwelt verbunden wird) aufweist. Eine Tätigkeits- oder Handlungssituation bzw. generell eine Anforderungssituation entsteht (blendet man Aktivitäten auf der Ebene der Gewohnheiten oder unbewusst ablaufenden Operationen aus) durch die innere, sinnbezogene Rekonstruktion der äußeren Situation auf der Grundlage der vorhandenen Bedürfnisse, Erfahrungen, Kenntnisse, Wertsysteme und Handlungsvoraussetzungen. Entwicklung, jedenfalls in den hier betrachteten Zusammenhängen, verläuft anforderungsbezogen, durch die Interaktion innerer und äußerer Handlungsbedingungen und nicht vorrangig alterskorreliert. Auf der Grundlage dieser Erkenntnisse konnten die Erwartungen über die Leistungsfähigkeit des kindlichen Denkens erheblich gesteigert werden (vgl. Beiträge von Koerber et al., Beinbrech/ Möller).

Die Interaktion von äußerer und innerer Handlungssituation stiftet den Kontext des Handelns. Jedes Handeln ist spezifisch kontextuiert. Der Kontext wiederum stiftet bestimmte Anforderungsklassen, die eine eigene Spezifik aufweisen und sich gegeneinander abgrenzen lassen. Kompetenzentwicklungsmodelle können empirisch nur auf der Grundlage von längsschnittlich angelegten Unterrichtsversuchen (Interventionsstudien, wie sie etwa von Koerber et al. und Beinbrech/ Möller beschrieben werden) entwickelt werden. Zu beachten ist dabei, dass die Entwicklung der Kompetenz dann aber auf die gestalteten Unterrichtsbedingungen verwiesen bleibt, da sich Kompetenzentwicklung nicht generell vollzieht, sondern unter bestimmten Bedingungen. Sind diese nicht gegeben oder im Untersuchungsfeld nicht vergleichbar, so sind diese Modelle wenig praktikabel, weil sie neben der normativ-bildungstheoretischen Fundierung und empirischen Belastbarkeit auch schulpraktisch handhabbar sein sollten.

Daher findet sich in den einzelnen Beiträgen, evtl. orientiert durch das „Klieme-Gutachten" (Klieme et al. 2003) eine bescheidenere Ausrichtung auf zunehmend komplexeres Wissen und gedankliches Handeln:
- zunächst deklaratives Wissen, das dann prozedural wird[4],
- zunächst Einzelwissen, das dann vernetzt wird (vgl. Beitrag von Harms/ Sommer, S. 67),
- zunächst elementares Betrachten der Prinzipien historischen Denkens, das dann reflektiert wird (vgl. Beitrag von Reeken, S. 24),
- zunächst unsystematisches Experimentieren, das dann systematisiert und schließlich transferierbar wird (vgl. Beitrag von Koerber et al. S. 143).

---

[4] Die Vorstellung vom deklarativen Wissen, welches dann prozedural wird, ist nicht ganz neu. Sie trifft vor allem auf die Entwicklung geistigen Handelns (Interiorisation geistiger Handlungen nach Galperin (1965, 1967), siehe auch Giest/ Lompscher (2006), nicht aber auf jegliche geistige Operationen zu. Nicht jedes deklarative Wissen wird prozedural. Nicht jedes prozedurale Wissen war vorher deklarativ (unbewusste Operationen sind mental auch als Wissen repräsentiert, welches in der Regel jedoch nicht bewusstseinsfähig ist). Eine geistige Handlung kann jedoch nur über die Sprache interiorisiert werden: Bevor die Handlung operationalisiert wird, nimmt sie eine sprachliche Gestalt an, die es erlaubt, über das Handeln zu kommunizieren. Auf dieser Ebene handelt es sich um deklaratives Wissen, welches im Zuge der Verinnerlichung prozedural wird.

Eher selten ergibt sich aus der „Sache" eine Orientierung für die Stufung. Eine Ausnahme – aber auch hier kann man diskutieren, ob es nicht doch eine eher allgemeine Einteilung ist – ist die Stufung bei Gräsel/ Bilharz (in diesem Band) von der individuellen Betrachtung der Ökobilanz zur kollektiven. Auch das Modell von Carey u.a. zum Wissenschaftsverständnis, das von Koerber et al. (vgl. in diesem Band, S. 140) dargestellt wird, geht in eine ähnliche Richtung. Es ist recht allgemein, aber doch deutlich auf die Domäne bezogen.

Man kann festhalten, dass sich niemand explizit auf die Lernzieltaxonomien der 1970er Jahre bezieht. Aus unserer Sicht sollte jedoch geprüft werden, welche Orientierungen vor allem aus der Weiterentwicklung des Bloomschen Modells abzuleiten sind. Immerhin ist zu konstatieren, dass man in den dargestellten Ansätzen Parallelen entdecken kann (vgl. Anmerkung 1 am Ende dieses Beitrages).

Analog zum Vorgehen bei den Kompetenzstrukturmodellen wird auch hier versucht, ausgehend von Prinzipien oder übergreifenden Entwicklungsmodellen (soweit sie überhaupt vorliegen), inhaltliche bzw. domänenspezifische Entwicklung zu konkretisieren. Allerdings gibt es kein allgemeines Modell der kognitiven Entwicklung und empirische Befunde liegen nur punktuell und vor allem domänenspezifisch ausgeprägt vor. Der Vergleich von Domänen auf der Grundlage eines Entwicklungsmodells fehlt bislang (und es ist zweifelhaft, ob ein derartiges Supermodell für die Kompetenzentwicklung überhaupt seriös konstruierbar ist).

Empirische Befunde zu den verschiedenen Stufungen von Kompetenzen finden wir vor allem, was angesichts der oben geschilderten Sachlage nicht verwundern kann, im Zusammenhang mit Interventionsstudien bei
- Richter (allerdings nicht bzgl. einer echten Typologie sondern eher im Sinne von Interventionsbefunden („konnten sie vorher nicht, können sie jetzt"),
- Sommer/ Harms (bezogen auf Systemkompetenz – allerdings bei recht wenig beschriebenen Niveaustufen (vgl. in diesem Band, S. 44)
- von Reeken mit Bezug auf Geschichtsbewusstsein (in diesem Band),
- Koerber et al. (in diesem Band) mit dem Schwerpunkt „Veränderung des Wissenschaftsverständnisses".

Wenn insgesamt das Problem der Kompetenzentwicklungsmodelle bislang weitgehend ungelöst ist, so hat dies seine Ursache in einer noch heterogenen

Erkenntnislage in der Entwicklungspsychologie, weshalb, wieder aus pragmatischer Sicht, zunächst Kompetenzniveaus mit dem Referenzrahmen der eher normativ vorgegebenen Ziele des Unterrichts zu beschreiben sind. Dabei kann man durchaus auf die Taxonomien von Bloom (1971) oder entsprechende Modelle aus der Instruktionspsychologie (Paechter 1996) zurückgreifen, bevor Kompetenzentwicklungsmodelle entworfen werden, die als Referenz empirisch sauber geprüfte Entwicklungsmodelle besitzen.

Probleme der Niveaustufung aus entwicklungspsychologischer Sicht ergeben sich aus der Verschränkung von Entwicklungsannahmen und Folgerungen für den Unterricht, weil unter der Bedingung einer vorwiegend nicht alterskorrelierten Entwicklung der Unterricht selbst eine wesentliche Entwicklungsbedingung darstellt, was die Sache nicht leichter macht:

- Mit Blick auf die im Vergleich zu Erwachsenen unterschiedliche und insgesamt geringer verfügbare Kapazität der internen Verarbeitung und metakognitiven Kontrolle wird einerseits vermutet, dass bei Kindern Gedächtnis- und Konzentrationsdefizite (angeborene) Module bereichsspezifischer Informationsverarbeitung behindern (Fodor 1983, kritisch dazu Wellman/ Cross/ Watson 2001). Diese Annahme würde erklären, warum Kinder ihr Wissen nicht genug kontrollieren und aufmerksamkeitsbedingt häufig die Perspektiven wechseln. Für den Unterricht wäre hier zu fordern, verstärkt metakognitive Kompetenz auszubilden. Mit Blick auf Entwicklungsstufen könnte die Komplexität der Anforderung (Struktur, Qualität und Quantität der Teilhandlungen und Grad der Verinnerlichung, d.h. Anzahl an bewusst zu kontrollierenden Teilhandlungen) als Kriterium dienen.
- Berücksichtigt man vor allem die Bedeutung des Vorwissens, so kann vermutet werden, dass bei Kindern, die mehr oder weniger als universelle Novizen anzusehen sind, fehlende Wissensstücke Denkfehler und „misconceptions" bewirken. Für den Unterricht würde dies bedeuten, Expertisegewinn durch schrittweisen Wissenszuwachs anzustreben (Wellman/ Gelman 1998). Geringe Expertise kann aber auch in einer fehlenden Konsistenz des Wissens (Nobes et al. 2003) zum Ausdruck kommen, so dass es schwer fällt, zusammenhängende interne Modelle und Theorien aufzubauen. Für den Unterricht heißt das, vor allem der Ausbildung von „Wissensinseln" durch besondere Beachtung des Herstellens von Zusammenhängen und den Aufbau interner Modelle und Theoriekonstruktion entgegen zu wirken. Die Folgerung für entsprechende Entwicklungsstufen wäre a) die Qualität und Quantität des Vorwissens mit Blick auf eine gegebene Anforderungsklasse als Kriterium und/ oder b) die Konsistenzanforderungen an das Wissen zu wählen.

- Ein weiterer Ansatz geht im Gegensatz dazu davon aus, bei Kindern schon sehr früh zusammenhängendes Wissen in Form intuitiver Theorien vorauszusetzen („theory theory"). Diese intuitiven Theorien werden maßgeblich durch epistemologische Überzeugungen (z.b. naiver Realismus) und durch Theorierahmen stiftende Ontologien (Wal als Fisch, Wärme als Stoff usw.) beeinflusst. Erforderlich wird ein Paradigmenwechsel im Denken, von dem sowohl die epistemologischen Überzeugungen, als auch die Ontologien betroffen sein müssen. Im Rahmen dieses Ansatzes gibt es die Vorstellung von Übergangs- oder synthetischen Modellen, bei denen das Kind versucht, wissenschaftliche und Alltagsvorstellung in Einklang zu bringen. Dabei setzen die zu Grunde gelegten und noch nicht veränderten intuitiven ontologischen und epistemologischen Annahmen Grenzen (Vosniadou 1994, 1999 – kritisch Nobes et al. 2003 – siehe auch Beinbrech/ Möller in diesem Band). Hier wären als Kriterien der Entwicklung Schritte des „conceptual change", Phasen der zunehmend den wissenschaftlichen Modellen sich annähernden kindlichen gedanklichen Konstruktionen (z.B. initial model, synthetic model, scientific model) zu nutzen.
- Ein weiterer Ansatz geht davon aus, dass das Wissen vor allem nicht adäquat kontextualisiert ist, d.h. fern vom Verwendungszusammenhang und daher ohne die adäquate Bedeutung angeeignet worden ist (fehlender adäquater Kontext – Caravita/ Halldén 1994, Halldén 1999, Billet 1996, Säljö 1999). In diesen Grundansatz ist auch die Vorstellung vom Werkzeugcharakter des Wissens (Wygotski 2002) einzuordnen, der gerade bei Problemen bei der Begriffsbildung (Bedeutungserkennung) und beim Bewältigen von Denkanforderungen in unbekannten Kontexten fehlt. Wenn Wissen nicht in einer adäquaten Tätigkeit, zu der es benötigt wird, angeeignet und gebraucht wird, kommt es zu trägem Wissen (Collins/ Brown/ Newman 1989, Renkl 1994, 2001), das nicht oder nur mühsam angewandt werden kann. Entwicklungsförderung im Unterricht verlangt ein pädagogisches Einfädeln in die kindliche Entwicklung in einer solchen Weise, bei der – einer domänenspezifischen Entwicklungslogik folgend – die jeweilige Zone der nächsten Entwicklung getroffen werden muss. Als Entwicklungs- oder besser Niveaukriterium würde hier die Entfernung vom Alltagskontext hin zum wissenschaftlichen Kontext nutzbar sein (betrachtet man den Alltag als Kontext, dann thematisiert dieses Kriterium das Verhältnis von Kontextualisierung und Dekontextualisierung im Wissen – diese Terminologie verschleiert allerdings, dass jegliches Wissen kontextualisert erworben wird, allerdings unterscheiden sich die Kontexte erheblich voneinander).

Obwohl es Versuche gab und gibt, unterrichtspraktische Anforderungen aus den verschiedenen Theorieansätzen abzuleiten und empirisch zu prüfen, fehlt es nach wie vor an Untersuchungen im Kontext Unterricht und mithin an Antworten auf eine Reihe offener Fragen (Schnotz/ Vosniadou/ Carretero 1999, Hasselhorn/ Mähler 1998, Schnotz 2001), die sich besonders hinderlich auf die Entwicklung von Niveaustufen- oder Kompetenzentwicklungsmodellen auswirken. Als solche sind zu benennen:
- Wie kann man diese Prozesse der Um- bzw. Neustrukturierung des vorhandenen domänenspezifischen Wissens pädagogisch beeinflussen (Effekte der Anleitung – Mähler 1999, Sodian 2002)?
- In welchem Verhältnis stehen spontanes und angeleitetes Lernen hierbei (Carey/ Spelke 1994)? Diese aus der Perspektive der Entwicklungspsychologie gestellte Frage kann ungeachtet der durch Forschungen zum Problembereich der Unterrichtsqualität (Einsiedler 1997) und des adaptiven Unterrichts (Weinert 1996, vgl. auch Weinert/ Schrader 1997) gegebenen prinzipiellen Antworten unter einer grundschulpädagogischen Perspektive um jene nach wie vor aktuelle und kontrovers diskutierte Frage nach den Möglichkeiten nichtdidaktisierten Lernens (offener Unterricht, siehe etwa Peschel 2002, vgl. auch Brügelmann 1998) erweitert werden.
- Wie kann man die Effekte erklären, d.h. aus ihren Bedingungen heraus erzeugen (Pintrich 1999)? Beispielsweise werden in der Literatur häufig Befunde mitgeteilt (so klassifizieren Kinder erst ab einem Alter von etwa 10 Jahren Pflanzen als Lebewesen), ohne dass die Ursachen (z.B. der im fünften Schuljahr einsetzende Biologieunterricht) geprüft werden.
- Welche Gemeinsamkeiten und Unterschiede bestehen zwischen den Domänen (Siegler 1989, Sugarman 1989)? Bedingt durch die Tatsache, dass psychologische Untersuchungen zu einzelnen Domänen beim Forscher Expertise in diesen Domänen voraussetzen (bzw. durch das Fehlen transdisziplinärer Forschungszusammenhänge) existieren in der Regel kaum Untersuchungen an identischen Stichproben, die zwei oder mehrere unterschiedliche Domänen miteinander vergleichen.

Mögliche Kompetenzentwicklungsmodelle könnten
- Ziele des Sachunterrichts auf „Einzelwissen", „Zusammenhänge verstehen", „Wissen übertragen können", „neues Wissen selbstständig erwerben können" als Niveaustufen konkretisieren,
- Reproduktion, Reorganisation, Übertragungsleistung, Problemlösendes Denken und Selbstorganisation (Soostmeyer 1998, S. 296) als Kompetenzentwicklungs- bzw. Niveaustufen nutzen,

- auf Niveaustufen aufbauen, die auf einer Matrix aus Erinnern, Anwenden, Erschließen bezogen auf Fakten, Begriffe, Prozeduren, Prinzipien beruhen,
- initial model/ synthetic model/ scientific model als Entwicklungsstufen oder -phasen wissenschaftlichen Denkens konkretisieren,
- Wiedergeben/ Verstehen/ Anwenden/ Analysieren/ Beurteilen/ Kreieren als zunehmend komplexere Anforderungen für die Ausdifferenzierung von Niveaustufen nutzen.

Da sich die Literaturauswertung in allen Beiträgen ausschließlich auf westeuropäische und anglo-amerikanische Literatur bezieht, ist anzuregen, die Interventionsstudien, welche vor allem in der Mittelstufe mit Blick auf die Entwicklung und Ausbildung wissenschaftlichen Denkens in der damaligen UdSSR und in der DDR durchgeführt wurden und wenig bekannt sind (vgl. Lompscher 2006, Giest/ Lompscher 2006, Giest 2006), systematisch aufzuarbeiten und auszuwerten.

10.2.3 Konsequenzen für die Unterrichtsentwicklung

Der Sachunterricht ist ein Unterrichtsfach mit multipler Zielstellung und einem Dilemma seiner Didaktik, das aus notwendigen Bezügen zu einer Vielfalt an Bezugsdisziplinen und ihren Didaktiken herrührt (vgl. Götz et al. 2007; siehe schon Hänsel 1980). Das spiegelt der vorliegende Band auch im Hinblick auf Bildungsstandards und Kompetenzmodelle wider. Die Bildungsziele, die der Sachunterricht aus seiner Aufgabenstellung heraus (für die Persönlichkeitsentwicklung des jüngeren Schulkindes) verfolgt, sind vielschichtig: Die Zielstellungen beziehen sich auf
- aktuelle und perspektivische Entwicklungsaufgaben und insbesondere auf jene der fachbezogenen und fachübergreifenden Lernentwicklung des Kindes (s.o.),
- die Förderung spezifischer Leistungsdispositionen: das Unterstützen von Verstehen, das Eröffnen sinnvoller Zugangsweisen zum menschlichen Wissen, das Ausbauen und Fördern von Interessen, vor allem des Erkenntnisinteresses, das Erfahrbar machen von Können und die daraus erwachsende Ermutigung zum Handeln und Mitgestalten von Welt (vgl. Kahlert 2005, S. 25f.),
- die im Perspektivrahmen Sachunterricht (GDSU 2002) gekennzeichneten (mindestens) fünf Perspektiven: Natur, Technik, Zeit, Raum, Zusammenleben.

Wir haben daher aus pragmatischen Gründen vorgeschlagen, zunächst die Unterrichtsentwicklung, welche, so unsere Überzeugung, durch die Beschreibung von Bildungsstandards und die Entwicklung und Prüfung von Kompetenzmodellen nachhaltig beeinflusst werden kann, auf die Aspekte der Sach- und Methodenkompetenz zu konzentrieren. Dadurch sollen übergreifende Kompetenzen oder Kompetenzkomponenten, wie Selbstkompetenz, Kompetenz bei der Kommunikation, Bewertung oder auch kommunikative bzw. Medienkompetenz usw. nicht ausgeblendet werden. Allein die Möglichkeit, diese Aufzählung nahezu beliebig fortführen zu können, deutet auf das zugrunde liegende Problem: Unstrittig gehen diese Kompetenzkomponenten in die Handlungskompetenz oder Gestaltungskompetenz (oder Tätigkeit) des Menschen ein. Allerdings lassen sie sich weder eindeutig bestimmten Domänen noch abgrenzbaren bzw. mehr oder weniger eindeutig identifizierbaren Unterrichtseinheiten konkret zuordnen. Damit ergeben sich sowohl Probleme bei ihrer Operationalisierung als auch bei ihrer Ausbildung im Unterricht. Wenn wir akzeptieren, dass Kompetenzen mit Blick auf die Unterrichtsentwicklung praktikabel sein sollen, dann müssen Lehrer in der Lage sein, aus der Rückmeldung über Unterrichtsergebnisse (erreichte Ausprägungen von Kompetenzen bzw. Kompetenzniveaus bei ihren Schülern) konkrete Schlussfolgerungen für die Veränderung des eigenen Unterrichts abzuleiten. Das ist im Falle eines so komplexen Faches, wie es der Sachunterricht darstellt, schon für die beiden genannten Kompetenzbereiche überaus kompliziert. Hinzu kommt, dass auch hier schon etliche Schwierigkeiten zu überwinden sein werden, um schlüssige Modelle für die Kompetenzentwicklung bezogen auf Sach- und Methodenkompetenz zu entwerfen. Dies wird jedoch unabdingbar sein, wenn Unterricht Impulse für seine Weiterentwicklung erhalten soll. Zu beachten ist ferner, dass Sach- und Methodenwissen eng zusammenhängen. Die kognitive Entwicklung erfolgt weitgehend domänenspezifisch, weshalb auch die Entwicklung der Sach- und Methodenkompetenz im Unterricht in ihrem Zusammenhang gesehen werden muss.

10.3 Offene Fragen

In diesem Zusammenhang sind eine Reihe von noch nicht immer zufriedenstellend gelösten Problemen zu bewältigen: Diese betreffen
- *das Verhältnis von situiertem und systematischem, kumulativem Lernen vor dem Hintergrund von empirisch belegten aber alternativen Annahmen über die mentale Organisation von Wissensbeständen:* Einerseits besteht in der Kognitionsforschung Konsens darüber, dass Wissen grundsätzlich kontextuiert erworben wird. Der Erwerb von Wissen ist stets mit dem Handeln (Tätigkeit), in dessen Rahmen es erworben und angewandt wird, sowie mit dem Sinn des Erwerbskontexts verbunden. Daher ist für Unterricht zu for-

dern, Wissen im Anwendungskontext zu präsentieren und aneignen zu lassen. Im Wesentlichen bedeutet das, einen lebensweltlichen oder Alltagskontext herzustellen, mit dem auch Alltagssprache und Alltagsdenken verbunden sind. Andererseits ist empirisch gut gesichert, dass menschliche Erfahrung und menschliches Wissen in mentalen Schemata repräsentiert werden. Damit hängt die Qualität der Wissensbasis vor allem vom Umfang und der internen Organisation der Schemata, ihrer Vernetzung untereinander ab. Die Aktivierbarkeit und Anwendbarkeit des Wissens sind dann eine Funktion der hierarchischen Ordnung und Vernetzung der Schemata, die vom Erwerbszusammenhang abstrahiert (inhaltlich verallgemeinert) wurden. Beide hier (in Kurzform) dargestellten theoretischen Auffassungen sind empirisch belegt und im Unterricht zu berücksichtigen, wobei insgesamt unklar ist, wie dies konkret geschehen soll und vor allem, wie die entsprechenden komplementären Lernprozesse miteinander zusammenhängen und welchen Einfluss sie insgesamt auf die Wissenskonstruktion und -repräsentation haben.

- *conceptual change:* Dabei ist nicht davon auszugehen, dass Alltagsbegriffe einfach durch (wissenschaftliche) Fachbegriffe ersetzt werden. Vielmehr entwickeln sich beide begrifflichen Ebenen weiter und beeinflussen sich gegenseitig (offen ist, wie konkret dies geschieht – dies muss domänenspezifisch untersucht werden). Man kann heute sinnvoll annehmen, dass Alltagsbegriffe oder „dekontextuierte Fehlbegriffe" im Sinne eines fehlenden Verständnisses, d.h. fehlender begrifflicher Inhalte (Verbalismus), die Herausbildung wissenschaftlicher Begriffe (Sinnbildung im Fach- oder Domänenkontext) und die Wechselwirkung zwischen beiden (übergreifende lebensweltliche Sinnbildung) zu unterscheiden sind.
- *Situierung und Dekontextuierung in Lehr-Lern-Prozessen:* Wenn, wie beispielsweise im Sachunterricht der Grundschule, der fachdidaktische Anspruch besteht, konsequent von lebensweltlichen Problemen auszugehen und aus Sicht von begründbaren fachorientierten Perspektiven (vgl. GDSU 2002) das fachliche Wissen der korrespondierenden fachlichen Disziplinen danach zu befragen, welche Angebote zur Lösung dieser Probleme bereitgestellt werden können, dann zeigt sich ein (fachdidaktisch vorgezeichneter) Weg, Situierung und Dekontextuierung sinnstiftend zu verbinden. Allerdings garantiert dies noch kein kumulatives Lernen und es fehlt bislang nahezu jeglicher empirischer Beweis für die Effekte dieses Vorgehens.
- *Verhältnis zwischen domänenspezifischem und domänenübergreifendem Lernen:* Zu klären ist vor allem, was unter einer Domäne zu verstehen ist und inwiefern dies empirische Evidenz besitzt. Durchaus denkbar sind da-

bei auch verschiedene Fassungen des Domänenbegriffs, z.B. im Unterschied der Blickweisen von Fachdisziplinen und kindlichen Erfahrungen.
- *Verhältnis von deklarativem und prozeduralem Wissen mit Blick auf die Beschreibung von Niveaustufen begrifflicher Repräsentation:* Beispielsweise könnte man Niveaustufen aus einer Sechsfeldertafel: deklarativ/ prozedural und Fehlbegriff/ Alltagsbegriff/ wissenschaftlicher Begriff ableiten.
- *Verhältnis von Sprache und Denken, insbesondere Fachsprache und begrifflicher Repräsentation bzw. kindlicher Begriffsbildung:* Hierbei ist zu beachten, dass Sprache und Denken – hier Begriffsbildung – unterschiedliche Wurzeln haben, weshalb u.a. die sprachliche Erscheinung eines Begriffes (Wortmarke) und der Begriff (intern repräsentiertes Klassifikationsresultat) zu unterscheiden sind. Die Aneignung von Fachsprache ist daher nicht identisch mit der Aneignung von Fachbegriffen. Zu klären sind ferner das Verhältnis von Fachsprache und Fachbegriffen (im Sinne individueller, interner begrifflicher Repräsentation von Fachbegriffen), das Verhältnis von Alltagswissen, Alltagssprache und wissenschaftlichem Wissen, Fachsprache, die Rolle der Sprache bei der unterrichtlichen Begriffsbildung generell bzw. der Alltags- und Fachsprache bei der Begriffsbildung.

Darüber hinaus gibt es zwei vorerst nahezu unlösbar erscheinende Probleme: a) das Verhältnis zwischen wissenschaftlicher Diagnostik und der Praktikabilität für die Anwendung im Unterricht sowie b) die empirische Validierung der domänenspezifischen Kompetenzniveau- bzw. -entwicklungsmodelle, die einen Forschungsvorlauf erfordert, der durch aktuelle (z.B. gesellschaftliche) Entwicklungen, die zur Veränderung von Inhalten des Unterrichts führen, laufend unter Druck gerät.
Realismus und Akzeptanz der Bemühungen um die Entwicklung von Kompetenzmodellen könnten sicherlich gewinnen, wenn diese Einschränkungen mit der gebotenen Demut beachtet und scientifistischen Machbarkeitsversprechungen gegenüber deutlich zum Ausdruck gebracht würden. Kompetenzmodelle und Bildungsstandards sind möglicherweise oder sogar sehr wahrscheinlich Mittel zur Verbesserung der Bildungsqualität. Aber sie sind weit davon entfernt, den „Goldstandard" für die Weiterentwicklung von Unterrichtsfächern und deren Fachdidaktiken abzugeben. Wird der Kern von Bildungsqualität vernachlässigt, nämlich die mühsame, immer neu an gesellschaftliche Entwicklung anzupassende bildungstheoretische Reflexion, dann wird sich der (staatlich gestützte) gegenwärtig hohe Kurs von Kompetenzen und Bildungsstandards als inflationärer Hype erweisen: Die Spekulationsblase platzt dann, und es ist nichts mehr da, was Substanz erhalten kann.

Für den Sachunterricht wird es daher darum gehen, in die Diskussion um Bildungsstandards und in die normative und empirische Fassung von Kompetenzmodellen verstärkt einzutreten, allerdings sollten wir uns davor hüten, dass aus formalen Gründen der bildungstheoretische Hintergrund des Faches nicht oder zu wenig berücksichtigt wird. Die in diesem Band dargestellten Modelle und die in diesem Beitrag durchgeführten Überlegungen können dabei nach unserer Auffassung eine Grundlage für diese Arbeit bilden.

Anmerkung 1
Die Veränderungen der Bloomschen Taxonomie betreffen vor allem den prozeduralen Aspekt, wenn man so will, die Orientierung auf Kompetenzen und die Abkehr von eher statischen Prozessmerkmalen.

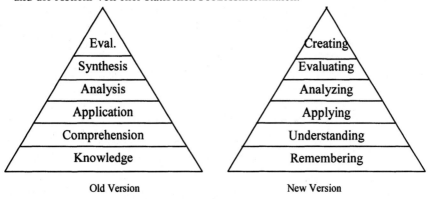

Abb. 1: Alte und neue Version der Bloomschen Taxonomie

Caption: Terminology changes "The graphic is a representation of the NEW verbage associated with the long familiar Bloom's Taxonomy. Note the change from Nouns to Verbs [e.g. Application to Applying] to describe the different levels of the taxonomy. Note that the top two levels are essentially exchanged from the Old to the New version" (Schulz, 2005). (Evaluation moved from the top to the Evaluating in the second from the top. Synthesis moved from second on top to the top as Creating.) Aus: http://www.odu.edu/educ/llschult/blooms_taxonomy.htm.

Die neue Terminologie erfasst:
Wiedergeben: Reaktivieren, Identifizieren und Erinnern relevanten Wissens aus Langzeitgedächtnis.

Verstehen: Konstruieren von Sinn aus mündlichen, schriftlichen und graphischen Informationen durch Interpretieren, Exemplifizieren, Klassifizieren, Zusammenfassen, Schließen, Vergleichen und Erklären.
Anwenden: Das Bewältigen einer Anwendungsanforderung durch Ausführen oder Implementieren einer Prozedur/ Handlung.
Analysieren: Herausarbeiten der konstituierenden Elemente (Bestandteile) eines Systems (Ganzheit), Bestimmen der Beziehungen zwischen den Teilen/ Elementen und dieser zur gesamten Struktur bzw. ihrem Zweck durch Unterscheiden, Organisieren und Zurückführen.
Beurteilen/ Evaluieren: Urteilen auf der Basis von Kriterien und Standards durch Überprüfen und Kritisieren.
Kreieren: Elemente zu einem funktionierenden Ganzen zusammenfügen, Reorganisieren von Elementen in ein neues Muster oder eine neue Struktur durch Entwickeln, Planen oder Produzieren (vgl. Abb. 1).
(Anderson/ Krathwohl, 2001, pp. 67-68, übersetzt von H.G.)

Tabelle 1: Beispiel aus Mary Forehand: Bloom's Taxonomy. From Emerging Perspectives on Learning, Teaching and Technology; The University of Georgia; http://projects.coe.uga.edu/epltt/index.php?title=Bloom%27s_Taxonomy (Download am 21.09.2007)

The Knowledge Dimension	The Cognitive Process Dimension					
	Remember	Understand	Apply	Analyze	Evaluate	Create
Factual Knowledge	List	Summarize	Classify	Order	Rank	Combine
Conceptual Knowledge	Describe	Interpret	Experiment	Explain	Assess	Plan
Procedural Knowledge	Tabulate	Predict	Calculate	Differentiate	Conclude	Compose
Meta-Cognitive Knowledge	Appropriate, Use	Execute	Construct	Achieve	Action	Actualize

Das Problem dieser Taxonomie besteht unter anderem in seiner fehlenden Inhaltlichkeit, weshalb die Frage entsteht, ob aus dieser Klassifikation Orientierungen für Kompetenzstrukturmodelle, die Beschreibung von Niveaustufen bzw. Kompetenzentwicklungsmodelle erwachsen können.

Literatur

Anderson, L.W.; Krathwohl, D.R. (Eds.) (2001): A taxonomy for learning, teaching and assessing: A revision of Bloom's Taxonomy of educational objectives: Complete edition. New York.

Arbeitsstab Forum Bildung in der Geschäftsstelle der Bund-Länder-Kommission für Bildungsplanung und Forschungsförderung (2000): Arbeitspapier Nr. 1: Herausforderungen an Bildung - Stand der aktuellen Diskussion. Hintergrundinformation für die Arbeit des Forum Bildung. Bonn. (http://www.forum-bildung.de/)

Bayerhuber, H. (2007): Beitrag der Fachdidaktik zur Qualitätsverbesserung im Bildungssystem. In: Bayerhuber, H.; Elster, D.; Krüger, D.; Vollmer, H.J.: Kompetenzentwicklung und Assessment. Innsbruck, S. 45-68.

Beck, G. (1993): Lehren im Sachunterricht ... zwischen Beliebigkeit und Wissenschaftsorientierung. In: Die Grundschulzeitschrift, 67, S. 6-8.

Benner, D. (2005): Schulische Allgemeinbildung versus allgemeine Menschenbildung? Von der doppelten Gefahr einer wechselseitigen Beschädigung beider. In: Zeitschrift für Erziehungswissenschaft, 8, H. 4, S. 563-575.

Bildungskommission der Länder Berlin und Brandenburg (2003): Bildung und Schule in Berlin und Brandenburg. Herausforderungen und gemeinsame Entwicklungsperspektiven. Berlin.

Bildungskommission NRW (1995): Zukunft der Bildung - Schule der Zukunft. Neuwied.

Billett, S. (1996): Situated learning: Bridging sociocultural and cognitive theorising. In: Learning and Instruction, 6, vol. 3, pp. 263-280.

Bloom, B. (1971): Taxonomy of Educational Objectives, The Classification of Education Goals, Handbook I: Cognitive Domain. New York.

Brügelmann, H. (1998): Öffnung des Unterrichts, Befunde und Probleme der empirischen Forschung. In: Brügelmann, H.; Fölling-Albers, M; Richter, S. (Hrsg.): Jahrbuch Grundschule: Fragen der Praxis - Befunde der Forschung. Seelze/ Velber, S. 8-42.

Brügelmann, H. (2004): Kommentar zur Expertise ‚Zur Entwicklung nationaler Bildungsstandards'. In: Journal für Schulentwicklung, H. 4, S. 70-72.

Caravita, S.; Halldén, O. (1994): Re-Framing the problem of conceptual change. In: Learning and Instruction, 4, vol. 1, pp. 89-112.

Carey, S.; Spelke, E. S. (1994): Domain specific knowledge and conceptual change. In: Hirschfeld, L.A.; Gelmann, S.A. (Eds.): Mapping the mind: Domain specifity in cognition and culture. Cambridge, pp. 169-200.

Collins, A.; Brown, J. S.; Newman, S. E. (1989): Cognitive apprenticeship: Teaching the crafts of reading, writing, and mathematics. In: Resnick, L. B. (Ed.): Knowing, learning, and instruction. Hillsdale, N.J., pp. 453-494.

Delors, J. u. a. (1997): Lernfähigkeit: Unser verborgener Reichtum. UNESCO-Bericht zur Bildung im 21. Jahrhundert; Deutsche UNESCO Kommission. Neuwied, Kriftel, Berlin.

Deutsche Physikalische Gesellschaft/ DPG (2006): Thesen für ein modernes Lehramtsstudium im Fach Physik. Bad Honnef.

Einsiedler, W. (1997): Unterrichtsqualität und Leistungsentwicklung: Literaturüberblick. In: Weinert, F.E.; Helmke, A. (Hrsg.): Entwicklung im Grundschulalter. Weinheim, S. 225-240.

Fodor, J. A. (1983): The modularity of the mind. Cambridge, MA.
Forehand, M. (o.J.): Bloom's Taxonomy. From Emerging Perspectives on Learning, Teaching and Technology; The University of Georgia; http://projects.coe.uga.edu/epltt/index.php?title=Bloom%27s_Taxonomy (Download am 21.09.2007)
Galperin, P.J. (1965): Die geistige Handlung als Grundlage für die Bildung von Gedanken und Vorstellungen. In: Leontjew, A.N.; Galperin, P.J. u.a.: Probleme der Lerntheorie. Berlin, S. 33-49.
Galperin, P.J. (1967): Die Entwicklung der Untersuchungen über die Bildung geistiger Operationen. In: Hiebsch, H. (Hrsg.): Ergebnisse der sowjetischen Psychologie. Berlin.
GDSU (2002): Perspektivrahmen Sachunterricht. Bad Heilbrunn.
Giest, H. (2003): Zur Entwicklung des begrifflichen Denkens im Grundschulalter. In: Psychologie in Erziehung und Unterricht, 50, H. 3, S. 235-249.
Giest, H. (Hrsg.) (2006): Erinnerung für die Zukunft. Pädagogische Psychologie in der DDR. Berlin. (ICHS - International Cultural-historical Human Sciences, Bd. 17)
Giest, H. / Lompscher, J. (2006): Lerntätigkeit - Lernen aus kulturhistorischer Perspektive. Ein Beitrag zur Entwicklung einer neuen Lernkultur im Unterricht. Berlin. (ICHS - International Cultural-historical Human Sciences, Bd. 15)
Götz, M.; Kahlert, J.; Fölling-Albers, M.; Hartinger, A.; Reeken, D.v.; Wittkowske, St. (2007): Didaktik des Sachunterrichts als bildungswissenschaftliche Disziplin. In: Kahlert, J. u.a. (Hrsg.): Handbuch Didaktik des Sachunterrichts. Bad Heilbrunn, S. 11-29.
Groben, A.v.d. (2005): Die bessere Schule verhindern. In: Pädagogik, H. 5, S. 21-23.
Grundschulverband/Arbeitskreis Grundschule (2007): Grundschule aktuell, H. 99.
Halldén, O. (1999): Conceptual Change and Contextualization. In: Schnotz, W.; Vosniadou, St.; Carretero, M.: New Perspectives on Conceptual Change. Amsterdam ..., pp. 53-65.
Hameyer, U. (2004): Bildungsstandards – Vergessene Geschichte. In: Journal für Schulentwicklung, H. 4, S. 8-19.
Hameyer, U.; Schreier, H. (2002): Die Lage des Sachunterrichts. In: Grundschule, H. 2, S. 30-32.
Hänsel, D. (1980): Didaktik des Sachunterrichts - Sachunterricht als Innovation der Grundschule. Frankfurt a. M.
Hartig, J.; Klieme, E. (Hrsg.) (2007): Möglichkeiten und Voraussetzungen technologiebasierter Kompetenzdiagnostik. Bonn, Berlin.
Hasselhorn, M.; Mähler, C. (1998): Wissen, auf das Wissen baut: Entwicklungspsychologische Erkenntnisse zum Wissenserwerb und zum Erschließen von Wirklichkeit im Grundschulalter. In: Kahlert, J. (Hrsg.): Wissenserwerb in der Grundschule. Bad Heilbrunn, S. 73-90.
Helmke, A. (2001): Internationale Schulleistungsvergleichsforschung. Schlüsselprobleme und Perspektiven. In: Zeitschrift für Pädagogik, 47, H. 2, S. 155-160.
Heymann, H.W. (2005): Tests und Unterrichtsqualität. Einführung in das Themenheft. In: Pädagogik, H. 5, S. 6-9.
Kahlert, J. (2005): Der Sachunterricht und seine Didaktik. Bad Heilbrunn.
Klieme, E. (2004): Was sind Kompetenzen und wie lassen sie sich messen? In: Pädagogik, 56, S. 10-13.
Klieme, E. (2006): Empirische Unterrichtsforschung: Aktuelle Entwicklungen, theoretische Grundlagen und fachspezifische Befunde. In: Zeitschrift für Pädagogik, 52, H. 6, S. 765-773.
Klieme, E. et al. (2003): Zur Entwicklung nationaler Bildungsstandards. Eine Expertise. Bundesministerium für Bildung und Forschung. Bonn, Juni 2003.

Klieme, E.; Leutner, D. (2006): Kompetenzmodelle zur Erfassung individueller Lernergebnisse und zur Bilanzierung von Bildungsprozessen. In: Zeitschrift für Pädagogik, 52, H. 6, S. 876-903.

Klieme, E.; Maag-Merki, K.; Hartig, J. (2007): Kompetenzbegriff und Bedeutung von Kompetenzen im Bildungswesen. In Hartig, J.; Klieme, E. (Hrsg.): Möglichkeiten und Voraussetzungen technologiebasierter Kompetenzdiagnostik. Bonn, Berlin, S. 5-15.

KMK (2005): Bildungsstandards der Kultusministerkonferenz. München/ Neuwied.

Kößler, H. (1997): Selbstbefangenheit – Identität – Bildung. Beiträge zur Praktischen Anthropologie. Weinheim.

Krathwohl, D.R. (2002): A revision of bloom's taxonomy: An overview. In: Theory into Practice, 41, vol. 4, pp. 212-218.

Lompscher, L. (2006): Tätigkeit - Lerntätigkeit - Lehrstrategie. Die Theorie der Lerntätigkeit und ihre empirische Erforschung. Redaktionell bearb. u. hrsg. von Hartmut Giest und Georg Rückriem. Berlin. (ICHS - International Cultural-historical Human Sciences, Bd. 19)

Maag-Merki, K. (2004): Lernkompetenzen als Bildungsstandards – eine Diskussion der Umsetzungsmöglichkeiten. In: Zeitschrift für Erziehungswissenschaft, 7, H. 4, S. 479-496.

Mähler, C. (1999): Naive Theorien im kindlichen Denken. In: Zeitschrift für Entwicklungspsychologie und Pädagogische Psychologie, 31, H. 2, S. 55–65.

Meier, B.; Meschenmoser, H. (2007): Wie Standards in der Praxis helfen können. In: Arbeit und Technik, 33, H. 9, S. 4-5.

Nobes, G.; Moore, D.G.; Martin, A.E.; Cliffort, B.R.; Butterworth, G.; Panagiotaki, G.; Siegal, M. (2003): Children's understanding of the earth in a multicultural community: mental models or fragments of knowledge? In: Developmental Science, 6, vol. 1, pp. 72-85.

Paechter, M. (1996): Unterrichtsplanung in der Instruktionspsychologie. Arbeiten aus dem Institut für Empirische Pädagogik und Instruktionspsychologie, Technische Universität Braunschweig. Reihe 1/96.

Peschel, F. (2002): Offener Unterricht – Idee, Realität, Perspektive und ein praxiserprobtes Konzept zur Diskussion. Teil I: Allgemeindidaktische Überlegungen. Teil II: Fachdidaktische Überlegungen. Baltmannsweiler.

Pintrich, P. R. (1999): Motivational Beliefs as Resources for and Constraints on Conceptual Change. In: Schnotz, W.; Vosniadou, St.; Carretero, M. (Eds.): New Perspectives on Conceptual Change. Amsterdam ..., pp. 33-50.

Prenzel, M. (2003): Brauchen wir einen Science-Ansatz? In: Grundschule, H. 12, S. 37.

Priebe, B.; Schratz, M. (2007): Schulinterne Curricula. In: Lernende Schule, 37/38, S. 4-8.

Ramseger, J. (2004): Welterkundung. In: Kaiser, A.; Pech, D. (Hrsg.): Die Welt als Ausgangspunkt des Sachunterrichts, Basiswissen Sachunterricht Band 6, Baltmannsweiler, S. 54-63.

Renkl, A. (1994): Träges Wissen: Die „unerklärliche" Kluft zwischen Wissen und Handeln. München: Ludwig-Maximilians-Universität, Lehrstuhl für Empirische Pädagogik und Pädagogische Psychologie. (Forschungsbericht Nr. 41)

Renkl, A. (2001): Träges Wissen. In: Oerter, R; Montada, L. (Hrsg.): Entwicklungspsychologie. Vollständig überarbeitete 5. Auflage, München, Weinheim, S. 717-721.

Rolff, H.-G. (2004): Schulentwicklung durch Standards? Das Konzept der KMK. In: Journal für Schulentwicklung, H. 4, S. 47-54.

Säljö, J. (1999): Concepts, Cognition and Discourse: From Mental Structures to Discursive Tools. In: Schnotz, W.; Vosniadou, St.; Carretero, M. (Eds.): New Perspectives on Conceptual Change. Amsterdam..., pp. 81-90.

Schnotz, W. (2001): Conceptual change. In: Rost, D. (Hrsg.): Handwörterbuch Pädagogische Psychologie. Weinheim, S. 75-81.
Schnotz, W.; Vosniadou, St.; Carretero, M. (Eds.) (1999): New Perspectives on Conceptual Change. Amsterdam ....
Siegler, R.S. (1989): Commentary. In: Human Development, 32, pp. 104-109.
Sodian, B. (2002): Entwicklung begrifflichen Wissens. In: Oerter, R.; Montada, L. (Hrsg.): Entwicklungspsychologie. Vollständig überarbeitete 5. Auflage, München, Weinheim, S. 443-468.
Soostmeyer, M. (1998): Zur Sache Sachunterricht. Frankfurt/ M.
Sugarman, S. (1989): Commentary. In: Human Development, 32, pp. 110-112.
Vollmer, H.J. (2007): Bildungsstandards für die erste Fremdsprache. In: Bayerhuber, H.; Elster, D.; Krüger, D.; Vollmer, H.J. (Hrsg.): Kompetenzentwicklung und Assessment. Innsbruck, S. 45-68.
Vosniadou, S. (1994): Capturing and Modeling the Process of Conceptual Change. In: Learning and Instruction, 4, vol. 1, pp. 45-70.
Vosniadou, S.; Ioannides, A.; Dimitrakopoulou, A.; Papademetriou, E. (2001): Designing learning environments to promote conceptual change in science. In: Learning and Instruction 11, vol. 4-5, pp. 381-420.
Vosniadou, St. (1999): Conceptual Change Research: State of the Art and Future Directions. In: Schnotz, W.; Vosniadou, St.; Carretero, M. (Eds.): New Perspectives on Conceptual Change. Amsterdam ..., pp. 3-13.
Wagner, W-R.; Peschke, R. (2006): Auf dem Weg zu Bildungsstandards. In: Computer und Unterricht, 63, S. 6-11.
Weinert, F. E.; Schrader, F.-W. (1997): Lernen lernen als psychologisches Problem. In: Weinert, F.E.; Mandl, H. (Hrsg.): Psychologie der Erwachsenenbildung. Göttingen u.a., S. 296-335. (Enzyklopädie der Psychologie: Themenbereich D, Praxisgebiete: Serie 1, Pädagogische Psychologie; Bd. 4.)
Weinert, F.E. (1996): Für und Wider die „neuen Lerntheorien" als Grundlage pädagogisch-psychologischer Forschung. In: Witruk, E.; Friedrich, G. (Hrsg.): Pädagogische Psychologie im Streit um ein neues Selbstverständnis. Bericht über die 5. Tagung der Fachgruppe „Pädagogische Psychologie" in der Deutschen Gesellschaft für Psychologie e.V. in Leipzig 1995. Landau, S. 17-32. (Psychologie, Bd. 12.)
Weinert, F.E. (1999): Konzepte der Kompetenz. Paris. (OECD)
Weinert, F.E. (Hrsg.) (2001): Leistungsmessungen in Schulen. Weinheim.
Wellman, H.M.; Cross, D.; Watson, J. (2001): A meta analysis of theory of mind development: The truth about false belief. In: Child Development, 72, pp. 655-684.
Wellman, H.M.; Gelman, S.A. (1998): Knowledge acquisition in foundational domains. In: Kuhn, D.; Siegler, R.S. (Vol. Eds.), Handbook of child psychology (5th ed. Vol.). New York, pp. 523-573.
Wygotski, L.S. (2002): Denken und Sprechen. Weinheim/ Basel.

Autorinnen und Autoren

Beinbrech, Christina, Dr., Hochschulassistentin am Seminar für Didaktik des Sachunterrichts, Universität Münster

Bilharz, Michael, wissenschaftlicher Mitarbeiter an der Professur für Betriebswirtschaftslehre für Brau- und Lebensmittelindustrie, TU München

Giest, Hartmut, Dr., Professor für Grundschulpädagogik, Schwerpunkt Sachunterricht, Universität Potsdam

Gräsel, Cornelia, Dr., Professorin für Lehr-, Lern- und Unterrichtsforschung, Universität Wuppertal

Grygier, Patricia, Dr., wissenschaftliche Mitarbeiterin am Lehrstuhl für Grundschulpädagogik und Grundschuldidaktik der Universität Augsburg

Harms, Ute, Dr., Professorin für Didaktik der Biologie, Direktorin am IPN - Leibniz-Institut für die Pädagogik der Naturwissenschaften

Hartinger, Andreas, Dr., Professor für Grundschulpädagogik und Grundschuldidaktik, Universität Augsburg

Hemmer, Michael, Dr., Professor für Didaktik der Geographie, Universität Münster

Kahlert, Joachim, Dr. Professor für Grundschulpädagogik und –didaktik, Universität München

Kaminski, Hans, Dr., Professor für Ökonomische Bildung, Universität Oldenburg

Koerber, Susanne, Dr., wissenschaftliche Assistentin am Lehrstuhl für Entwicklungspsychologie, Universität München

Möller, Kornelia, Dr., Professorin für Didaktik des Sachunterrichts, Universität Münster

Reeken, Dietmar von, Dr., Professor für Geschichtsdidaktik mit den Schwerpunkten Geschichtsunterricht und Geschichtskultur, Universität Oldenburg

Richter, Dagmar, Dr., Professorin für Sachunterricht und seine Didaktik, Technische Universität Braunschweig

Sodian, Beate, Dr., Professorin für Entwicklungspsychologie, Universität München

Sommer, Cornelia, Dr., wissenschaftliche Mitarbeiterin am IPN - Leibniz-Institut für die Pädagogik der Naturwissenschaften

Thoermer, Claudia, Dr., wissenschaftliche Assistentin am Lehrstuhl für Entwicklungspsychologie, Universität München